Forrest Carter · Der Stern der Cherokee

Forrest Carter, 1925 geboren, wurde fünfjährig als Vollwaise von seinen indianischen Großeltern aufgenommen. Diese machten ihn mit den Traditionen der Cherokee vertraut. Als auch seine Großeltern frühzeitig starben, zog er kreuz und quer durch die Lande und verdiente sich zuweilen als Cowboy Geld. Seine Kenntnisse über indianische Geschichte hat er sich selbst erarbeitet.

Forrest Carter

Der Stern der Cherokee

Deutscher
Taschenbuch
Verlag

dtv

Titel der Originalausgabe: The Education of Little Tree
erschienen bei Delacorte Press/Eleanor Friede

Aus dem Amerikanischen von Thomas Lindquist

Ungekürzter Text
1. Auflage April 1982
3. Auflage März 1984: 17. bis 22. Tausend
Deutscher Taschenbuch Verlag GmbH & Co. KG,
München

ISBN 3-570-00026-5
Umschlaggestaltung: Celestino Piatti
Umschlagbild: Reinhard Michl
Gesetzt aus der Aldus 10/11
Gesamtherstellung: Ebner Ulm
Printed in Germany · ISBN 3-423-07461-2

Für die Cherokee

Inhalt

Little Tree

Ma lebte nur noch ein Jahr, nachdem Pa tot war. Und deshalb kam ich, als ich fünf war, zu Granma und Granpa.

Die Verwandten hatten wegen mir viel Wirbel gemacht, sagte Granma nach dem Begräbnis.

Da standen sie rum auf dem zerfurchten Hof hinter unserer Hütte am Hang und stritten sich, zu wem ich gehen sollte, während sie die bemalte Bettstatt und den Tisch und die Stühle unter sich verteilten.

Granpa stand da und sagte nichts. Er stand abseits am Zaun, weit genug weg vom Gedränge, und Granma stand hinter ihm. Granpa war Halb-Cherokee, und Granma war eine Vollblut-Indianerin.

Er überragte die Menge. Er war groß, über sechs Fuß hoch; aufrecht stand er da, mit seinem großen schwarzen Hut und seinem abgewetzten schwarzen Anzug, den er nur in der Kirche und bei Begräbnissen trug. Granma hob nicht den Blick vom Boden, aber Granpa schaute über die Köpfe der Menge zu mir. Darum ging ich quer über den Hof zu ihm und hielt mich an seinem Bein fest und ließ nicht mehr los, auch als sie mich wegholen wollten.

Ich hab nicht gebrüllt, erzählte Granma, auch nicht geweint, sondern ich hab mich nur festgehalten; es ging hin und her, sie zerrten mich weg, und ich hielt mich fest, und dann beugte Granpa sich vor und legte mir seine große Hand auf den Kopf.

»Laßt ihn in Ruhe«, sagte er. Da ließen sie mich in Ruhe. Granpa sprach selten vor vielen Menschen, aber wenn er es tat, sagte Granma, dann hörten die anderen auf ihn.

Wir gingen den Berg runter, an diesem düsteren Wintertag, und auf die Landstraße, die zur Stadt führte. Granpa ging am Straßenrand voraus, auf der Schulter trug er den Sack mit meinen Sachen. Hinter Granpa gehen, das merkte ich gleich, hieß laufen. Granma hinter mir mußte manchmal ihren Rock heben, um uns einzuholen.

Auf dem Bürgersteig in der Stadt gingen wir genauso weiter, einer hinter dem andern, bis wir zur Bushaltestelle kamen. Da mußten wir lange stehen; Granma las immer die Schrift vorn auf den Bussen, wie sie kamen und wieder wegfuhren. Granpa sagte, daß Granma lesen konnte. Und wie! Sie fand den richtigen Bus; da stand er vor unserer Nase, als es schon langsam dunkel wurde.

Wir warteten, bis alle eingestiegen waren. Und das war gut so – weil, gleich ging der Teufel los, kaum daß wir den Fuß auf das Trittbrett setzten. Granpa stand vorne, ich war in der Mitte, und Granma stand auf der untersten Stufe, fast noch in der Tür.

Granpa zog seinen Geldbeutel aus der Hosentasche und wartete, bis er zahlen konnte.

»Wo habt ihr eure Fahrkarten?« sagte der Busfahrer ganz laut, und alle im Bus schauten zu uns her. Das machte Granpa überhaupt nichts aus. Er sagte dem Busfahrer, daß wir ja drauf warteten zu bezahlen. Granma flüsterte ihm von hinten zu, er solle ihm sagen, wohin wir wollten. Granpa sagte es ihm.

Der Busfahrer sagte Granpa, wieviel es kostete, und während Granpa ganz sorgfältig das Geld abzählte, drehte der Busfahrer sich zu den anderen um und sagte »How!« und alle lachten. Ich hatte keine Angst, weil ich wußte, daß sie freundlich waren und nicht beleidigt, weil wir keine Fahrscheine hatten.

Wir gingen nach hinten, und ich sah eine kranke Frau. Sie war ganz schwarz um die Augen, und ihr Mund war blutig rot; aber als wir an ihr vorbeigingen, legte sie die Hand auf den Mund und brüllte ganz laut »Wa . . . huuiiiuuu!« Das kam mir komisch vor. Aber vielleicht war sie doch nicht so krank. Alle Leute im Bus lachten, und der dicke Mann neben ihr schlug sich auf die Schenkel. Er hatte eine große funkelnde Klammer an seiner Krawatte. Und da wußte ich, daß sie reich waren und einen Arzt holen konnten, falls sie einen brauchten.

Ich saß in der Mitte zwischen Granma und Granpa, und Granma langte rüber und streichelte Granpas Hand, und er hielt ihre Hand auf meinem Schoß. Ich hatte keine Angst, und da schlief ich ein.

Mitten in der Nacht hielt der Bus, und wir stiegen aus und standen am Straßenrand. Granpa ging gleich los, und ich und Granma gingen hinterher. Es war eine klirrende Kälte. Der Mond leuchtete wie eine fette Wassermelone, und die Straße vor uns schimmerte silbern, bis sie um eine Biegung verschwand.

Erst als wir von der Straße abbogen und in einen Hohlweg mit Reifenspuren und Gras in der Mitte einbogen, sah ich die Berge. Dunkel standen sie in der Finsternis, und der Halbmond hing direkt über einem Grat, der so hoch war, daß man den Kopf zurückbeugen mußte, wenn man hinaufschauen wollte. Ich fröstelte, weil die Berge so schwarz waren.

Hinter mir sagte Granma: »Wales, er wird müde.«

Granpa blieb stehen und drehte sich um. Er blickte auf mich herab. Im Schatten des großen Hutes konnte ich sein Gesicht nicht sehen.

»Müde werden tut gut, wenn man jemand verloren hat«, sagte er. Er drehte sich um und ging weiter, aber jetzt konnte ich leichter Schritt halten. Granpa ging langsamer, also dachte ich, daß er auch müde geworden war.

Lange gingen wir in dem Hohlweg weiter – immer den Bergen entgegen. Erst dachte ich, wir laufen direkt auf eine dunkle Mauer los, aber da öffnete sich ein Tal, und wir waren mitten im Gebirge.

Unsere Schritte hallten als Echo, es raschelte um uns her, und Flüstern und Seufzer murmelten durch die Bäume, als wäre der ganze Wald lebendig geworden. Und es war warm.

Neben uns war ein Plätschern und Gurgeln und Rauschen, ein Bergbach sprang über die Felsen in kleine Tümpel, wo er sich ausruhte und dann weiter eilte.

Der Mond war hinter dem Grat verschwunden und schickte silbernen Glanz über den Himmel. Das war wie eine Lichtkuppel über dem Tal, die zu uns herabstrahlte.

Granma hinter mir summte ein Lied, und ich wußte, es war ein indianisches Lied, und es brauchte keine Wörter, ich verstand die Bedeutung auch so. Da fühlte ich mich auf einmal ganz sicher.

Plötzlich bellte ein Hund. Ich erschrak. Ein langgedehntes, klagendes Heulen, das mit einem Schluchzer verklang, und sein Echo schwang übers Tal und verlor sich weit hinten in den Bergen.

Granpa lachte leise. »Das ist Old Maud, sie kann nicht mehr riechen, wie sich's für einen Jagdhund gehört – dafür sind ihre Ohren um so schärfer.«

Im nächsten Moment waren wir von Hunden umringt, sie sprangen winselnd an Granpa hoch und beschnüffelten mich, um den neuen Duft kennenzulernen. Old Maud bellte wieder, diesmal ganz nah, und Granpa sagte: »Sei still, Maud!« Da wußte sie, wer wir waren, und sie kam auch angerannt und sprang an uns hoch.

Wir überquerten den Bach auf einem Steg, und da stand die Hütte, geduckt unter großen Bäumen, die Rückseite gegen den Berg gelehnt, und vorn lief eine Veranda über die ganze Breite.

Die Hütte hatte in der Mitte, zwischen den Zimmern, einen breiten Flur. Der war an beiden Seiten offen. Manche Leute nennen so was »Galerie«, aber im Gebirge sagen sie »Hundslauf« dazu, weil die Hunde da durchlaufen. Auf der einen Seite war ein großes Zimmer zum Kochen und Essen und gemütlich Beisammensitzen, und auf der andern Seite vom Hundslauf waren zwei Schlafzimmer. Eins war für Granma und Granpa. Das andere war für mich.

Ich streckte mich auf das federnd weiche Geflecht aus Hirschleder, das über einen Rahmen aus Hickorybalken gespannt war. Durchs offene Fenster sah ich, jenseits des Baches, den Wald, dunkel im Geisterlicht. Ich mußte an Ma denken, und auf einmal fühlte ich mich so verlassen.

Eine Hand strich mir über den Kopf. Es war Granma, die neben mir auf dem Boden saß; ihr weiter Rock bauschte sich um ihren Körper, ihre silbersträhnigen Zöpfe fielen ihr über die Schultern bis in den Schoß. Auch sie schaute aus dem Fenster, und leise und sanft fing sie an zu singen:

»Er ist gekommen, sie fühlen es
Der Wald und der Bergwind
Bergvater grüßt ihn mit seinem Lied.
Sie fürchten sich nicht vor Little Tree
Sie wissen, sein Herz ist voll Freundlichkeit
Und sie singen ›Little Tree ist nicht allein.‹

Sogar klein Lay-nah, die alberne
Mit ihren schwatzenden, plappernden Wassern
Tanzt durch die Berge voll Freude
›O höret mein Singen
Unser Bruder ist bei uns
Little Tree ist unser Bruder, und Little Tree ist hier.‹

Awi-usdi, das Rehlein
Und Min-i-li, das Wachtelhuhn
Sogar Kagu, die Krähe stimmt ein in das Lied
›Tapfer ist das Herz von Little Tree
Freundlichkeit heißt seine Kraft
Und Little Tree ist nie mehr allein.‹«

So sang Granma und wiegte sich leise vor und zurück. Und ich hörte den Wind wispern, und ich hörte, wie Lay-nah, der Quellbach, singend davonsprang und allen meinen Brüdern von mir erzählte.

Ich wußte, ich bin Little Tree, und ich war glücklich, weil sie mich liebhatten und sich freuten. Da schlief ich ein, und ich habe nicht geweint.

Der Weg

Eine Woche hatte Granma gebraucht – Abend für Abend im Schaukelstuhl sitzend, der unter ihrem leichten Gewicht leise knarrte. Sie hatte gearbeitet und ein Lied gesummt, während im Kamin die Fichtenscheite prasselten – bis meine Mokassins fertig waren. Mit einem krummen Messer schnitt sie das Hirschleder zu und vernähte die Kanten mit Lederstreifen. Als sie damit fertig war, weichte sie die Mokassins in Wasser ein, und ich zog sie naß an und lief im Zimmer hin und her, bis sie trocken waren und paßten – weich, federnd und leicht wie Luft.

Die Mokassins zog ich an diesem Morgen ganz zuletzt an, als ich schon fix und fertig angezogen war. Draußen war es noch finster und kalt – zu früh für das Wispern des Morgenwinds in den Bäumen.

Granpa hatte gesagt, ich dürfe ihn auf den Hochpfad begleiten, falls ich rechtzeitig aufstehen könnte, aber er würde mich nicht wecken, hatte er gesagt.

»Ein Mann steht morgens aus eigenem Willen auf«, so hatte er gesprochen und dabei nicht gelächelt. Aber Granpa hatte beim Aufstehen in seinem Zimmer allerhand Lärm gemacht, war gegen die Wand gerumpelt und hatte ungewöhnlich laut mit Granma geredet, und ich hatte es gleich gehört und war jetzt zuerst draußen und wartete in der Dunkelheit mit den Hunden.

»Aha, da bist du.« Granpa tat überrascht.

»Ja, Sir«, sagte ich und gab mir Mühe, den Stolz in meiner Stimme zu verbergen.

Granpa deutete mit dem Finger auf die Hunde, die schwanzwedelnd umhersprangen. »Ihr bleibt hier«, kommandierte er, und sie kniffen den Schwanz ein und winselten und bettelten, und Old Maud stimmte ein Geheul an. Aber sie folgten uns nicht. Sie standen beisammen, ein klägliches Häuflein, und schauten uns nach, wie wir über die Lichtung gingen.

Den Weg durchs Tal kannte ich schon. Er führte am Bach entlang, um alle Biegungen und Windungen der Schlucht, bis dorthin, wo sie sich auf eine Wiese öffnete. Dort hatte Granpa in einem Stall seinen Maulesel und seine Kuh. Jetzt aber ging es den Hochpfad hinauf, der rechts abzweigte und schräg über die Bergflanke führte, immer höher hinauf über dem Talgrund. Ich trabte hinter Granpa her, und ich spürte in den Knien, wie steil es bergauf ging.

Und noch etwas spürte ich: es war genauso, wie Granma gesagt hatte, daß es sein würde. Ganz deutlich spürte ich durch meine Mokassins, daß Mon-o-lah, die Erde, lebendig war.

In der kalten Luft schwebte mein Atem wie Nebel, der Bach murmelte tief unter uns. Eiszapfen an kahlen Ästen tröpfelten leise, feucht-glitzernder Bartschmuck im Winterwald. Und als wir höher kamen, war auch Eis auf dem Pfad. Ein grauer Lichtschein verscheuchte die Dunkelheit.

Granpa blieb stehen und deutete auf die Erde neben dem Weg. »Da – Truthahnspuren – siehst du?«

Ich kniete mich hin, und da sah ich die Spuren: kleine gestrichelte Abdrücke auf dem Boden, strahlenförmig von einem Kreisel ausgehend.

»Jetzt«, sagte Granpa, »werden wir die Falle bauen.« Er suchte neben dem Weg, bis er einen hohlen Baumstumpf fand. Wir räumten die Höhlung aus. Erst das angesammelte Laub, und dann holte Granpa sein langes Messer raus und schnitt tief ins schwammige Moderholz, und wir buddelten mit dem Händen Dreck und Erde raus. Als das Loch so tief war, daß ich nicht mehr über den Rand gucken konnte, zog Granpa mich raus, und wir schleppten Zweige ran, die wir über das Loch breiteten, und obendrauf eine dicke Schicht Laub. Dann grub Granpa mit seinem langen Messer eine Rinne schräg hinunter ins Loch und zurück zu den Truthahnspuren. Er holte rote Maiskörner aus der Tasche und streute sie in die Rinne, und eine Handvoll davon warf er ins Loch.

»Gehen wir jetzt«, sagte er und schritt weiter den Hochpfad voran. Glitzerndes Eis knisterte unter unseren Füßen. Der Berg gegenüber rückte immer näher, während tief unten das Tal sich zu einem schmalen Spalt verengte, so daß der Bach in der Tiefe wie die Klinge an einem Taschenmesser aussah.

Wir setzten uns neben dem Pfad ins Gras, gerade als drüben, jenseits der Schlucht, die Sonne über den Berggipfel leckte. Granpa holte Salzbiskuits und Trockenfleisch aus der Tasche, und wir aßen und schauten den Berg an.

Wie ein explodierender Feuerball hing die Sonne über dem Grat und schickte ihre funkelnden Strahlen nach allen Seiten. Das Glitzern im Rauhreif glühte so stark, daß die Augen vom Hinschauen schmerzten, und es flutete wie eine Brandung über die Hänge, während die Sonne die Schatten der Nacht immer mehr verdrängte. Eine Krähe schickte drei rauhe Rufe zum Himmel, als Ankündigung – wir waren da.

Der Berg dehnte sich ächzend und erwachte mit knisternden Seufzern, die als Dampfwölkchen in die Luft stiegen. Puffend und knarrend sprengten die Bäume ihren erstarrten Eispanzer unter der wärmenden Sonne.

Granpa schaute wie gebannt, genau wie ich, und lauschte auf den Wind in den Bäumen.

»Jetzt erwacht sie«, sagte Granpa leise, ohne den Berg aus den Augen zu lassen.

»Ja, Sir«, sagte ich, »sie erwacht.« Und da wußte ich, daß Granpa und ich uns verstanden, auf eine Art, von der die meisten Leute nichts wissen.

Die letzten Schatten zogen sich immer tiefer ins Tal zurück. Granpa zeigte auf eine Wachtel, die flatternd durchs Gras hüpfte. Dann deutete Granpa zum Himmel hinauf.

Erst sah ich nur wolkenloses Blau, dann aber entdeckte ich einen kleinen Punkt, der vom Grat herabschoß. Er wurde größer und größer. Achtsam der Sonne entgegenfliegend, damit sein Schatten nicht vor ihm her huschte, glitt der Vogel über die Bergflanke, strich mit halb gefalteten Flügeln über die Baumwipfel . . . wie ein brauner Pfeil . . . schneller und schneller . . . auf die Wachtel nieder.

Granpa lachte leise. »Das ist Old Tal-con, der Falke.«

Die Wachtel flatterte auf und strebte zum Waldrand – aber zu spät. Der Falke traf sein Ziel. Federn wirbelten durch die Luft, und die beiden Vögel stürzten zu Boden; der Schnabel des Falken zuckte mit tödlicher Wucht. Im nächsten Moment schwang er sich in die Lüfte, den toten Vogel zwischen den Klauen, und schwebte mit schweren Flügelschlägen empor, bis er über den Grat verschwand.

Ich weinte nicht, aber ich weiß, ich machte ein trauriges Gesicht, weil Granpa sagte: »Sei nicht traurig, Little Tree. So ist der Weg. Tal-con hat die langsamste von allen Wachteln erwischt. Jetzt wird sie keine Jungen haben, die genauso langsam wären wie sie. Dafür frißt Tal-con auch die Marder und Ratten, die natürlichen Feinde der Wachteln. So befolgt Tal-con den Weg.«

Granpa grub mit seinem Messer eine Süßwurzel aus der Erde und schälte sie; ihr saftiger Wintervorrat an Leben tröpfelte über die Klinge. Granpa schnitt sie auseinander und gab mir das größere Ende.

»So ist der Weg«, sagte er leise. »Nimm nur das, was du brauchst. Wenn du den Hirsch jagst, nimm nicht den besten. Nimm den kleineren und langsameren, dann werden die Hirsche wachsen und sich vermehren und dir immer Fleisch geben. Pa-koh, der Panther, weiß das, und du sollst es auch wissen.«

Und er lachte. »Nur Ti-bi, die Biene, speichert mehr, als sie braucht . . . darum stiehlt ihr der Bär den Honig. So ist es auch mit den Leuten, die sich vollfressen und nie genug haben. Sie streiten sich und machen Krieg, nur weil sie die vielen Sachen festhalten wollen, die sie gar nicht brauchen. So was nennen sie Politik, und viele Männer sterben deswegen. Aber das Gesetz des Weges können sie nicht ändern.«

Später gingen wir den Hochpfad zurück, und die Sonne stand schon hoch, als wir zur Truthahnfalle kamen. Wir hörten sie schon von weitem. Sie hockten in der Falle und kollerten und stießen laute Warnpfiffe aus.

»Der Ausgang ist doch nicht versperrt, Granpa«, sagte ich, »warum ziehen sie nicht einfach den Kopf ein und spazieren raus?«

Granpa beugte sich bis zum Bauch in das Loch und zog einen großen kreischenden Truthahn heraus. Er band ihm die Beine mit Schnur zusammen und grinste mich an.

»Old Tel-qui ist genau wie manche Leute. Er weiß alles und glaubt, er braucht nicht zu gucken, was um ihn her vorgeht. Er reckt die Nase so hoch in die Luft, daß er nichts sieht und nichts lernt.«

»Wie der Busfahrer?« fragte ich. Ich konnte nicht vergessen, wie der Busfahrer meinen Granpa blöd angequatscht hatte.

»Der Busfahrer?« Granpa guckte verwundert, dann lachte er. Er mußte immer noch lachen, als er schon wieder den Kopf in den hohlen Baumstumpf steckte, um den nächsten Truthahn rauszuholen.

»Genau«, lachte er, »wie der Busfahrer. Er hat sich genauso aufgeplustert wie diese Gockel hier. Aber das ist eine Bürde, die er da mit sich durchs Leben schleppt, Little Tree. Nichts für uns, wir belasten uns nicht mit so was.«

Granpa legte die Vögel auf die Erde, mit zusammengebundenen Beinen. Es waren sechs Stück, und er deutete mit der Hand auf sie. »Sie sind alle ungefähr gleich alt . . . man sieht es am Kamm, je nachdem wie dick er ist. Wir brauchen aber nur drei. Jetzt such du sie aus, Little Tree.«

Ich ging ein paarmal um sie herum. Sie flatterten ängstlich. Ich hockte mich nieder, schaute sie ganz genau an, ging wieder herum. Ich mußte sorgfältig wählen. Ich ging in die Knie und kroch von einem zum andern, und dann wählte ich die drei kleinsten, die ich finden konnte.

Granpa sagte nichts. Er löste den anderen die Schnur von den Beinen, und sie flatterten auf und schwebten mit klatschenden Flügeln den Berg hinab. Er hängte sich zwei von den Truthähnen über die Schulter.

»Kannst du den anderen tragen?« fragte er.

»Ja, Sir«, sagte ich. Ich war nicht sicher, ob ich es richtig gemacht hatte.

Langsam huschte ein Grinsen über Granpas knochiges Gesicht. »Wärest du nicht Little Tree . . . dann müßte ich Kleiner Falke zu dir sagen.«

Ich ging hinter Granpa. Es ging steil bergab. Der Truthahn hing schwer an meiner Schulter, aber es fühlte sich gut an. Die Sonne stand schon schräg über den fernen Bergen, ihre Strahlen sickerten durch die Zweige der Bäume am Weg und warfen flammende Kringel auf den Boden vor unseren Füßen. Der Wind war leise eingeschlafen an diesem verblassenden Wintertag, und weit vorne hörte ich Granpa ein Lied summen. In diesem Moment wollte ich ewig leben . . . denn ich wußte, ich hatte es richtig gemacht, und Granpa war mit mir zufrieden. Ich hatte den Weg gelernt.

Durch die Winterberge streifen wir in der Abendsonne
Über goldene Spuren wandern wir unsern Pfad
Ein Indianerhimmel der Cherokee voll Erdenwonne
Heimwärts zur Hütte; heim von der reichen Jagd.

Sieh den neuen Tag über den Gipfeln werden
Horch – in den Bäumen singt der Wind sein Lied
Spür das Erwachen von Mon-o-lah, der Mutter Erden
Dann kennst du den Weg der Cherokee.

Wisse – Tod ist auch im jung geborenen Tag
Eines kann nicht ohne das andere sein
Lerne die Weisheit von Mon-o-lah, und erkenne den Weg
Und du spürst die Seele der Cherokee.

Schatten an der Hüttenwand

Alle Abende in diesem Winter saßen wir vor dem gemauerten Kamin. Unter der Esse glommen die dicken Fichtenkloben und schwitzten rotes Harz, das die Flammen knisternd und züngelnd auflodern ließ. Über die Wände huschten lebendige Schatten, und fantastische, leuchtende Zeichnungen tauchten auf und verschwanden, dehnten sich aus und schrumpften. Da war oft ein langes Schweigen, während wir saßen und in die Flammen schauten und die tanzenden Schatten beobachteten. Mitten in die Stille sagte dann Granpa manchmal etwas über »die Bücher«.

Zweimal in der Woche, immer Samstag und Sonntag abend, zündete Granma die Petroleumlampe an und las uns was vor. Die Lampe anzünden, das war ein Luxus, und ich bin sicher, es geschah nur wegen mir. Mit dem Petroleum mußten wir sparsam sein. Einmal im Monat gingen Granpa und ich in die Siedlung, und ich trug die Ölkanne. Ihr Schnäuzchen war mit einem Wurzelspund verschlossen, damit auf dem Heimweg kein Tropfen verlorenging. Das Nachfüllen kostete einen Zehner, und Granpa hatte großes Vertrauen zu mir, weil er mich die Kanne den ganzen Weg bis zur Hütte tragen ließ.

Wenn wir in die Siedlung gingen, nahmen wir immer eine Liste mit, wo Granma alle Bücher aufgeschrieben hatte, und Granpa zeigte die Liste der Bibliothekarin und gab die Bücher zurück, die Granma ausgelesen hatte. Ich glaube, sie kannte keine Namen von modernen Schriftstellern, denn auf der Liste stand immer der Name von einem gewissen Mr. Shakespeare (irgend etwas von ihm, denn Granma kannte die Titel auch nicht). Da hatte Granpa es gar nicht leicht mit der Bibliothekarin, obwohl sie sehr nett war. Sie ging zum Regal und zog lauter Geschichten von Mr. Shakespeare heraus und las uns die Titel vor. Wenn Granpa sich nicht an den Titel erinnern konnte, mußte sie uns eine Seite aus dem Buch vorlesen – manchmal sagte Granpa zu ihr, sie solle weiterlesen, und dann las sie uns mehrere Seiten vor. Manchmal erkannte ich die Geschichte früher als Granpa, und dann zupfte ich ihn an seinem Hosenbein und flüsterte ihm zu, daß wir diese da schon gehabt hatten, aber mit der Zeit wurde daraus fast ein Wettkampf. Granpa versuchte es schneller zu sagen, noch bevor ich die Geschichte erkannte, aber dann überlegte er es sich wieder anders, und das brachte die Bibliothekarin ganz durcheinander.

Zuerst ärgerte sie sich und fragte Granpa, wozu er denn Bücher brauchte, wenn er doch nicht lesen konnte, und Granpa erklärte ihr, daß Granma uns die Bücher vorlas. Danach machte die Bibliothekarin selbst eine Liste von allen Büchern, die wir gelesen hatten. Sie war freundlich und lächelte, wenn wir zur Tür hereinkamen.

Einmal gab sie mir eine rotgestreifte Zuckerstange, und die sparte ich auf, bis wir draußen waren. Dann brach ich sie auseinander und teilte mit Granpa. Er nahm das kleinere Stück, denn ich hatte sie nicht genau gleich auseinandergebrochen.

Wir hatten auch dauernd das Wörterbuch aufgeschlagen am Tisch, denn ich mußte jede Woche fünf neue Wörter lernen, und das war eine schwierige Sache, weil ich diese Wörter verwenden und mit ihnen Sätze bilden mußte, und das jede Woche. Das ist gar nicht leicht, wenn alle Wörter, die man in einer Woche lernt, mit A anfangen – oder mit B, wenn man endlich beim Buchstaben B ist.

Aber wir hatten noch andere Bücher; eins war *Der Untergang des Römischen Reiches* . . . und dann hatten wir Bücher von Schriftstellern wie Shelley und Byron, von denen Granma gar nichts gewußt hatte. Aber die Bibliothekarin hatte gesagt, sie sind gut, und wir haben sie mitgenommen.

Granma las langsam und beugte dabei ihren Kopf über das Buch, so daß ihre langen Zöpfe den Boden streiften. Granpa schaukelte langsam in seinem Schaukelstuhl, vor und zurück, und der knarrte leise. Ich wußte immer, wenn wir zu einer spannenden Stelle kamen, weil Granpa dann aufhörte zu schaukeln.

Als Granma uns von Macbeth vorlas, sah ich das Schloß und die Hexen und alles lebendig vor mir – in den Schatten an der Hüttenwand. Und ich rückte näher an Granpas Schaukelstuhl ran. Als Granma zu der Stelle mit dem Dolch und dem Blut und all diesen schlimmen Sachen kam, hörte er auf zu schaukeln. Das alles wäre nicht passiert, sagte Granpa, wenn Frau Macbeth sich um ihre eigenen Angelegenheiten gekümmert hätte und wenn sie nicht unbedingt ihre Nase in Herrn Macbeth's Geschäfte hätte stecken müssen. Und überhaupt, meinte Granpa, diese Lady Macbeth war gar keine Lady, und er verstand gar nicht, wie man zu so jemand Lady sagen kann – was doch »Dame« heißt. Nein, eine Dame war sie nicht in seinen Augen. Allerdings sagte er später, nachdem er die Sache hin und her überlegt hatte, daß er das alles nur in der ersten Wut beim Vorlesen gesagt hätte. Jetzt glaubte er eher, daß bei der Frau (er weigerte sich einfach, sie eine Dame zu nennen) etwas im Kopf nicht stimmte. Er sagte, er hätte mal eine Hirschkuh gesehen, die keinen Hirsch finden konnte, und die war total verrückt geworden und war mit dem Kopf gegen die Bäume gerannt und war schließlich in den Bach gesprungen, wo sie ersoffen war. Man weiß es ja nicht, sagte er, denn Mr. Shakespeare sagt nichts dergleichen, aber vielleicht war Mr. Macbeth an alledem schuld – und dafür gab es ja Anzeichen genug: der Mann hatte ja überall Schwierigkeiten, was er auch anfing.

Die Sache ließ Granpa keine Ruhe, und er überlegte hin und her, aber schließlich fand er doch, daß die größere Schuld bei Frau Macbeth lag, denn schließlich hätte sie ihre Bosheit und ihren Kummer auf andere Weise loswerden können, notfalls mit dem Kopf gegen die Wand, statt allerhand Leute um die Ecke zu bringen.

Bei Julius Cäsars Ermordung ergriff Granpa eindeutig für ihn Partei. Keineswegs, sagte er, fand er alles gut, was dieser Herr Cäsar getan hatte – und überhaupt, wer konnte schon wissen, was er alles getan hatte! Aber das waren doch die allergemeinsten Hunde, sagte er, Brutus und all die andren – so was, sich von hinten ranschleichen an den Mann, dazu noch alle gegen einen, und ihn totstechen! Wenn sie Streit mit Herrn Cäsar hatten, sagte Granpa, dann sollten sie hingehen und mit ihm reden und alles im Guten aushandeln.

Granpa regte sich dermaßen auf, daß Granma ihn beruhigen mußte. Wir alle, sagte sie zu ihm, sind doch in dieser Sache auf Herrn Cäsars Seite, also brauchte er gar nicht zu schimpfen. Und außerdem war die Sache vor so langer Zeit passiert, daß man wahrscheinlich sowieso nichts daran ändern konnte.

Aber richtig ging es erst los mit George Washington, der vor mehr als hundert Jahren Präsident von Amerika war. Doch wer das verstehen will, muß etwas über Granpas Geschichte wissen.

Granpa war ein Mann aus den Wäldern, und alle natürlichen Feinde der Waldmenschen waren auch seine Feinde. Er war arm, und außerdem war er Indianer. Heute nennt man die Feinde, glaub ich, »Establishment«, aber was Granpa betraf, so nannte er alle seine Feinde – Sheriffs, Polizisten, Steuereintreiber oder Politiker, ganz gleich welcher Farbe – nur »das Gesetz«, und das waren mächtige Monster ohne Herz, denen es völlig egal war, wie die Leute lebten oder starben.

Als ich viele Jahre später in alten Geschichtsbüchern las, entdeckte ich, daß Granma die Kapitel, wo Washington gegen die Indianer kämpft, ausgelassen hatte; sie hatte nur die guten Sachen über George Washington vorgelesen, damit Granpa jemanden hatte, zu dem er bewundernd aufblicken konnte. Denn mit Andrew Jackson, dem Kollegen von Präsident Washington, hatte Granpa schon gar nichts im Sinn – und wie ich schon sagte, mit der übrigen Politikerbande auch nicht.

Nachdem Granpa so viel Gutes über George Washington gehört hatte, sprach er immer wieder von ihm. Er war für Granpa die einzige Hoffnung, daß es in der Politik auch mal einen guten Mann geben kann.

Bis Granma nicht aufpaßte und die Sache mit der Whisky-Steuer vorlas.

Sie las uns vor, wie George Washington ein Gesetz machen wollte, das sagte, wer Whisky machen durfte und wer nicht. Sie las vor, wie Herr Thomas Jefferson zu George Washington sagte, daß das falsch sei. Denn die armen Farmer in den Bergen und Wäldern hatten nur ganz kleine

Felder mit steinigem Boden, und sie konnten nicht so viel Mais anbauen wie die reichen Großgrundbesitzer im Flachland. Granma las vor, wie Herr Jefferson sagte, daß die armen Waldmenschen nur dann Geld genug zum Leben hatten, wenn sie aus ihrem Mais Whisky machten, und daß es deswegen schon in Irland und Schottland Aufruhr gegeben hatte. (Tatsächlich schmeckt schottischer Whisky deswegen so rauchig: weil die Jungs dort vor den Soldaten des Königs davonlaufen und ihre Kessel im Stich lassen mußten, und die sind dann angebrannt.) Aber George Washington hörte nicht auf ihn, und er erfand die Whisky-Steuer.

Granpa war tief getroffen. Er hörte auf zu schaukeln, aber er sagte nichts und schaute nur mit einem verlorenen Blick in den Augen ins Feuer. Granma tat es richtig leid, denn nach dem Vorlesen streichelte sie seine Schulter, und als sie ins Bett gingen, legte sie ihren Arm um ihn. Ich war fast genauso enttäuscht wie Granpa.

Erst einen Monat später, als Granpa und ich wieder mal zur Siedlung hinab wanderten, merkte ich, wie sehr er sich die Sache zu Herzen genommen hatte. Wir gingen den engen Bergpfad hinab, Granpa wie immer voraus, ein Stück weit durch den Hohlweg . . . und dann neben der Landstraße weiter. Ab und zu fuhren Autos vorbei, aber Granpa drehte sich niemals um, denn er war viel zu stolz, um per Anhalter mitzufahren. Auf einmal hielt ein Auto neben uns. Es war ein offenes Auto ohne Fensterscheiben und mit einem Segeltuchdach. Der Mann am Steuer war wie ein Politiker angezogen, und ich wußte, daß Granpa nicht einsteigen würde. Aber da erlebte ich eine Überraschung.

Der Kerl beugte sich raus und brüllte gegen den tuckernden Motor an: »Was ist, wollt ihr mitfahren?«

Granpa stand da und überlegte, dann sagte er »danke« und stieg ein. Er winkte mich auf den Rücksitz neben sich.

Schon sausten wir los, und ich war ganz aufgeregt, wie schnell die Bäume vorbeiflogen.

Nun muß man wissen, daß Granpa sich immer kerzengerade hielt, ob er stand oder saß, aber um in einem Auto zu sitzen, mit dem Hut auf dem Kopf, war er zu groß. Bücken wollte er sich nicht, also mußte er sich – den Rücken stocksteif – nach vorn beugen, zur Windschutzscheibe. Das sah so aus, als wollte er die Fahrkünste des Politikers und die Straße vor uns kontrollieren. Der Politiker wurde nervös, das konnte man sehen, aber Granpa kümmerte sich nicht um ihn.

Schließlich sagte der Politiker: »Sie fahren wohl in die Stadt?«

»Japp«, sagte Granpa. Schweigend rollten wir weiter.

»Sind Sie ein Farmer?«

»Teils«, sagte Granpa.

»Ich bin Professor am Lehrerseminar«, sagte der Professor, und das klang ziemlich hochnäsig, aber ich war überrascht und froh, weil er wenigstens kein Politiker war. Granpa sagte nichts.

»Sind Sie Indianer?« fragte der Professor.

»Japp«, sagte Granpa.

»Oh«, sagte der Professor, als ob er jetzt alles über Granpa und mich wüßte.

Plötzlich wirbelte Granpas Kopf zum Professor hinüber, und er sagte: »Was wissen Sie über George Washington und seine Whisky-Steuer?« Man hätte meinen können, Granpa würde dem Professor gleich an die Gurgel fahren.

»Die Whisky-Steuer?« rief der ganz erschrocken.

»Japp«, sagte Granpa, »die Whisky-Steuer.«

Der Professor wurde auf einmal rot und ziemlich nervös. Vielleicht, dachte ich, hatte er sogar selbst etwas mit der Whisky-Steuer zu tun.

»Ich weiß nicht«, sagte er. »Meinen Sie etwa den General George Washington?«

»Ha? Gibt es denn zwei von der Sorte?« fragte Granpa überrascht. Ich war auch überrascht.

»Nnnnein«, sagte der Professor, »aber ich weiß nichts davon.« Das kam mir ein bißchen verdächtig vor, und ich sah, daß es Granpa auch nicht ganz geheuer war. Der Professor schaute starr geradeaus, und mir kam es so vor, als führen wir immer schneller. Granpa beobachtete unbeirrt die Straße vor uns, und jetzt wußte ich, warum wir einsteigen und mitfahren mußten.

Granpa sprach, aber in seiner Stimme klang nicht viel Hoffnung: »Wissen Sie was darüber, ob General Washington vielleicht mal eins auf den Kopf gekriegt hat – ich meine, in all den vielen Schlachten, vielleicht hat ihn da eine Kugel gestreift?« Der Professor wagte es nicht, Granpa anzuschauen, und er wurde immer nervöser.

»Wissen Sie«, stotterte er, »ich bin Professor für Englisch, und ich weiß *überhaupt nichts* über George Washington.«

Wir kamen zu den ersten Häusern der Siedlung, und Granpa sagte, wir wollten aussteigen. Aber wir waren noch lange nicht da, wo wir hin wollten. Wie wir am Straßenrand standen, zog Granpa den Hut, um dem Professor Danke zu sagen, aber der schien es ganz eilig zu haben und gab Gas, daß die Räder sich kreischend im Sand drehten. Weg war er in einer Staubwolke.

»Was für Manieren«, sagte Granpa. Aber von solchen Leuten konnte man ja nichts andres erwarten. Wir fanden beide, daß er sich ziemlich verdächtig benommen hatte, und Granpa meinte, vielleicht war er ein Politiker, der sich nur als Professor tarnte. Viele Politiker, sagte er, laufen rum und machen den ehrlichen Leuten weis, sie seien gar keine Politiker. Andererseits aber, meinte Granpa, konnte man sich nie drauf verlassen. Vielleicht war er doch ein Professor. Die meisten von ihnen, hatte Granpa gehört, sind nicht ganz richtig da oben.

Granpa sagte, ganz bestimmt mußte George Washington eins auf den Kopf gekriegt haben, kein Wunder bei all den Schlachten und Kämpfen, und das erklärte so Sachen wie mit der Whisky-Steuer. Ein Onkel von Granpa, sagte er, hatte mal von einem Maultier einen Tritt an den Kopf gekriegt, und danach war er nicht mehr ganz richtig; obwohl – das war aber nur Granpas private Meinung (die er nie in der Öffentlichkeit sagte) – vielleicht tat der Onkel nur so und benützte das mit dem Schlag auf den Kopf als Ausrede. Die Erklärung von George Washingtons Zustand jedenfalls leuchtete mir ein, und vielleicht erklärt das auch andere komische Geschichten in der Geschichte.

Ich liebe dich, Bonnie Bee

Wenn ich zurückdenke, glaube ich, Granpa und ich waren ziemlich dumm und unwissend. Granpa wußte eine Menge – über die Berge, die Tiere, das Wetter und viele andere Dinge. Aber wenn es um die Wörter und um die Bücher ging, na ja, dann überließen wir lieber Granma die Entscheidung. Sie fand immer die richtige Lösung.

Wie zum Beispiel damals, als die Dame im Auto uns nach dem Weg fragte.

Granpa und ich waren in der Siedlung gewesen, und jetzt gingen wir schwer bepackt nach Hause. Wir hatten so viele Bücher, daß einer allein sie gar nicht tragen konnte. Granpa war erschrocken über die vielen Bücher. Granpa fand, die Bibliothekarin zwang uns jeden Monat, noch mehr Bücher zu lesen, und er brachte schon alle Geschichten und Namen durcheinander.

Vor einem Monat zum Beispiel hatte Granpa behauptet, daß Alexander der Große mit den reichen Bankiers im

Kongreß von Washington saß und versuchte, Mister Jefferson auszutricksen, der vor hundert Jahren Präsident von Amerika werden wollte. Granma sagte zu Granpa, daß Alexander der Große damals gar keine Politik gemacht hat – ja, daß er damals gar nicht gelebt hat. Sondern in einer ganz anderen Zeit. Aber Granpa hat ihr kein Wort geglaubt, darum mußten wir noch mal das Buch über Alexander den Großen aus der Bibliothek holen.

Trotzdem war Granpa ziemlich sicher, daß das Buch Granma recht geben würde. Ich war auch ziemlich sicher, denn ich hatte noch nie erlebt, daß Granma sich irrte, wenn es um die Bücher ging.

Im Herzen wußten wir also die ganze Zeit, daß Granma recht hatte, und auf einmal erkannte Granpa den wahren Grund für den ganzen Streit: es waren einfach zu viele Bücher, die wir lesen mußten! Das fand ich eigentlich auch.

Trotzdem schleppte ich jetzt eines von Mister Shakespeares Büchern und das schwere Wörterbuch und außerdem die volle Petroleumkanne. Granpa trug die übrigen Bücher und eine Büchse voll Kaffee. Granma trank am liebsten Kaffee. Darum war es gut, daß wir ihr jetzt eine ganze Büchse voll mitbrachten, weil, dann würde sie uns vielleicht die Sache mit Alexander dem Großen verzeihen. Sie hatte sich den ganzen Monat über unseren Unverstand geärgert.

Wir gingen auf der Straße, die von der Siedlung in die Berge führt, Granpa wie immer voraus und ich hinterher. Da kam ein großes Auto und hielt neben uns an. Es war das größte Auto, das ich je gesehen hatte. In dem Auto waren zwei Damen und zwei Männer, und es hatte Glasfenster, die geheimnisvoll in den Türen verschwanden.

So was hatte ich noch nie gesehen und Granpa auch nicht. Denn wir beide mußten immer aufs Fenster schauen, wie es von selbst verschwand, während die eine Dame an einer Kurbel drehte. Später erzählte Granpa mir, daß er genau hingeschaut und einen Spalt in der Tür entdeckt hatte, in dem das Glas verschwand. Ich konnte das natürlich nicht sehen, weil ich nicht groß genug war.

Die Dame, die mit uns redete, war schön angezogen und hatte Ringe an den Fingern und große Kugeln an den Ohren.

»Wie fährt man nach Chattanooga?« fragte sie. Man konnte es kaum hören, weil der Motor brummte.

Granpa stellte die Kaffeebüchse auf den Boden und legte die Bücher auf die Kaffeebüchse, damit sie nicht schmutzig wurden. Ich stellte die Petroleumkanne auf den Boden. Denn Granpa sagte immer, daß man gerade stehen und respektvoll zuhören soll, wenn jemand was sagt.

Dann zog Granpa vor der Dame den Hut, aber darüber ärgerte sie sich wahrscheinlich, denn sie schrie Granpa ganz laut an: »Ich habe gefragt, wie fährt man nach Chattanooga? Sind Sie taub?«

Granpa sagte: »Nein, gnädige Frau, vielen Dank für die Nachfrage. Ich höre ganz gut, und auch die Gesundheit ist in meinem Alter in Ordnung. Und wie geht es Ihnen?« Granpa meinte es ganz ernst. Denn es war bei uns üblich, daß man die Leute fragt, wie es ihnen geht, wenn man sie auf der Straße trifft. Darum waren Granpa und ich ganz überrascht, als sie wirklich böse wurde. Aber vielleicht war es auch, weil die anderen Leute im Auto sie wegen irgend etwas auslachten. Sie bogen sich nämlich vor Lachen.

Jetzt brüllte die Dame wirklich laut: »Wollen Sie mir vielleicht sagen, wie man nach Chattanooga fährt?«

»Ja, das sage ich Ihnen gerne, gnädige Frau«, sagte Granpa.

»Aber«, sagte die Frau, »dann sagen Sie es doch endlich!«

»Also«, sagte Granpa, »dann fahren Sie überhaupt in der falschen Richtung, nämlich nach Osten. Sie wollen aber nach Westen. Sie müssen umkehren und nach Westen fahren. Nein, nicht direkt nach Westen, sondern ein paar Grad in nördlicher Richtung, ungefähr da, wo Sie diesen hohen Berg sehen, da müssen Sie rüber . . . und dann müßten Sie bald in Chattanooga sein.« Granpa zog wieder den Hut, und wir bückten uns, um unsere Pakete aufzuheben.

Die Dame reckte den Kopf aus dem Fenster. »Sind Sie noch normal? Ich will wissen, auf welcher *Straße* fährt man nach Chattanooga«, schrie sie.

Granpa richtete sich auf und war überrascht. »Wieso, jede Straße, soviel ich weiß. Natürlich dürfen Sie nicht vergessen, gnädige Frau, ein paar Grad nach Norden halten.«

»Was seid ihr zwei eigentlich – Ausländer?« schrie die Dame.

Jetzt war Granpa wirklich überrascht. Ich auch, denn ich hatte dies Wort noch nie gehört; Granpa wahrscheinlich auch nicht, glaube ich. Er schaute die Dame ganz lange an und sagte nichts. Dann sagte er laut und deutlich: »Ja.«

Das große Auto fuhr los, natürlich immer noch in der falschen Richtung, nämlich nach Osten. Granpa schüttelte den Kopf und sagte, daß er in all den zweiundsiebzig Jahren seines Lebens schon viele komische Leute getroffen hatte. Aber selten so jemand wie diese Dame. Ich fragte Granpa, ob sie vielleicht eine Politikerin war, aber er sagte, daß er noch nie von einer Frau gehört hatte, die Politikerin war – obwohl sie natürlich die Frau von einem Politiker sein konnte.

Wir bogen in den Hohlweg ein. Jedesmal, wenn wir auf dem Heimweg von der Siedlung zu dieser Stelle kamen, wo der Hohlweg abzweigt, dachte ich mir etwas aus, was ich Granpa fragen konnte. Er blieb immer stehen, wenn man das Wort an ihn richtete, und hörte aufmerksam zu. Das gab mir dann die Gelegenheit, ihn einzuholen. Ich glaube, ich war ziemlich klein für mein Alter, denn mein Kopf reichte nur bis zu Granpas Knien, und wenn ich hinter ihm ging, dann bedeutete das eigentlich, daß ich dauernd rennen mußte.

Ich war ziemlich weit zurückgeblieben und mußte ziemlich schnell rennen, darum schrie ich aus Leibeskräften: »Granpa, warst du eigentlich schon mal in Chattanooga?«

Granpa blieb stehen. »Nein«, sagte er. »Aber beinah wäre ich einmal dort hingegangen.« Ich holte ihn ein und stellte die Petroleumkanne auf den Boden.

»Das war vor zwanzig . . . vielleicht auch vor dreißig Jahren, glaube ich«, sagte Granpa. »Ich hatte einen Onkel, Enoch hieß der Onkel, er war der jüngste von Pas Brüdern. Je älter er wurde, desto öfter betrank er sich mit Schnaps. Natürlich wurde er davon schwach im Kopf, und darum wanderte er oft tagelang durch die Gegend, ohne daß er wußte wohin. Und nachträglich konnte er sich an seine Abenteuer nie erinnern.

Einmal, da war Onkel Enoch wieder verschwunden, irgendwo in den Bergen, und keiner wußte, wo er war. Das passierte oft, aber diesmal blieb er sehr lange fort, über vier Wochen, und wir machten uns alle Sorgen. Wir fragten die Leute, ob sie ihn gesehen hätten, und dann hörten wir ein Gerücht, daß er in Chattanooga im Gefängnis wäre. So wurde ich nach Chattanooga geschickt, um ihn zu holen, aber als ich losgehen wollte, stand er plötzlich vor der Tür.«

Granpa machte eine lange Pause und dachte nach. Er mußte lachen. »Ja, da stand er vor der Tür, barfuß und in einer viel zu großen Hose, die er mit der Hand festhalten mußte. Er sah aus, als hätte er mit einem Bären gerauft . . . überall hatte er blutige Schrammen. Es stellte sich heraus, daß er den ganzen Weg zurück über die Berge barfuß gegangen war.« Granpa konnte nicht weitererzählen, weil er so lachen mußte, und ich setzte mich auf die Petroleumkanne. Das tat meinen Beinen gut.

»Onkel Enoch erzählte, er war wieder mal vom Schnaps betrunken gewesen. Wie alles angefangen hatte, wußte er nicht mehr, aber am Schluß fand er sich jedenfalls splitternackt im Gefängnis wieder. Am nächsten Morgen gaben sie ihm eine Hose und ein Hemd und ein paar Schuhe, die ihm viel zu groß waren, und dann mußte er zur Strafe mit den anderen Kerlen die Straße fegen. Aber es war ganz unmöglich, diese Straße sauberzufegen, sagte Onkel Enoch. Die Leute schmissen dauernd Dreck auf die Straße, schneller als die Sträflinge ihn aufkehren konnten. Da sah Onkel Enoch ein, daß es keinen Zweck hatte, und er beschloß abzuhauen. Bei der ersten Gelegenheit rannte er los. Ein Kerl packte ihn am Hemd, aber er rannte weiter, und so kam es, daß er sein Hemd verlor. Er verlor auch die Schuhe, aber wenigstens behielt er die Hose. Er rannte in den Wald und versteckte sich, bis es dunkel wurde, und dann zeigten ihm die Sterne den Weg nach Hause. Er brauchte drei Wochen, den ganzen langen Weg über die Berge, und unterwegs hatte er nur Gras und Eicheln zu essen – wie ein Wildschwein. Aber das hat Onkel Enoch vom Schnaps geheilt . . . Nein«, sagte Granpa, »in Chattanooga war ich nicht; und ich will auch nicht dorthin.«

Ich beschloß sofort, daß ich auch nicht nach Chattanooga wollte.

Beim Abendessen fiel mir die Sache wieder ein, und ich beschloß, Granma zu fragen: »Granma, was ist ein Ausländer?«

Granpa hörte auf zu essen, aber er hob nicht den Blick vom Teller.

Granma schaute mich an, dann schaute sie Granpa an. Sie zwinkerte mit den Augen. »Ja also«, sagte sie, »ein Ausländer ist jemand, der irgendwo ist, wo er nicht geboren ist.«

»Granpa hat gesagt«, erklärte ich, »daß er glaubt, daß wir Ausländer sind.« Und ich erzählte die Geschichte mit der Dame in dem großen Auto und wie sie gefragt hatte, ob wir Ausländer sind, und wie Granpa »Ja« gesagt hatte.

Granpa schob seinen Teller weg.

»Ich dachte mir«, sagte er, »daß wir an dieser Stelle am

Straßenrand nicht geboren sind, und deshalb sind wir an dieser Stelle Ausländer. Und überhaupt ist das schon wieder so ein verdattertes Wort (wenn Granma dabei war, sagte er immer »verdattert« anstatt »verdammt«, weil er nicht fluchen durfte). Ich sage ja immer, es gibt, verdattert noch mal, zu viele Wörter!«

Granpa sagte immer, daß es weniger Streit auf der Welt gäbe, wenn es weniger Wörter gäbe. Als Granma nicht zuhörte, sagte er zu mir, daß immer wieder so ein *verdammter* Idiot ein neues Wort erfindet, das zu nichts nützt außer zum Streiten. Und das, glaube ich, ist wahr. Der *Klang* eines Wortes, wie man es ausspricht, war für Granpa wichtiger als der *Sinn* eines Wortes. Er sagte, daß Menschen manchmal mit ganz verschiedenen Wörtern sprechen, und trotzdem können sie sich verstehen, weil sie den Klang der Wörter verstehen. Granma gab ihm recht, denn das war die Art, wie Granpa und Granma miteinander sprachen.

Granmas Name war Bonnie Bee. Das wußte ich, weil ich einmal in der Nacht gehört hatte, wie er zu ihr sagte: »Ich verstehe dich, Bonnie Bee.« Und das bedeutete: »Ich liebe dich, Bonnie Bee«, denn dieser Klang und dieses Gefühl war in den Wörtern.

Und wenn sie miteinander sprachen, und Granma sagte: »Verstehst du mich, Wales?«, dann antwortete Granpa: »Ja, ich versteh dich.« Verstehen und Liebe waren für Granpa und Granma ein und dasselbe. Granma sagte, man kann nicht jemanden lieben, wenn man ihn nicht versteht; man kann die Menschen nicht lieben, und man kann Gott nicht lieben, wenn man die Menschen und Gott nicht versteht.

Als Granpa ein kleiner Junge war, hatte sein Pa einen Freund, der manchmal zu Besuch in die Hütte kam. Er war ein alter Cherokee, und er hieß Coon-Jack. Und er war immer mürrisch und schlechter Laune. Granpa sagte, er konnte nicht verstehen, warum sein Pa den Coon-Jack so gern hatte.

Manchmal, erzählte Granpa, gingen sie in die kleine Kirche im Tal. Eines Tages war Beichte, und da stehen die Leute in Amerika in der Kirche auf und sagen vor allen Leuten, welche Sünden sie getan haben und wie sehr sie Gott lieben.

Diesmal war also Beichte, und da stand Coon-Jack auf und sagte: »Ich höre, man redet schlecht über mich hinter meinem Rücken. Ich will euch sagen, daß ich das ganz genau weiß. Ich weiß, was mit euch los ist. Ihr seid eifersüchtig und neidisch, weil der Pfarrer mir den Schlüssel für den Schrank mit den Gesangbüchern anvertraut hat. Also, ich will euch mal was sagen: Wenn einem von euch was nicht paßt, für den habe ich die Antwort hier in der Tasche.«

Und dann, erzählte Granpa, zog Coon-Jack sein Hirschlederhemd hoch, und alle konnten den Pistolengriff in seiner Tasche sehen.

Damals, in den alten Zeiten, sagte Granpa, waren die Menschen in den Bergen wilde Kerle, die dich ohne Grund über den Haufen schießen konnten, nur weil sie sich über das Wetter ärgerten. Und solche Männer saßen auch an diesem Sonntag in der Kirche. Aber keiner von ihnen machte auch nur einen Mucks.

Da stand Granpas Pa auf und sagte: »Coon-Jack, wir alle bewundern dich, wie gut du den Schlüssel für den Schrank mit den Gesangbüchern verwaltest. Du machst deine Sache prima! Falls irgend jemand ein falsches Wort gesagt hat, das dich geärgert hat, dann will ich dir sagen, daß wir alle uns bei dir entschuldigen.«

Danach setzte Coon-Jack sich hin und war ganz versöhnt und zufrieden, und alle anderen waren es auch.

Auf dem Heimweg fragte Granpa seinen Pa, warum Coon-Jack solche Frechheiten zu den Männern sagen durfte, und Granpa lachte über den dummen Coon-Jack, der sich mit dem Schlüssel für den Schrank mit den Gesangbüchern so wichtig machte.

Aber sein Pa sagte zu ihm: »Mein Sohn, du darfst Coon-Jack nicht auslachen. Weißt du, als die Cherokee aus ihrer Heimat vertrieben wurden und in die Reservate ziehen mußten, da war Coon-Jack ein Junge, und er versteckte sich in den Bergen und kämpfte allein weiter. Als der Krieg zwischen den Nordstaaten und den Südstaaten von Amerika ausbrach, dachte er, vielleicht kann er gegen die verdammte Regierung kämpfen und sein Land und seine Heimat zurückerobern. Er hat viel gekämpft. Und er hat immer verloren. Als der Krieg zu Ende war, kamen die Politiker und nahmen uns auch noch den Rest weg, der uns geblieben war. Siehst du, mein Junge, Coon-Jack lebte in einer Zeit, als die Indianer alles verloren. Er hat immer kämpfen müssen – und er hat immer verloren. Jetzt hat er nur noch den Schlüssel für den Schrank mit den Gesangbüchern. Wenn Coon-Jack manchmal schlechter Laune ist, dann ist es deshalb, weil er nichts mehr hat, wofür er kämpfen kann. Er hat nie etwas anderes kennengelernt.«

Da hatte Granpa beinah für Coon-Jack geweint, erzählte er. Danach war es ihm ganz egal, sagte er, was Coon-Jack sagte oder was er machte. Er liebte ihn, weil er ihn verstand.

Das ist der eigentliche Sinn von »Verstehen«, sagte Granpa, und die meisten Menschen haben dauernd Streit, weil sie sich nicht verstehen; vor allem die Politiker. Das habe ich sofort verstanden, und beinah hätte ich selbst für Coon-Jack geweint.

Wissen, wie es früher war

Granma und Granpa sagten, daß ich wissen müßte, wie es früher war. »Wenn du nichts von der Vergangenheit weißt, dann wirst du auch keine Zukunft haben. Wenn du nicht weißt, woher dein Volk kommt, dann wirst du nicht wissen, wohin dein Volk geht.«

Und so erzählten Granpa und Granma mir die alten Geschichten der Cherokee: Wie sie in ihren fruchtbaren Tälern den Mais anpflanzten – im Frühling, wenn die jungen Krieger und die Mädchen den Hochzeitstanz tanzten. Wie sie im Herbst, wenn der erste Frost den Kürbis reif und die Dattelpflaume süß machte, in ihren Dörfern das Erntedankfest feierten. Wie sie im Winter auf die Jagd zogen, den Hirsch und den Bären erlegten – und bei alledem von Pflanzen und Tieren nur für sich nahmen, was sie brauchten: treu dem Weg.

Wie dann die Soldaten der Regierung kamen und ihnen sagten, daß sie das Papier unterschreiben sollten. Das Papier, sagten sie, sollte den weißen Siedlern zeigen, wo sie sich ansiedeln durften und wo das Land der Cherokee war. Und nachdem sie es unterschrieben hatten, kamen noch mehr Soldaten der Regierung. Sie hatten Gewehre, und an den Gewehren waren lange Messer befestigt. Die Soldaten sagten, daß die Worte des Papiers sich geändert hatten. Jetzt bedeuteten die Worte, daß die Cherokee ihre Täler, ihre Berge, ihre Heimat verlassen mußten. Weit weg mußten sie gehen, in die Richtung der sinkenden Sonne, wo die Regierung neues Land für die Cherokee hatte – Land, das der weiße Mann nicht haben wollte.

Und wie die Soldaten dann mit ihren Gewehren einen Ring um ein großes Tal bildeten, rings um die Lagerfeuer. In Horden, wie Vieh, trieben sie in diesen Ring die Cherokee.

Später, als sie beinah alle Cherokee gefangen hatten, brachten sie Maultiere und Planwagen herbei und sagten, die Cherokee sollten ins Land der sinkenden Sonne fahren.

Die Cherokee hatten alles verloren. Aber sie fuhren nicht, und darum konnten sie etwas retten. Man konnte es nicht sehen, man konnte es nicht essen – und trotzdem retteten sie es. Sie fuhren nicht. Sie ritten nicht. Sie gingen.

Die Soldaten ritten vor ihnen, neben ihnen, hinter ihnen. Die Cherokee-Männer gingen und schauten geradeaus, nicht auf den Boden, nicht auf die Soldaten. Ihre Frauen und Kinder gingen hinter ihnen und schauten nicht auf die Soldaten.

Weit hinter ihnen rumpelten die Planwagen dahin – sinnlos, zwecklos. Die Planwagen konnten die Seele der Cherokee nicht stehlen. Ihr Land war gestohlen, ihre Heimat war gestohlen, aber die Planwagen konnten die Seele der Cherokee nicht stehlen.

Als sie durch die Dörfer des weißen Mannes zogen, standen die Menschen links und rechts am Weg und schauten ihnen zu, wie sie vorüberzogen. Zuerst lachten sie über die Cherokee. Wie dumm von ihnen, daß sie zu Fuß gingen, während die Planwagen hinterher rumpelten. Aber die Cherokee drehten nicht den Kopf und lachten nicht mit, und bald hörte das Lachen auf.

Als die Cherokee immer weiter von ihren Bergen fortgingen, fing das Sterben an. Ihre Seele starb nicht, sie wurde nicht schwächer. Es waren die sehr Jungen und die sehr Alten und die Kranken, die zuerst starben.

Am Anfang erlaubten die Soldaten ihnen, anzuhalten und ihre Toten zu begraben. Aber dann starben immer mehr – Hunderte, Tausende. Mehr als ein Drittel von ihnen starb auf diesem Marsch. Die Soldaten sagten, sie dürften nur alle drei Tage ihre Toten begraben. Denn die Soldaten hatten es eilig und wollten die Cherokee loswerden. Die Soldaten sagten, die Toten sollten in den Planwagen fahren, aber die Cherokee legten ihre Toten nicht in die Wagen des weißen Mannes. Sie trugen sie. Sie gingen und trugen ihre Toten.

Der kleine Junge trug seine tote kleine Schwester und schlief in der Nacht neben ihr auf der Erde. Am Morgen hob er sie auf und trug sie in seinen Armen weiter.

Der Mann trug seine tote Frau. Der Sohn trug seine tote Mutter, seinen toten Vater. Die Mutter trug ihr totes Baby. Sie gingen und trugen sie in ihren Armen. Und sie drehten nicht den Kopf. Sie schauten die Soldaten nicht an, und sie schauten die Leute nicht an, die links und rechts neben der Marschkolonne standen und schauten. Manche Menschen, die zuschauten, weinten. Aber die Cherokee weinten nicht. Äußerlich weinten sie nicht, denn die Cherokee ließen niemand in ihre Seele blicken; genau wie sie sich weigerten, in den Planwagen zu fahren.

Die Leute nannten es den »Weg der Tränen«. Nicht weil die Cherokee weinten. Denn sie weinten nicht. Die Leute nannten es den »Weg der Tränen«, weil das romantisch klingt und weil die Menschen, die zuschauten, weinten. Ein Todesmarsch ist nicht romantisch.

Man kann kein Gedicht schreiben über das totenstarre Baby in den Armen seiner Mutter, das mit offenen Augen in den toten Himmel starrt; während die Mutter geht und es in ihren Armen trägt.

Man kann kein Lied singen über den Vater, der am Abend die schwere Last seiner toten Frau auf den Boden legt, sich in der Nacht neben sie legt und sie am Morgen wieder aufhebt, um sie weiterzutragen . . . und der seinem ältesten Sohn sagt, er soll den toten Körper seines Jüngsten tragen. Und nicht umschauen . . . nicht sprechen . . . nicht weinen . . . nicht an die Berge sich erinnern.

Es wäre kein schönes Lied. Darum nennen die Leute es den »Weg der Tränen«.

Es gingen aber nicht alle Cherokee. Einige erfahrene

Bergläufer flüchteten sich in die tiefsten Täler, auf die höchsten Grate der Gipfel und lebten dort mit ihren Frauen und Kindern – immer unterwegs.

Sie stellten Fallen, um Wild zu fangen, aber manchmal wagten sie nicht, die Beute aus der Falle zu holen, weil die Soldaten gekommen waren. Sie gruben die Süßwurzel aus der Erde, sie zerstampften Eicheln zu Mehl, sie schnitten Huflattich auf den Waldlichtungen und aßen die inneren Schichten der Baumrinde. Sie fischten mit der Hand an den felsigen Ufern kalter Bergbäche und bewegten sich lautlos wie Schatten: ein Volk, das da war – das aber unsichtbar und unhörbar war. Und das kaum Spuren und Lebenszeichen hinterließ. Sie waren die letzten Indianer in ihrem eigenen Land, das jetzt den Weißen gehörte, die ihre Feinde waren.

Aber nicht alle Weißen waren feindselig und habgierig. Zum Beispiel die Familie von Granpas Pa. Das waren arme Bauern, aus dem steinigen Schottland eingewandert. Sie liebten die Freiheit der Berge, genau wie die Cherokee. Granma erzählte, wie es damals war, als Granpas Vater seine Frau fand – und ihr Volk, die Cherokee. Er war noch ein Junge und immer unterwegs in den Wäldern. Einmal fand er am Ufer eines Baches kaum sichtbare Spuren von Menschen. Er lief nach Hause und holte ein saftiges Stück Hirschkeule. Das legte er als Geschenk auf die Lichtung am Bach, und um seine friedliche Absicht zu zeigen, legte er sein Gewehr und sein Messer daneben.

Am nächsten Morgen war die Hirschkeule nicht mehr da, aber sein Messer und sein Gewehr lagen noch am gleichen Fleck. Und daneben lagen ein anderes Messer, ein langes Indianermesser, und ein Tomahawk. Granpas Pa rührte die fremden Waffen nicht an, sondern ging nach Hause, holte ein paar Maiskolben und legte sie zu den Waffen. Dann stand er und wartete lange.

Sie kamen langsam – spät am Nachmittag. Sie schlichen

von Baum zu Baum, blieben stehen, gingen vorsichtig weiter. Granpas Pa streckte seine Hände aus, und sie, ein Dutzend Männer und Frauen und Kinder, streckten ihre Hände aus, und sie faßten sich an. Sie mußten ihre Arme sehr weit ausstrecken, um sich anzufassen, sagte Granma, aber sie taten es.

Granpas Pa wurde groß und erwachsen, und er heiratete die jüngste Tochter der Leute. Sie hielten beide zusammen den Hochzeitsstab aus Hickoryholz fest, und dann nahmen sie ihn mit in ihre Hütte, und sie haben ihn nie zerbrochen. Sie trug die Feder der rotgefiederten Drossel im Haar, darum hieß sie Red Wing. Granma sagte, sie war schlank wie eine Weidengerte, und sie sang, wenn es Abend wurde.

Granpa und Granma erzählten auch über die letzten Jahre von Granpas Pa. Er war ein alter Krieger, der mit den wilden Truppen der Konföderierten – der aufsässigen Südstaaten von Amerika – gezogen war, um gegen dieses ferne unsichtbare Monster »Regierung« zu kämpfen, das sein Volk und seine Hütte bedrohte.

Später war sein Bart weiß. Das Alter beugte seinen hageren Körper. Wenn der eisige Winterwind durch die Ritzen der Hütte heulte, fingen die alten Wunden an zu schmerzen. Ein Säbelstreich, dessen Narbe sich über seinen linken Arm zog. Sein Knöchel, der dick und aufgeschwollen war, dort, wo die Kugel ihn zerfetzt hatte. Der gemeinste Schmerz aber saß im Leib: seitlich in der Hüftbeuge. Da steckte die niemals herausoperierte Bleikugel. Sie nagte sich wie eine Ratte durch sein Fleisch, sie fraß an seinen Organen – bis eines Tages der Tag kam, an dem er starb. Vierzig Jahre hatte die Regierung gebraucht, ihn zu töten.

Mit ihm starb das Jahrhundert, in dem er gelebt hatte: diese Zeit voller Blut und Kampf und Tod. Ein neues Jahrhundert brach an, mit neuen Menschen, die marschierten und ihre Toten begruben.

Granpas Vater war ein Weißer gewesen, der zum Indianer wurde. Sein ältester Sohn war eines Tages ins Land der sinkenden Sonne aufgebrochen, um die Reste seines Volkes zu suchen; der nächste Sohn starb irgendwo in Texas. Am Ende seines Lebens war nur noch Red Wing bei ihm, wie am Anfang, und sein jüngster Sohn, Granpa.

Ganz zuletzt waren die beiden Männer, der junge und der alte, noch einmal zusammen in die Berge gegangen. Da standen sie und betrachteten die kahlen Bäume, die sich unter dem Gipfel gegen den blassen Himmel abzeichneten; sie folgten mit den Augen den flachen Strahlen der Wintersonne. Sie schauten einander nicht an.

»Schätze, ich werde dir nicht viel hinterlassen«, sagte der Alte und lachte leise. »Die alte Hütte – kaum wert, daß du einen Kienspan dran hältst, um dir die Hände zu wärmen.«

Sein Sohn betrachtete die Berge. »Ja«, sagte er leise.

»Du bist ein erwachsener Mann, du hast eine eigene Familie«, sagte der Alte, »ich brauche dir nicht viel zu sagen . . . Wir wollen uns an den Händen fassen – so fest, wie wir festhalten, woran wir glauben. Meine Zeit ist um, und jetzt kommt eine andere Zeit, die ich nicht mehr versteh, deine Zeit. Ich könnte nicht mehr in ihr leben . . . genau wie Coon-Jack. Denke daran, du gehst mit nichts in der Hand in diese neue Zeit . . . aber die Berge werden immer noch da sein, und du wirst sie lieben. Laß uns immer aufrichtig sein in dem, was wir fühlen, und dem, was wir sagen.«

»Ja, ich denke daran«, sagte der Sohn. Die Sonne war hinter dem Grat verschwunden, ein beißender Wind wehte über den Hang. Es kam den Alten hart an, es zu sagen . . . aber er sagte es: »Ich bin . . . dir . . . gut.«

Der Sohn sagte nichts, aber er legte dem Alten den Arm um die gebeugten, hageren Schultern. Die Schatten im Tal wurden tiefer und mischten sich mit der Schwärze der Bergflanken. So gingen sie langsam, der Alte auf seinen

Stock gestützt und am Arm seines Sohnes, zur Hütte im Talgrund.

Dies war der letzte Weg, den Granpa und sein Pa zusammen gingen. Oft habe ich die Gräber besucht: nebeneinander liegen sie, er und Red Wing, auf einem Berg unter Weißeichen, wo die Blätter den Boden im Herbst knietief bedecken, bis die bösen Winterstürme sie fortpeitschen. Wo der zähe Indianerenzian im Frühjahr winzige blaue Sterne aus der Erde treibt.

Der Hochzeitsstab liegt über den Gräbern, altes verwittertes Hickoryholz, nie zerbrochen, voll von den Kerben, die sie einschnitzten, für jede Freude, für jeden Schmerz. Er liegt über ihren Häuptern und verbindet sie auch im Grab.

So winzig sind die Namen eingeritzt, daß man sich auf die Knie bücken muß, will man sie lesen: Ethan und Red Wing.

Pine-Billy

Im Winter schleppten wir trockenes Laub aus dem Wald und deckten damit das Maisfeld zu. Das Maisfeld lag am Ende des Tales, hinter dem Stall. Es zog sich vom Bach bis zur Bergflanke und sogar noch ein Stück hinauf. Am »Hang« – so nannte Granpa den schiefen Teil des Maisfeldes – wuchs kein guter Mais. Trotzdem pflanzte Granpa ihn an, denn es gab wenig ebenen Ackerboden bei uns in den Bergen.

Es machte Spaß, das Laub zusammenzuharken und in große Säcke zu stopfen. Sie waren ganz leicht zu tragen. Granpa und Granma und ich halfen uns immer gegenseitig beim Einfüllen. Granpa trug mit Leichtigkeit zwei Säcke, manchmal sogar drei. Ich versuchte einmal, zwei Säcke zu tragen, aber da kam ich nicht vom Fleck. Die Blätter am

Boden reichten mir bis zum Knie. Sie kamen mir vor wie knisternder brauner Schnee – mit roten und gelben Tupfern.

Dann streuten wir die Blätter auf das Feld. Auch Fichtennadeln. Granpa sagte, Fichtennadeln sind wichtig, um dem Boden die richtige Säure zu geben – aber ja nicht zuviel!

Wir arbeiteten aber niemals so lange, bis wir müde wurden. Wir wurden dauernd »abgelenkt« – wie Granpa es nannte – und machten irgendwas anderes.

Granma fand manchmal Gelbwurzeln und grub sie aus; die waren gut in der Küche zu gebrauchen. Und sie fand Ginseng, Eisenwurz . . . Calum . . . Sassafras . . . Frauenschuh. Sie kannte sie alle, die Wurzeln und Kräuter des Waldes, und sie machte daraus Arzneien gegen jede Krankheit.

Granpa und ich fanden meistens Hickorynüsse und Kastanien, manchmal sogar schwarze Walnüsse. Wir brauchten gar nicht extra zu suchen – wir fanden sie einfach. Vor lauter Nüsse-Essen und Wurzeln-Sammeln und Rehe-Beobachten und Klopfspecht-Lauschen wurde nicht viel aus unserem Blätter-aufs-Feld-Schleppen.

Wenn wir dann abends im Dämmerlicht schwer bepackt mit Nüssen und Wurzeln und Kräutern nach Hause zogen, dann fluchte Granpa leise, damit Granma ihn nicht hören konnte: das nächstemal, sagte er, würden wir uns nicht wieder »ablenken« lassen. Das nächstemal würden wir den ganzen Tag Laub schleppen. Das klang fürchterlich ernst. Aber es kam immer anders.

Trotzdem – Sack um Sack schafften wir es, das ganze Feld mit Blättern und Fichtennadeln zu bedecken. Und nach einem Regenschauer, wenn die Blätter so richtig am Boden klebten, spannte Granpa Old Sam vor den Pflug, und dann pflügten wir sie unter die Erde.

Ich sage »wir«, weil, manchmal ließ Granpa mich auch ein paar Furchen pflügen. Ich mußte die Arme nach oben strecken, um die Handgriffe am Pflug zu erreichen, und die meiste Zeit mußte ich aus Leibeskräften nach unten ziehen, damit die Pflugschar sich nicht zu tief in die Erde fraß. Aber dann kam die Pflugschar manchmal aus der Erde, und der Pflug ratterte über das Feld, ohne zu pflügen. Old Sam hatte viel Geduld mit mir. Er blieb stehen, bis ich den Pflug wieder in die richtige Stellung gebracht hatte, und wenn ich dann »Los!« rief, trottete er weiter.

Jetzt mußte ich aber die Handgriffe fest nach oben stoßen, damit die Pflugschar sich tief genug in die Erde senkte. Und zwischen Ziehen und Stoßen lernte ich, meinen Kopf vor der Querstange zwischen den Handgriffen in Sicherheit zu bringen, die mich ein paarmal tüchtig erwischte.

Granpa ging hinter mir her, aber er ließ mich allein machen. Wenn man wollte, daß Old Sam nach rechts ging, mußte man »Hoh!« rufen. Wenn man wollte, daß er nach links ging, mußte man »Schiii!« rufen. Wenn Old Sam ein bißchen zu weit nach rechts trödelte, brüllte ich »Schiii!« Aber Old Sam hörte nicht mehr gut und trödelte immer weiter nach rechts. Dann kam Granpa mir zu Hilfe und brüllte: »Schiii! Gottverdammtnochmal Schiii!« Dann trottete Old Sam wieder auf den richtigen Weg.

Das Dumme war nur, Old Sam hatte das Ganze so oft gehört, daß »Schiii!« und »Gottverdammtnochmal!« für ihn zusammengehörten. Und er reagierte überhaupt nur, wenn er beides zusammen hörte. Dies führte natürlich zu einer immer wüsteren Flucherei, und ich mußte tüchtig mitfluchen, wenn ich mitpflügen wollte.

Das ging aber nur so lange gut, bis Granma es hörte. Sie wurde sehr böse auf Granpa und schimpfte mit ihm. Dies führte dazu, daß ich nur noch pflügen konnte, wenn Granma nicht in der Nähe war.

Old Sam war auch auf dem linken Auge blind, und wenn er am Ende des Feldes angekommen war, wollte er nie nach links umkehren, weil er natürlich Angst hatte, irgendwo zu stolpern. Er kehrte immer nur nach rechts um, wo er sehen konnte, wohin er ging. Wenn man mit Pferd und Pflug immer nur nach einer Seite umkehrt, das geht am einen Ende des Feldes ganz gut. Aber am anderen Ende wird es schwierig: da muß man den Pflug ganz aus der Furche heben und ihn in großem Bogen über den Wiesenrand heben und durch Sträucher und Brennesseln schleppen. Granpa sagte, wir müßten mit Old Sam Geduld haben, weil er so alt und halb blind war. Also hatte ich mit ihm Geduld. Aber mir grauste vor jeder zweiten Kehre am Ende des Feldes. Besonders wenn eine dichte Dornenhecke dort auf mich wartete.

Einmal zerrte Granpa den Pflug durch ein Brennesselgestrüpp und trat mit dem Fuß in einen hohlen Baumstumpf. Darin war ein Wespennest. Im nächsten Moment stürzten sich die wütenden Insekten auf Granpa und fuhren ihm in die Hosenbeine. Er rannte brüllend davon und sprang in den Bach. Ich sah die Wespen wie wild herumschwärmen und rannte auch davon. Granpa legte sich lang ins Wasser und schlug auf seine Hosenbeine und fluchte auf Old Sam. Ich hatte Granpa noch nie so wütend gesehen.

Aber Old Sam stand geduldig da und wartete auf Granpa. Das Dumme war nur, man konnte nicht in die Nähe des Pfluges. Die Wespen summten und sirrten erbost durch die Luft, und zwar genau über dem Pflug. Granpa und ich stellten uns mitten aufs Feld, und Granpa versuchte, Old Sam von dem Wespennest fortzulocken.

Granpa rief: »Komm, Old Sam, komm, alter Junge!« Aber Old Sam bewegte sich keinen Schritt vorwärts. Er kannte nämlich sein Geschäft und wußte, daß man nicht einfach einen herrenlosen Pflug über den Acker schleift. Granpa probierte alles. Er fluchte wie der Teufel, und am Schluß ließ er sich auf alle viere nieder und wieherte wie ein

Muli. Ich fand, er wieherte sogar ziemlich genau wie ein Muli. Old Sam reckte die Ohren nach vorn und glotzte Granpa erstaunt an, aber er rührte sich nicht von der Stelle. Ich versuchte es auch, aber ich konnte natürlich lange nicht so gut wiehern wie Granpa.

Als Granpa merkte, daß Granma gekommen war und uns sah, wie wir auf allen vieren auf dem Feld rumkrochen, gab er es auf.

Es blieb nichts anderes übrig: Granpa ging in den Wald und holte ein Bündel Zunder und zündete es mit dem Streichholz an und stopfte es in den Baumstumpf und räucherte die Wespen aus. Der Qualm vertrieb sie vom Pflug.

An diesem Abend, auf dem Heimweg zur Hütte, sagte Granpa, daß er sich schon seit Jahren fragte, ob Old Sam eigentlich das dümmste oder das intelligenteste Maultier im ganzen Gebirge war. Ich wußte es auch nicht.

Aber es machte mir Spaß, das Feld zu pflügen. Es machte, daß ich mich erwachsen fühlte.

Wenn ich hinter Granpa den Pfad zur Hütte hinabging, kam es mir so vor, als würden meine Schritte immer länger. Beim Abendbrot lobte Granpa mich laut vor Granma und sagte, wie gut ich pflügen konnte, und Granma stimmte ihm zu und sagte, daß ich anscheinend bald ein Mann würde.

Eines Abends saßen wir wieder beim Essen am Tisch, da stimmten die Hunde ein wildes Gebell an. Wir gingen alle raus auf die Veranda, und da sahen wir einen Mann über den Steg am Bach kommen. Er sah prächtig aus, und er war beinah so groß wie Granpa. Am besten gefielen mir seine Stiefel, sie waren gelb und hatten lange Schäfte, und oben waren weiße Socken übergeschlagen. Seine Leinenhose reichte nur knapp bis zu den Socken. Er hatte einen kurzen schwarzen Mantel an und ein weißes Hemd, und auf dem Kopf hatte er einen kleinen steifen Hut. Er trug einen länglichen Koffer in der Hand. Granma und Granpa erkannten ihn.

»Schau, es ist Pine-Billy«, sagte Granma.

Pine-Billy winkte.

»Komm rein und ruh dich aus«, sagte Granpa.

Pine-Billy stand auf der Türschwelle und sagte: »Ach, ich schau nur mal kurz herein, bin unterwegs . . .«

Ich wunderte mich, wohin Pine-Billy unterwegs war, denn hinter unserer Hütte gab es nur noch die Berge.

»Bleib bei uns und iß etwas«, sagte Granma und zog Pine-Billy am Arm zur Tür herein. Granpa hob Pine-Billys länglichen Koffer auf, und wir alle gingen in die Küche.

Granma und Granpa hatten Pine-Billy gerne, das merkte ich gleich. Er zog vier Süßkartoffeln aus der Tasche und gab sie Granma, und sie machte ihm eine Tortilla daraus. Pine-Billy aß drei Stück davon, ich aß ein Stück, und eines blieb in der Pfanne übrig. Ich schaute es an und hoffte, daß Pine-Billy genug hatte.

Pine-Billy lachte und sagte, bald würde ich größer als Granpa sein. Das freute mich. Er sagte zu Granma, daß sie diesmal noch hübscher sei als das letztemal, und das freute Granma. Granpa freute sich auch. Ich hatte Pine-Billy auf Anhieb gern – auch wenn er drei Stück Tortilla gegessen hatte. Immerhin waren es seine Kartoffeln gewesen.

Wir saßen vor dem Kamin. Granma saß in ihrem Schaukelstuhl und Granpa in seinem. Ich merkte gleich, daß was Besonderes los war. Und Granpa fragte: »Erzähl schon, Pine-Billy, was gibt es für Neuigkeiten?«

Pine-Billy lehnte sich zurück und schaukelte seinen Hocker auf zwei Beinen. Dann zog er mit Daumen und Zeigefinger seine Unterlippe lang und streute sich aus einem Döschen ein paar Krümel Kautabak in den Mund. Er hielt das Döschen auch Granma und Granpa hin, aber sie schüttelten nur den Kopf. Pine-Billy machte es wirklich spannend, fand ich. Er spuckte ins Feuer.

»Ja, also«, sagte er endlich, »ich hab einen großen Fang gemacht. Und vielleicht bin ich demnächst ein reicher Mann.« Er spuckte wieder ins Feuer und schaute uns der Reihe nach an.

Ich hatte keine Ahnung, was er eigentlich meinte, aber ganz sicher war es eine große Sache.

Das dachte auch Granpa, denn er sagte: »Na, sag schon, Billy, was ist es denn?« Pine-Billy kippelte wieder auf seinem Hocker und betrachtete die Balken an der Decke. Er faltete seine Hände über dem Bauch.

»Tja. Es muß wohl letzten Mittwoch gewesen sein . . . Nein, es war Dienstag, weil am Montag hab ich bei Jumpin Jody zum Tanz aufgespielt. Ja, genau. Dienstag war es. Also, am Dienstag kam ich in die Siedlung, draußen im Tal. Ihr kennt doch den Polizisten dort, Smokehouse Turner?«

»Jaja, hab ihn schon mal gesehen«, sagte Granpa ungeduldig.

»Nun ja«, sagte Pine-Billy, »ich stehe also mit Smokehouse Turner an der Straßenecke, und wir quatschen über dies und das. Auf einmal fährt drüben an der Tankstelle ein riesiges, chromblitzendes Auto vor. Smokehouse bemerkte es gar nicht . . . aber ich! Der Kerl im Auto war aufgeputzt wie ein Pfau. Typisch Großstadt, dachte ich mir. Dann steigt er aus und sagt zu Joe Holcomb, dem Tankwart, er soll den Tank voll machen. Naja, und ich beobachte ihn die ganze Zeit. Und er schaut ein paarmal rüber – irgendwie heimtückisch, als hätte er ein schlechtes Gewissen. Da ging mir auf einmal ein Licht auf: Das ist ein Großstadt-*Verbrecher*, sagte ich mir. Natürlich«, sagte Pine-Billy, »hab ich das nur zu mir selber gesagt und nicht zu Smokehouse. Wißt ihr, ich bin dagegen, jemanden bei der Polente anzuschmieren. Aber bei Großstadtverbrechern ist das was anderes! Also sag ich zu Smokehouse: ›Sieh mal, Smokehouse, der Kerl da drüben kommt mir irgendwie verdächtig vor. Findest du nicht?‹

Und wie Smokehouse sich den Burschen ansieht, findet er's auch und sagt zu mir: ›Könntest recht haben, Pine-Billy. Den werden wir uns mal vorknöpfen . . .‹ und Smokehouse marschiert über die Straße zum Auto.«

Pine-Billy stellte seinen Hocker auf alle vier Beine und spuckte ins Feuer. Dann schaute er zur Decke hinauf und studierte die Balken. Ich war gespannt und konnte es kaum erwarten, wie die Geschichte mit dem Verbrecher weiterging.

Endlich hatte Pine-Billy die Deckenbalken fertig studiert. Er sagte: »Ihr wißt ja, Smokehouse kann weder lesen noch schreiben. Aber ich komme halbwegs mit den Buchstaben klar, also ging ich hinter ihm her, für den Fall, daß er mich brauchte. Als der Kerl da drüben uns kommen sah, sprang er ins Auto. Aber wir waren schneller, und Smokehouse beugte sich höflich zum Fenster runter und fragte ihn, was er hier in der Siedlung verloren hatte. Der Bursche war sehr nervös. Er sagte, er sei unterwegs nach Florida. Und das war ziemlich verdächtig.«

Mir kam es auch ziemlich verdächtig vor, und Granpa nickte ebenfalls mit dem Kopf.

Pine-Billy erzählte weiter: »›Wo kommen Sie her?‹ fragte Smokehouse den Kerl. Und der Kerl sagte, er sei aus Chicago. ›Dann ist ja alles klar‹, sagte Smokehouse zu dem Kerl. Aber er solle aus der Siedlung verschwinden, wo er nichts verloren hatte. Das wollte der Kerl auch tun. Aber inzwischen« – Pine-Billy blinzelte Granma und Granpa zu – »inzwischen hatte ich mich nach hinten geschlichen und das Nummernschild am Auto entziffert. Jetzt winkte ich Smokehouse herbei und sagte zu ihm: ›Der Bursche sagt, er ist aus Chicago, aber er hat ein Nummernschild von Illinois.‹ Da hättet ihr Smokehouse sehen sollen. Er ging auf ihn los wie der Bär auf den Honig. Er zerrte den Halunken aus dem Auto und baute sich vor ihm auf und sagte ihm glatt auf den Kopf zu: ›Wenn Sie angeblich aus Chicago sind, wieso haben Sie dann ein Nummernschild von Illinois am Auto?‹

Der Kerl wußte nicht, was er sagen sollte. Zuerst probierte er's mit einer faustdicken Lüge. Aber Smokehouse ließ ihn ruhig zappeln. Dann versuchte er es mit Schmeicheleien, aber da war er beim alten Smokehouse an der falschen Adresse! Der läßt sich auch von Schönschwätzern aus der Großstadt nichts vormachen.«

Pine-Billy war jetzt richtig in Fahrt. »Und dann steckte Smokehouse den Verbrecher ins Kittchen. Da sitzt er jetzt, bis alles geklärt ist. ›Wahrscheinlich gibt es sogar 'ne Belohnung‹, sagte Smokehouse. Die teilen wir dann unter Brüdern. Und wenn man sich diesen Halunken ansieht – könnte leicht sein, daß es mehr Geld zur Belohnung gibt, als Smokehouse und ich jemals auf einem Haufen gesehen haben.«

Granma und Granpa fanden, daß das alles sehr aussichtsreich klang. Und Granpa sagte, daß man mit Großstadtverbrechern kein Mitleid haben durfte. Das fand ich auch. Ganz klar, wir sahen Pine-Billy bereits als reichen Mann.

Aber Pine-Billy war vorsichtig. Es *könnte* ja immerhin sein, sagte er, daß die Belohnung nicht ganz so hoch ausfiel. Er wollte nie alle Eier in einen Korb tun, meinte er, und er wollte die Küken nicht zählen, bevor sie nicht ausgeschlüpft waren. Das fand ich vernünftig.

Nur zur Sicherheit, sagte Pine-Billy, hatte er noch ein zweites Eisen im Feuer. Die Kautabak-Firma »Red Eagle« veranstaltete nämlich ein großes Preisausschreiben, und als erster Preis waren 500 Dollar ausgesetzt – mehr als genug, fand Pine-Billy, daß ein Mann für den Rest seines Lebens ausgesorgt hatte. Er hatte den Fragebogen schon eingesandt, sagte er, und die ganze Preisaufgabe bestand einfach darin, hinzuschreiben, warum man den Kautabak, Marke Red Eagle, besonders liebte. Darüber hatte Pine-Billy lange nachgedacht, sagte er, und schließlich war ihm eine Antwort eingefallen, die garantiert den ersten Preis gewinnen mußte.

Die meisten Menschen würden wahrscheinlich sagen, daß sie die Marke Red Eagle liebten, weil es ein guter Kautabak war. Das hatte Pine-Billy natürlich auch geschrieben; aber er hatte noch eine viel bessere Idee. Er hatte hingeschrieben, daß Red Eagle der *beste* Kautabak sei, den er sich jemals im Leben in den Mund gesteckt hatte. Und daß er außerdem *nie* einen anderen Kautabak kauen würde, so lange er lebte.

»Man muß nur seinen Verstand gebrauchen«, sagte Pine-Billy. »Ganz einfach: wenn die großen Bosse bei der Firma Red Eagle erkennen, daß ich mein ganzes Leben lang ihren Kautabak kauen werde, dann rechnen sie nach und stellen fest, daß sie auf diese Weise schließlich ihr ganzes Geld zurückbekommen. Die werfen doch nicht einfach ihr Geld zum Fenster hinaus – für jemand, der einfach sagt, Red Eagle-Tabak ist gut und fertig. Die gehen niemals ein Risiko ein.«

Die Großkopferten gehen niemals ein Risiko ein, meinte auch Granpa, jedenfalls nicht, wenn's um ihr Geld geht. Das ist ja der Grund, warum sie reich sind. Und darum fanden wir auch, daß Pine-Billy den großen Preis praktisch schon in der Tasche hatte.

Pine-Billy stand auf, ging zur Tür und spuckte in hohem Bogen den Kautabak aus.

Als er zurückkam, ging er am Tisch vorbei und nahm sich das letzte Stück von der Tortilla. Ich nahm's ihm nicht übel. Obwohl, ich hatte mich sehr drauf gespitzt, aber ich mußte einsehen: Pine-Billy war reich, darum verdiente er es.

Granpa holte seinen Steinkrug hervor, und Pine-Billy nahm zwei oder drei große Schlucke, und Granpa nahm einen. Granma hustete, deshalb holte sie ihren Krug mit dem Hustensaft.

Granpa überredete Pine-Billy so lange, bis er die Fiedel herausholte und »Red Wing« spielte. Granpa und Granma klopften mit den Füßen den Takt. Er konnte wunderbar spielen, und er sang dazu:

»Es wird Abend, der Mond scheint auf Red Wing herab,
Der Nachtwind seufzt, die Nachtvögel weinen.
In der Ferne schläft ihr Liebster unter den Sternen.
Red Wing ist traurig, ihr Herz wandert fort.«

Ich war auf dem Fußboden eingeschlafen, und Granma trug mich ins Bett. Das letzte, was ich hörte, war die Fiedel. Ich träumte, daß Pine-Billy zu unserer Hütte kam, und er war reich, und er trug eine Wandertasche auf der Schulter. Die war voller Süßkartoffeln.

Mein »geheimer Platz«

Stell dir vor – die Millionen winziger Wesen, die am Bergbach leben.

Wenn du ein Riese wärst, und du blicktest von oben auf die Wasserfälle und Windungen des Bachbetts hinab, dann wüßtest du, daß der Bach ein Strom des Lebens ist.

Ich war dieser Riese. Zwei Fuß groß, wie ich war, mußte ich mich bücken, um die kleinen Sümpfe und Sandbänke zu untersuchen, wo plätschernde Rinnsale an flachen Stellen versickerten. Dort legten die Frösche ihre Eier; große glibbrige Kristallkugeln, in denen schon die Kaulquappen als schwarze Pünktchen sichtbar waren. Eines Tages würden sie sich durch ihre nahrhafte Hülle ins Freie fressen.

Bachforellen schnellten aus dem Wasser und versuchten die Moschuskäfer zu haschen, die über dem Bach tanzten. Wenn du einen Moschuskäfer in die Hand nimmst, dann duftet er stark und süß.

Von meinen Entdeckungsfahrten am Bach kam ich immer mit nassen Füßen nach Hause, aber Granma schimpfte nie. Die Cherokee schelten niemals ihre Kinder, wenn sie durch den Wald streifen und sich naß oder schmutzig machen.

Ich erkundete den ganzen Bach, beinah bis zur Quelle hinauf. Ich watete durchs seichte Wasser und schlüpfte unter den schwankenden Zweigen der Trauerweiden hindurch. Grüne Wasserfarnstauden säumten das Ufer und boten den Fallschirmspringer-Spinnen Ankerpunkte für ihre kunstvollen Netze.

So erforschte ich den Bach und das Tal und all die wimmelnden Wesen: die Taucherschwalben, die ihre Beutelnester zwischen die Weidenzweige gehängt hatten und laut spektakelten, wenn sie mich erspähten – bis sie mich besser kannten. Dann streckten sie nur noch die Köpfchen aus dem Nest und tuschelten miteinander. Die Frösche, die überall an den Ufern jubelten und quakten, aber sofort verstummten, wenn ich näher kam – bis Granpa mir sagte, daß die Frösche das Vibrieren der Schritte am Boden spüren. Er zeigte mir, wie die Cherokee gehen, sie treten nicht mit der Ferse auf, sondern mit den Zehenspitzen. Als ich das gelernt hatte, konnte ich mich leise anschleichen, und die Frösche sangen unbekümmert weiter.

Droben am Bachlauf fand ich auch meinen »geheimen Platz«. Er lag hoch am Berghang und war von Efeu umwuchert. Es war ein kleiner Platz, ein Grasbuckel, auf dem ein Süßharzbaum stand, der seine Äste bis auf den Boden streckte. Gleich als ich diesen Fleck zum erstenmal sah, wußte ich, daß dies mein »geheimer Platz« war, und von da an ging ich oft hin.

Old Maud lief meistens mit, sie liebte den Platz, und dann saßen wir unter dem Süßharzbaum und horchten – und beobachteten. An unserm »geheimen Platz« gab Old Maud nie einen Laut von sich. Sie wußte, er war geheim.

Einmal, am Nachmittag, hockten Old Maud und ich mit dem Rücken an den Baumstamm gelehnt – da bemerkte ich weiter unten im Wald eine raschelnde Bewegung. Es war Granma. Sie ging ganz nah an uns vorbei. Aber sie hatte meinen »geheimen Platz« nicht entdeckt, dachte ich mir, sonst hätte sie bestimmt was gesagt.

Granma konnte sich leiser als der flüsternde Wind über das trockene Laub am Boden bewegen. Ich lief ihr nach – sie sammelte Wurzelknollen für ihre Küche. Ich holte sie ein, und Granma und ich hockten uns ins Gras, um die Wurzeln zu sortieren. Ich glaube, ich war einfach zu jung, um ein Geheimnis für mich zu behalten, denn ich mußte Granma alles über meinen »geheimen Platz« erzählen. Sie war überhaupt nicht verwundert – das wunderte *mich*.

»Alle Cherokee haben einen ›geheimen Platz‹ «, sagte Granma. Auch sie selbst und Granpa hatten einen, erzählte sie. Sie hatte ihn nie gefragt, sagte sie, aber sie glaubte, daß sein »geheimer Platz« hoch droben auf dem Gipfel, am Hochpfad lag. Sie sagte, daß jeder Mensch seinen eigenen »geheimen Platz« hat, aber genau wußte sie es nicht, weil sie niemals andere Leute gefragt hatte. Aber man muß einen »geheimen Platz« haben, sagte Granma. Da freute ich mich, daß ich jetzt auch einen hatte.

Granma sagte, daß jeder Mensch zwei Seelen hat. Die eine ist die Körperseele, und die hat mit den wichtigen Dingen zu tun, die unser Körper braucht, wie Essen und Wohnen und Arbeit und so. Auch wenn die Menschen sich lieben und Kinder kriegen, ist die Körperseele dabei, sagte Granma. Diese Seele brauchen wir, sagte sie, damit wir am Leben bleiben.

Aber außerdem haben wir noch eine zweite Seele, die mit all diesen Dingen überhaupt nichts zu tun hat. Das ist die Geistseele, sagte sie.

Granma sagte, wenn unsere Körper-Leben-Seele habgierig und gemein ist, wenn wir immer nur überlegen, wie wir die anderen Menschen übers Ohr hauen können – dann schrumpft unsre Geistseele zusammen, bis sie nicht größer als eine Hickorynuß ist.

»Wenn unser Körper stirbt«, sagte Granma, »dann stirbt die Körperseele mit ihm, und wenn wir unser ganzes Leben lang häßlich und habgierig waren, dann stehen wir am Ende mit einer Hickorynuß da, denn die Geistseele ist das einzige, was am Leben bleibt, wenn alles andere abstirbt. Und wenn wir dann wiedergeboren werden – und das werden wir«, sagte Granma, »dann müssen wir mit einer Hickorynuß von Geistseele leben, die nichts weiß und nichts versteht.

Und dann kann es passieren, daß sie noch weiter verschrumpelt, bis sie nur noch eine Erbse ist und schließlich ganz verschwindet. Wenn das passiert, dann bist du verloren.«

So kommt es, daß so viele tote Menschen rumlaufen. Granma sagte, es sei ganz leicht, lebendige tote Menschen zu erkennen: Wenn jemand eine Frau anschaut und nur an schmutzige Sachen denkt, oder wenn jemand einen Baum anschaut und nur an Bretter und an Profit denkt und nie an Schönheit und Liebe – das sind die Toten, sagte Granma, die scheinbar lebendig herumlaufen.

»Die Geistseele ist nämlich wie ein Muskel«, sagte Granma. »Wenn man sie fleißig übt, wird sie immer stärker und größer.«

»Aber wie übt man die Geistseele?«

»Ganz einfach«, sagte Granma, »indem man versucht, alle Menschen und alle Dinge zu verstehen. Aber das kann man nur, wenn man aufhört, habgierig und häßlich und gemein zu sein. Dann fängt das Verstehen ganz wie von selbst an, und je mehr man versteht, desto größer wird die Geistseele.

Verstehen und Liebe ist natürlich dasselbe«, sagte Granma. »Außer wenn die Leute sich etwas vormachen;

wenn sie behaupten, jemanden zu lieben, den sie nicht verstehen. Denn das kann man nicht.«

Wenn ich heute zurückdenke, dann glaube ich, ich fing sofort an, möglichst alle Menschen und alle Dinge zu verstehen. Denn natürlich will ich nicht am Ende mit einer Hickorynuß-Seele dastehen.

»Weißt du«, sagte Granma, »deine Geistseele kann so groß und mächtig werden, daß du schließlich alles über dein früheres Leben weißt, und dann hast du den Zustand erreicht, wo es praktisch kein körperliches Sterben mehr gibt.«

Granma sagte, ich könne dies alles von meinem »geheimen Platz« aus beobachten: Im Frühjahr, wenn die ganze Welt neu geboren wird, ist alles in Aufruhr und Unruhe – wie immer, wenn etwas Neues entsteht. Die Frühlingsstürme sind wie die Geburt eines Kindes in Blut und Schmerzen. Das sind die Geister, sagte Granma, die ringen und kämpfen, um wieder neu in materieller Form geboren zu werden.

Dann kommt der Sommer – unser Leben als erwachsene Männer und Frauen. Und dann der Herbst, wenn wir älter werden und so ein seltsames Gefühl haben, als sehnten sich unsere Geister zurück zur Erde. Manche Leute nennen es Wehmut oder Traurigkeit. Im Winter muß alles sterben wie unser Körper, der stirbt, nur um im Frühjahr wiedergeboren zu werden. Das wissen die Cherokee schon seit langer, undenkbar langer Zeit.

Granma sagte, daß auch der alte Süßharzbaum an meinem Geheimplatz eine Seele hatte. Keine Menschenseele, sondern eine Baumseele. Sie sagte, daß sie das alles von ihrem Pa wisse.

Granmas Pa hieß Brown Hawk. Er verstand alle Dinge in der Natur. Er spürte die Gedanken der Bäume. Einmal – Granma war noch ein kleines Mädchen – war ihr Pa sehr traurig nach Hause gekommen. Er war auf dem Berg gewesen, wo die uralten Eichen standen, und er hatte genau gespürt, daß die Eichen aufgeregt waren und Angst hatten. Den ganzen Tag war er unter den alten Bäumen umhergegangen und hatte gelauscht, wie sie seufzten und stöhnten. Groß und stolz waren sie, und trotzdem waren sie bescheiden und selbstlos – sie ließen genügend Platz für Haselnußsträucher und Pflaumenbäume, für Hickory und Kastanie, von deren Früchten die wilden Tiere des Waldes leben. Weil die Eichen nicht selbstsüchtig waren, hatten sie eine große Seele, und ihre Seele war stark.

Granma erzählte, daß die traurigen Eichen ihrem Pa keine Ruhe ließen. Darum ging er mitten in der Nacht noch mal in den Wald hinauf. Irgendwas stimmte hier nicht, das spürte er ganz deutlich.

Frühmorgens, als die Sonne über den Bergen aufging, konnte Brown Hawk beobachten, wie weiße Holzknechte kamen und die Eichen mit Farbe markierten und überlegten, wie sie alle absägen konnten. Als sie wieder gegangen waren, hatte Brown Hawk erzählt, fingen die alten Eichen an zu weinen. Brown Hawk konnte nicht schlafen. Darum beobachtete er, was die weißen Holzknechte machten. Sie bauten eine Straße, auf der sie mit ihren Fuhrwerken zum Eichenwald hinauffahren wollten.

Als Brown Hawk das sah, rief er die Cherokee zusammen. Sie hielten eine Beratung ab und beschlossen, die Eichen zu retten. Jeden Abend, wenn die Holzknechte in die Siedlung zurückgingen, kamen die Cherokee mit Schaufeln und Hacken und buddelten tiefe Gräben quer über die Straße. Auch die Frauen und Kinder halfen mit.

Am nächsten Morgen, als die Holzknechte kamen, brauchten sie den ganzen Tag, um die Straße zu reparieren. Aber in der Nacht machten die Cherokee sie wieder kaputt. So ging es zwei Tage und Nächte hin und her, dann stellten die Holzfäller Wachtposten mit Gewehren auf. Aber sie konnten nicht die ganze Straße bewachen, und überall wo sie nicht waren, da waren die Cherokee und schaufelten tiefe Gräben.

Es war ein langer, schwerer Kampf, sagte Granma, und die Cherokee wurden allmählich müde. Und dann, eines Tages – die Holzfäller arbeiteten wieder an ihrer Straße – fiel eine riesige Eiche auf eines der Fuhrwerke. Sie erschlug zwei Maultiere und zertrümmerte den Wagen. Es war eine starke, gesunde Eiche, sagte Granma. Es gab keinen Grund, warum sie stürzte, aber sie tat es.

Daraufhin gaben die Holzfäller den Versuch auf, eine Straße zu bauen. Der Frühjahrssturm und der Regen kamen und verwandelten die Straße in einen Sumpf . . . Die Holzfäller kamen nie wieder.

Beim nächsten Vollmond, so erzählte Granma, feierten die Cherokee ein großes Fest im Eichenwald. Sie tanzten im hellen Mondlicht, und die Eichen rauschten und sangen und faßten sich mit den Zweigen an, und auch die Cherokee faßten sie an. Granma erzählte, die Cherokee sangen ein Sterbelied für die starke Eiche, die ihr Leben gegeben hatte, um die andren zu retten, und alle waren traurig und froh.

Das Gefühl war so stark, sagte Granma, daß sie glaubte, über den Berg zu schweben.

»Little Tree«, sagte sie, »all diese Dinge mußt du für dich behalten. Es hat keinen Zweck, sie dieser Welt zu erzählen, die eine Welt der Weißen ist. Aber du mußt diese Dinge wissen, darum hab ich sie dir erzählt.«

Jetzt wußte ich auch, warum wir für unser Kaminfeuer nur die Baumstämme nahmen, die der Geist des Waldes uns gab. Ich kannte das Leben des Waldes und das Leben der Berge.

Granma sagte, daß ihr Pa dies alles verstand, und darum wußte sie auch, daß er stark sein und alles wissen würde – in seinem nächsten Leben als Körperseele. Auch Granma hoffte, so stark zu sein, und dann würde sie ihn wiedersehen, und ihre Seelen würden beisammen sein.

Auch Granpa verstand immer mehr, ohne es selbst zu wissen, sagte Granma, und darum würden sie bald für immer zusammensein, ihre starken Seelen.

Ich fragte Granma, ob ich auch so wissend und stark werden würde, denn ich wollte nicht allein zurückbleiben.

Granma nahm meine Hand. Wir gingen ein langes Stück auf dem Weg, bevor sie eine Antwort gab. Sie sagte, ich sollte mich immer bemühen und versuchen, die Dinge zu verstehen. Dann würde ich es auch erreichen – vielleicht noch vor ihr.

Ich hatte aber gar keine Lust, vor ihr da zu sein. Ich sagte, daß es mir vollkommen genügte, wenn ich sie einholen könnte. Ach, es war irgendwie traurig, immer ein paar Schritte zurückzubleiben.

Granpas Handwerk

Granpa hatte in seinem ganzen langen siebzigjährigen Leben noch nie eine feste Arbeit gehabt. »Feste Arbeit«, so nannten die Leute in den Bergen jede Arbeit, die man für Bezahlung macht. Fest angestellt sein und einem Chef gehorchen müssen – das konnte Granpa nicht ertragen. Das war die langweiligste Art, die Zeit totzuschlagen, sagte er. Und das fand ich auch.

Damals vor dem Krieg, als ich fünf Jahre alt war, konnte man ein Bushel Mais für fünfundzwanzig Cent verkaufen – das heißt, falls man jemand fand, der ein Bushel Mais kaufen wollte. Aber auch wenn wir das Bushel für zehn Dollar verkauft hätten, hätten Granpa und Granma und ich nicht davon leben können. Unser Maisfeld war einfach zu klein.

Trotzdem hatte Granpa ein Handwerk. Jeder Mann soll

ein Handwerk haben, sagte er, und soll stolz darauf sein. Granpa war Whiskymacher, und er war stolz darauf. Dieses Handwerk wurde seit vielen hundert Jahren bei seinen schottischen Vorfahren vom Vater auf den Sohn vererbt.

Immer, wenn vom Whiskymachen die Rede ist, tun die Leute so, als wäre das ganz was Schlimmes. »Schwarzbrennen« nennen sie es, und das »Gesetz« paßt auf wie der Teufel, daß niemand »schwarz« brennt. Für das Treiben der Großstadtverbrecher haben die meisten anscheinend mehr Verständnis. Diese Großstadtverbrecher heuern Leute an, die für sie Whisky machen, und zahlen ihnen einen Lohn dafür; wie dieser Whisky schmeckt, darum kümmern sie sich nicht – Hauptsache viel und schnell. Diese Leute tun Pottasche und Lauge in die Maische, damit sie schneller »angeht« und damit der Whisky ein »Aroma« kriegt. Sie kochen den Whisky in Eisenrohren und Autokühlern, wo jede Menge Gift drin ist, was einen Mann glatt umbringen kann. Solche Pfuscher gehören aufgehängt, sagte Granpa.

Granpa tat nie irgendwelche Sachen in seinen Whisky. Nicht mal Zucker. Manche Leute tun Zucker in den Whisky, um ihn zu strecken. So haben sie mehr Profit. Aber das ist kein reiner Whisky mehr, sagte Granpa. Er machte reinen Whisky, und er machte ihn nur aus Mais.

Auch mit »altem« Whisky, der angeblich besser schmeckt, hatte Granpa nicht viel im Sinn. Das ist nur dummes Geschwätz, sagte er. Einmal hatte er es selbst versucht, sagte er, und einen Krug frischen Whisky beiseite gestellt und eine Woche »alt« werden lassen. Als er ihn dann kostete, schmeckte er genau wie der Whisky, den er sonst machte.

Es gibt auch Leute, sagte Granpa, die ihren Whisky in Fässern stehen lassen, bis er den Geruch und die Farbe der Fässer annimmt. Wenn so ein Idiot unbedingt auf Faßgeruch scharf ist, sagte Granpa, dann soll er halt seinen Kopf in ein Faß stecken und dran riechen, statt ehrlichen Whisky zu trinken. »Faßschnüffler« nannte Granpa solche Leute.

Ja, diese dumme Sache mit den Fässern brachte Granpa richtig in Wut. Das Ganze war nur in Mode gekommen, sagte er, weil es ein paar reiche Knöpfe gibt, die es sich leisten können, ihren Whisky jahrelang in Fässern rumstehen zu lassen. Auf diese Weise wollen sie armen, ehrlichen Whiskymachern das Handwerk legen, die es sich nicht leisten können, ihren Whisky jahrelang rumstehen zu lassen.

Diese Leute, sagte Granpa, schmeißen jede Menge Geld für Reklame raus und wollen den Leuten einreden, daß alter Whisky mit Faßgeruch besser schmeckt und daß sie ihn deswegen trinken sollen. Aber es gibt noch immer paar vernünftige Leute, und deshalb kann auch ein ehrlicher armer Whiskymacher sein Auskommen finden.

Weil das Whiskymachen das einzige Handwerk war, das Granpa verstand, und weil ich schon fünf Jahre alt war, meinte Granpa, ich sollte dies Handwerk lernen. Wenn ich älter würde, sagte er, könnte ich ja einen anderen Beruf lernen. Aber dann könnte ich immerhin Whisky machen, und in der Not ist es immer gut, wenn man sich ein paar Cent hinzuverdienen kann.

Mir war von Anfang an klar, daß Granpa und ich einen schweren Stand gegen die Konkurrenz der reichen Knöpfe haben würden, die den Faßschnüffelwhisky verhökerten. Aber ich war stolz darauf, daß Granpa mir sein Handwerk beibringen wollte.

Granpas Destille war im Wald versteckt, droben im Tal, wo der Wasserfall über die Felsen springt. Sie war so gut hinter Efeuranken und Geißblattstauden versteckt, daß nicht mal ein Vogel sie finden konnte. Granpa war stolz auf seine Destille, denn sie war aus reinem Kupfer: der Kessel, der Deckel mit dem Ventil und die Kühlspirale, die wir die »Schlange« nannten.

Es war nur eine kleine Destille, wenn man sie mit anderen Destillen vergleicht. Aber wir brauchten keine große Destille. Granpa setzte nur einmal im Monat einen Sud an, und das gab jeweils elf Gallonen. Davon verkauften wir neun Gallonen an Mr. Jenkins, der den Kaufladen an der Straßenkreuzung in der Siedlung hatte, und zwar für zwei Dollar die Gallone. Das war, wie man sieht, eine Menge Geld für unseren Mais.

Dann kauften wir alles ein, was wir brauchten, und brachten sogar noch ein paar Dollar nach Hause. Die tat Granma in einen Tabaksbeutel, den sie in einem Krug versteckte. Das war unsere Sparkasse, und Granma sagte, daß ein Teil davon mir gehörte, weil ich schwer arbeitete und das Handwerk erlernte.

Zwei Gallonen Whisky behielten wir für uns selbst. Granpa hatte gern Whisky im Krug, für die langen Abende vor dem Kamin, oder wenn mal ein Freund zu Besuch kam, und Granma brauchte eine ganze Menge für ihre Hustenmedizin. Auch für Schlangenbisse, Spinnenstiche, Blasen an den Füßen und lauter so Sachen war der Whisky gut, sagte Granma.

Mir war von Anfang an klar, daß das Whiskymachen, wenn man es richtig macht, keine leichte Arbeit ist.

Die meisten Whiskymacher verwenden weißen Mais. Wir hatten keinen weißen. Wir verwendeten Indianermais, das war die einzige Sorte, die wir anbauten. Er ist dunkelrot, und er gab unserem Whisky eine rötliche Farbe . . . so einen Whisky hatte sonst niemand in den Bergen. Wir waren stolz auf die Farbe von unserem Whisky. Jeder erkannte gleich, daß dies unser Whisky war. Und es gab Leute, die kamen in den Laden und verlangten nur diesen Whisky und keinen anderen.

Wir schälten die Maiskörner, dabei half uns Granma.

Einen Teil davon taten wir in einen Leinensack. Dann schütteten wir warmes Wasser auf den Sack und legten ihn in die Sonne – im Winter neben den Kamin. Man mußte den Sack zwei oder dreimal am Tag hin und her wenden, um die Maiskörner durchzuschütteln. Nach vier bis fünf Tagen hatten sie lange Keime.

Die restlichen Maiskörner zerrieben wir zu Maismehl. Wir konnten es uns nicht leisten, sie zu einem Müller zu bringen, weil der einen Teil als Lohn behalten hätte. Darum hatte Granpa sich seine eigene Schrotmühle gebaut. Sie bestand aus zwei großen Steinen, die wir mit einer Kurbel drehten.

Granpa und ich schleppten das Mehl das Tal hinauf zur Destille. Mit einer hölzernen Rinne leiteten wir Wasser aus dem Bach in den Kessel, bis er zu Dreiviertel voll war. Dann schütteten wir das Mehl rein und machten ein Feuer unter dem Kessel. Dazu nahmen wir Holzkohle, weil Holzkohle keinen Rauch macht. Wir hätten genausogut Holz nehmen können, sagte Granpa, aber wir durften kein Risiko eingehen. Und das fand ich auch.

Granpa stellte für mich eine Kiste auf den Baumstumpf neben dem Kessel. So konnte ich raufklettern und das Mehl im Kessel umrühren, bis das Wasser kochte. Ich konnte nicht über den Kesselrand gucken, und eigentlich wußte ich gar nicht, was ich da rührte. Aber Granpa sagte, ich machte die Sache so gut, daß das Mehl niemals Klümpchen bildete. Obwohl mir die Arme weh taten.

Nach dem Kochen ließen wir den Sud durch ein Ventil im Kesselboden in ein Faß ablaufen. Dann taten wir den angekeimten Mais dazu, den wir inzwischen auch zermahlen hatten. Danach taten wir einen Deckel aufs Faß und ließen es drei oder vier Tage stehen. Aber jeden Tag mußten wir hingehen und den Brei – man nennt ihn Maische – umrühren. »Die Maische arbeitet«, sagte Granpa.

Nach vier oder fünf Tagen hatte sich eine feste Kruste

gebildet. Wir rührten kräftig im Kessel, bis die Kruste aufgelöst war, und dann konnten wir mit dem Destillieren beginnen. Und das ging so:

Granpa nahm einen großen Eimer, und ich nahm einen kleinen, und wir schöpften das Faß aus und schütteten den Sud – so nannte Granpa die trübe Flüssigkeit – in den Kessel. Dann tat Granpa den Deckel auf den Kessel, und wir machten ein Feuer unter ihm an. Wenn der Sud kochte, kam Dampf aus dem Deckelventil, und von dort wurde er in die »Schlange« geleitet. Die »Schlange« war, wie gesagt, eine Spirale aus Kupferrohr, die in einem Faß steckte. Durch eine Holzrinne ließen wir dauernd Wasser aus dem Bach über die Schlange laufen. Dadurch wurde der Dampf abgekühlt, so daß er wieder flüssig wurde, und die Flüssigkeit tropfte am unteren Ende der Schlange aus einem Hahn. Das war der Whisky.

Das hört sich ganz einfach an, und vielleicht glaubt man, wir hatten jetzt eine Menge Whisky . . . aber es waren nur zwei Gallonen. Diese zwei Gallonen stellten wir einstweilen weg, und dann ließen wir die Rückstände, die nicht verdampft waren, aus dem Kessel ab.

Dann mußten wir den ganzen Apparat sorgfältig putzen und scheuern. Die fertigen zwei Gallonen, sagte Granpa, das war zweihundertprozentiger Whisky. Jetzt nahmen wir das Destillat, wie Granpa es nannte und schütteten es mit den Rückständen zusammen in den Kessel zurück. Dann machten wir ein Feuer unter dem Kessel, und das Destillieren fing von vorne an. Und es ergab diesmal elf Gallonen Whisky.

Das war allerhand Arbeit. Da soll noch mal einer behaupten, daß hauptsächlich faule Taugenichtse Whisky machen. Wer so was sagt, hat noch nie welchen gemacht.

Granpa war ein Fachmann in seinem Handwerk. Es ist viel leichter, den Whisky zu verpfuschen, als anständigen Stoff zu machen. Vielleicht ist das Feuer nicht heiß genug.

Oder, wenn man die Maische zu lang arbeiten läßt, entsteht Essig. Wenn man zu früh mit dem Destillieren anfängt, wird der Whisky zu schwach. Man muß das Aroma schmecken können und wissen, wieviel Prozent der Stoff hat. Mir wurde klar, warum Granpa stolz auf sein Handwerk war, und ich strengte mich an, es zu lernen.

Bei manchen Sachen konnte ich Granpa wirklich helfen, und er sagte, daß er gar nicht wüßte, wie er es ohne mich schaffen sollte. Zum Beispiel ließ er mich in den Kessel hinab, und ich schrubbte ihn sauber. Das machte ich immer so schnell ich konnte, denn es war ziemlich heiß da drin. Außerdem schleppte ich Holzkohle herbei und rührte die Brühe im Kessel um. Ich hatte jede Menge zu tun.

Wenn Granpa und ich an der Destille arbeiteten, sperrte Granma die Hunde ein. Falls ein Fremder ins Tal kam, sagte Granpa, sollte Granma den Blue Boy loslassen und zu uns schicken. Blue Boy hatte die beste Nase, und er fand sofort unsere Fährte und kam zur Destille gerannt. Dann wußten wir: Aufpassen, ein Fremder ist unterwegs!

Früher war es Old Rippitts Aufgabe gewesen, uns zu warnen. Aber Old Rippitt fraß immer die Rückstände auf und wurde besoffen. Er wurde ein regelrechter Säufer. Beinah hätte es ein schlimmes Ende mit ihm genommen. Darum mußte jetzt Blue Boy uns warnen, falls Fremde in die Gegend kamen.

Überhaupt muß ein Whiskymacher in den Bergen dauernd auf der Hut sein. Er muß die Destille jedesmal sorgfältig sauber waschen, denn wenn er's nicht tut, kann man die gegorene Maische meilenweit riechen. Das »Gesetz«, sagte Granpa, hat eine Nase wie ein Spürhund und ist dauernd hinter dem kleinen Mann her.

Wir mußten auch aufpassen, daß wir nicht mit dem Eimer klapperten, denn in den Bergen hört man jedes Geräusch meilenweit. Für mich war das ziemlich schwierig, denn ich mußte mit dem vollen Eimer auf den Baumstumpf und dann auf die Kiste klettern, um den Sud über den Rand in den Kessel zu schütten. Aber mit der Zeit hatte ich so viel Übung, daß ich nie mit dem Eimer anstieß.

Auch durften wir bei der Arbeit weder singen noch pfeifen. Aber Granpa und ich redeten miteinander. Normales Reden hört man in den Bergen ziemlich weit. Allerdings – und das wissen die meisten nicht, wohl aber die Cherokee – gibt es eine Tonlage, in der die menschliche Stimme sich anhört wie der wispernde Wind in den Zweigen, wie das murmelnde Wasser im Bach. In dieser Tonart sprachen Granpa und ich miteinander.

Wir achteten auch immer auf die Stimmen der Tiere: wenn die Vögel aufgeregt herumflattern, wenn die Grillen aufhören zu singen – dann heißt es aufpassen.

Man muß auf so viele Dinge achten, sagte Granpa, daß man gar nicht alles gleichzeitig im Kopf behalten kann. Aber mit der Zeit würde ich es schon lernen. Und das tat ich auch.

Granpa hatte ein besonderes Markenzeichen für seinen Whisky. Es war sein Erkennungszeichen, und er ritzte es in den Pfropfen jeder Flasche. Jeder Whiskymacher in den Bergen hatte sein eigenes Zeichen, und Granpas Zeichen war geformt wie ein Tomahawk. Granpa sagte, wenn er mal sterben müßte, würde ich dieses Zeichen erben. Er hatte es von seinem Pa geerbt. Im Laden von Mr. Jenkins gab es Leute, die nur Whisky mit Granpas Markenzeichen verlangten. Darum, sagte Granpa, dürften wir nie schlechten Whisky machen. Und das taten wir auch nicht.

Die größte Angst meines Lebens hatte ich übrigens mal beim Whiskymachen. Es war im Winter, kurz vor Frühlingsanfang. Granpa und ich waren gerade mit dem Destillieren fertig und verkorkten die Flaschen und steckten sie in Leinensäcke. Wir taten auch immer Laub in die Säcke, als Polster, damit die Flaschen nicht zerbrachen.

Granpa trug immer zwei große Säcke, da waren die

meisten Flaschen drin. Ich trug einen kleinen Sack mit drei Halbgallonenflaschen. Später schaffte ich es sogar mit vier Flaschen, aber damals konnte ich nur drei tragen. Es war eine ziemlich schwere Last für mich, und auf dem Heimweg mußte ich oft stehenbleiben und den Sack auf den Boden stellen und mich ausruhen. Granpa machte es genauso.

Wir hatten gerade alle Flaschen in den Säcken, als Granpa sagte: »Verdammt, da ist Blue Boy!«

Tatsächlich, da lag er mit hängender Zunge neben der Destille. Was Granpa und mich beunruhigte: wir wußten nicht, wie lange er schon da war. Er war lautlos aufgetaucht und hatte sich hingelegt. Ich sagte: »Verdammt!« (Granma hörte ja nicht zu.)

Granpa horchte. Die Geräusche des Waldes waren wie immer. Auch die Vögel waren nicht weggeflogen.

Aber Granpa sagte zu mir: »Nimm deinen Sack und lauf über den Hohlweg nach Hause. Falls du Leute siehst, versteck dich neben dem Weg und laß sie vorbeigehen. Ich muß erst noch die Destille säubern und verstecken, dann geh ich über die andere Seite des Berges nach Hause. Wir sehen uns dann bei der Hütte.«

Ich packte meinen Sack und warf ihn mir so schnell über die Schulter, daß es mich beinah nach hinten riß. Aber ich fing mich und trabte zum Hohlweg hinab. Ich hatte ziemliche Angst . . . aber ich wußte, es mußte sein. Zuerst kam die Destille.

Die Leute im Flachland können sich gar nicht vorstellen, was es bedeutet, wenn ein Mann in den Bergen seine Destille verliert. Das wäre für ihn genauso schlimm wie das große Feuer von Chicago für die Leute von Chicago. Granpa hatte seine Destille von seinem Pa geerbt, und jetzt, in seinem Alter, war es ihm nicht mehr möglich, eine neue zu bauen. Falls das »Gesetz« die Destille erwischte, dann hieß das nicht nur, daß Granpa und ich kein Handwerk mehr hatten, sondern daß Granpa und Granma und ich praktisch verhungern mußten.

Wenn man den Mais für fünfundzwanzig Cent das Bushel verkaufen muß, dann ist das zu wenig zum Überleben, auch wenn man genug Mais zu verkaufen hat – was wir nicht hatten; auch wenn man ihn überhaupt verkaufen kann – was wir nicht konnten.

Granpa hatte Blue Boy mit mir geschickt. Jetzt lief er mit hoch erhobenem Kopf vor mir her, und das war gut, denn er konnte alles von weitem wittern, lange bevor man es hören oder sehen konnte.

In der Schlucht stiegen die Berge links und rechts steil empor, und am Bachufer gab es gerade genug Platz, daß ein Mensch gehen konnte. Blue Boy und ich waren halb durch die Schlucht durch, als wir unten beim Hohlweg ein Riesenspektakel hörten. Sämtliche Hunde waren los und kamen bellend und jaulend in unsere Richtung gerast. Da stimmte was nicht! Ich blieb stehen, und Blue Boy spitzte die Ohren. Sein Rückenfell sträubte sich wie eine Bürste, er zeigte die Zähne und schlich steifbeinig vorwärts. Ich war mächtig froh, daß Blue Boy bei mir war.

Und da waren sie schon. Plötzlich bogen sie um die Ecke. blieben stehen und starrten mich an. Mir kamen sie vor wie eine halbe Armee, obwohl, wenn ich so zurückdenke, waren es höchstens vier Mann. Die größten Kerle, die ich je gesehen hatte. Sie hatten funkelnde Sheriffsterne am Hemd. Sie standen da und glotzten mich an, als hätten sie so was noch nie gesehen. Auch ich blieb stehen und starrte sie an. Mein Mund wurde strohtrocken, und meine Knie wurden gummiweich.

»Heh!« brüllte einer von ihnen. »Bei Gott . . . da ist ein Kind!« Und ein anderer sagte: »Ein dreckiges Indianerkind!« Was ja auch stimmte. Mit meinen Mokassins und meinem Lederhemd und meinen langen schwarzen Haaren war ich leicht als Indianerkind zu erkennen. Aber dreckig? Nein – das war gelogen!

Einer von ihnen sagte: »Na, Bengel, was hast du denn da in deinem Sack?«

Und ein anderer brüllte: »Paß auf – der Hund!«

Geduckt, mit bösem Knurren und gefletschten Zähnen, ging Blue Boy auf die Männer los. Mit Blue Boy war nicht zu spaßen!

Vorsichtig kamen die Männer näher. Ich war gefangen. Jedenfalls kam ich nicht an ihnen vorbei. In den Bach springen ging auch nicht, da erwischten sie mich gleich. Den Weg durch die Schlucht zurück – das ging erst recht nicht, dann hätte ich sie ja zur Destille geführt, und ich hatte genau wie Granpa die Pflicht, die Destille zu retten. Also blieb nur ein Weg: seitlich den Berg hinauf.

Granpa hatte mir gezeigt, wie die Cherokee den Berg hinauflaufen. Man darf nämlich nicht gerade hinaufrennen, sondern schräg im Winkel. Und man darf nicht aufs Gras treten, weil man da ausrutschen kann und wieder hinunterpurzeln. Nein, man muß immer auf Wurzeln und vorspringende Steine und Büsche treten, da findet man festen Halt.

Ich lief nicht zurück, sonst hätte ich die Kerle ja zu unserer Destille geführt. Ich lief ihnen entgegen, schräg den Berg hinauf.

So kam ich direkt über ihren Köpfen vorbei. Jetzt rasten sie los, sie polterten durch die Büsche, und einer von ihnen erwischte mich beinah am Fuß. Er klammerte sich an der Wurzel fest, auf der ich stand – und ich sah schon, wie er mich packen und totschlagen würde. Aber da biß Blue Boy ihn ins Bein. Er fluchte brüllend und fiel auf die Männer, die hinter ihm kamen . . . Ich rannte weiter.

Drunten im Hohlweg hörte ich Blue Boy mit den Männern kämpfen. Sein Knurren klang wild und gefährlich. Einmal kriegte er anscheinend einen harten Schlag oder

Fußtritt und jaulte gepeinigt auf. Aber gleich stürzte er sich wieder auf seine vier Gegner. Ich rannte, so schnell ich konnte, weiter bergauf – was nicht allzu schnell war, weil ich den Sack mit den drei Flaschen schleppte.

Und schon waren die Männer wieder hinter mir her! Ich hörte, wie sie schnaufend und fluchend über die Böschung stampften. Jetzt aber kamen die anderen Hunde gelaufen und griffen an, ihr Bellen und Knurren und Jaulen vermischte sich mit dem Gebrüll und Gefluche der Männer. Später erzählte Granpa, daß er den Lärm noch auf der andren Seite des Berges gehört hatte.

Ich lief weiter, so lange ich konnte. Dann mußte ich mich verschnaufen. Ich fürchtete, meine Lungen würden zerspringen. Aber ich blieb nicht lange stehen. Ich marschierte weiter, bis ich den Gipfel erreicht hatte. Das letzte Stück schleifte ich den Sack mit den Flaschen hinter mir her, so kaputt war ich.

Und noch immer hörte ich die Hunde und die Männer. Es war ein dauerndes Bellen und Fluchen und Jaulen und Brüllen, wie eine Lawine wälzte sich das Getümmel den Hohlweg hinunter.

Trotz meiner Angst und Erschöpfung war ich sehr froh. Erstens, weil ich den Männern entwischt war, aber vor allem, weil sie die Destille nicht gefunden hatten. Ich wußte, Granpa war zufrieden mit mir. Meine Beine wurden auf einmal so schlaff, daß ich mich ins trockene Laub legen mußte, und dann schlief ich ein.

Als ich aufwachte, war es dunkel. Der Mond ging über dem Bergrücken jenseits des Tales auf. Die riesige Mondscheibe war beinah voll und tauchte das Gras und die Bäume in silbernes Licht. Und plötzlich hörte ich die Hunde. Ich wußte gleich, Granpa hatte sie losgeschickt, um mich zu suchen. Ihr Bellen und Hecheln klang anders, als wenn sie einer Fährte folgten. Ihre Stimmen klangen leise und weich, als warteten sie auf Antwort.

Jetzt hatten sie meine Spur gefunden, denn sie rannten schräg im Winkel den Berg herauf. Im nächsten Moment fielen sie über mich her, sie stubsten mich mit ihren feuchten Nasen und leckten mir das Gesicht. Sogar Old Ringer war mitgekommen, wo er doch beinah stockblind war.

Ich ging mit den Hunden ins Tal hinunter. Old Maud konnte es nicht erwarten und rannte kläffend und winselnd voraus, um Granma und Granpa zu sagen, daß sie mich gefunden hatten.

Natürlich wollte sie wieder mal so tun, als sei es allein ihr Verdienst, obwohl sie überhaupt nichts mehr riechen konnte.

Schon von weitem sah ich Granma im Hohlweg stehen. Sie hielt eine Laterne hoch in die Luft, wie um mir den Weg nach Hause zu weisen. Granpa war bei ihr.

Sie kamen mir nicht entgegen, sie standen nur da und schauten, wie ich mit den Hunden den Weg herabkam. Ich war stolz auf mich. Ich hatte noch immer meinen Sack mit den Flaschen, und keine einzige war zerbrochen.

Granma stellte die Lampe auf die Erde, sie kniete sich hin und umarmte mich. Sie drückte mich so fest an sich, daß ich beinah den Sack mit den Flaschen fallen ließ. Granpa sagte, er würde die Flaschen den Rest des Weges tragen.

Granpa sagte, daß er noch nie im Leben einen so tüchtigen Jungen wie mich gesehen hatte. Und er war immerhin schon siebzig Jahre alt. Und außerdem, sagte er, würde ich bestimmt eines Tages der beste Whiskymacher in den Bergen sein.

Granpa sagte, ich würde sogar ein besserer Whiskymacher sein als er selbst. Ich wußte, daß dies ziemlich unwahrscheinlich war, aber ich war stolz darauf, daß er es sagte.

Granma sagte überhaupt nichts. Sie trug mich den ganzen Weg nach Hause auf den Armen. Ich hätte es auch allein geschafft, ganz bestimmt.

Ein »christlicher« Handel

Am nächsten Morgen sprangen alle Hunde schwanzwedelnd vor dem Haus herum – noch ein bißchen steifbeinig von den Strapazen und stolz. Auch ich war ziemlich stolz . . . aber ich bildete mir nichts drauf ein, weil ich wußte, daß so was eben zum Handwerk eines Whiskymachers gehört.

Nur Old Ringer war nirgends zu sehen. Granpa und ich pfiffen und riefen nach ihm, aber er blieb verschwunden. Wir suchten überall, auf der Lichtung, in unserer Hütte, aber wir fanden ihn nicht. Darum zogen wir mit den Hunden los, ihn zu suchen. Wir liefen den Hohlweg hinauf, und dann durch die Schlucht bis zum Wasserfall – aber wir fanden keine Spur von Old Ringer. Da sagte Granpa, wir sollten noch mal den ganzen Weg über den Berg absuchen, den ich gestern abend gelaufen war. Das taten wir auch; zuerst krochen wir mühsam durchs niedrige Kieferngestrüpp, dann stapften wir über die kahlen Hänge hinauf zur Bergkuppe. Und dort fanden ihn Blue Boy und Little Red.

Old Ringer sah aus, als wäre er gegen einen Baum gerannt. Vielleicht war es der letzte Baum, gegen den er im Leben gerannt war, sagte Granpa, denn Old Ringer sah eher so aus, als wäre er gegen eine ganze Menge Bäume gerannt – oder als hätte ihn jemand mit einem Knüppel halbtot geschlagen. Sein Kopf war blutverkrustet, seine Zunge war von seinen eigenen Zähnen durchbohrt. Er lag auf der Seite und rührte sich nicht, aber er lebte noch. Granpa hob ihn auf, bettete ihn auf die Arme, und wir trugen ihn vorsichtig ins Tal hinab.

Beim Wasserfall machten wir halt, und Granpa und ich wuschen ihm das Blut vom Gesicht und lösten seine Zunge aus den Zähnen. Er hatte überall im Gesicht eisgraue Haare, und als ich das sah, wußte ich, daß Old Ringer sehr alt war und es eigentlich nicht mehr nötig gehabt hatte, durch die Berge zu laufen und mich zu suchen. Still und traurig saßen wir neben ihm, und nach einer Weile machte er die Augen auf; sie waren alt und vernebelt, und er konnte kaum noch was sehen.

Ich beugte mich über Old Ringers Gesicht und sagte ihm, wie dankbar ich war, weil er mich in den Bergen gesucht hatte; und wie traurig ich war, weil es ihm jetzt so schlecht ging. Old Ringer wollte nichts davon wissen, er leckte mir übers Gesicht, als wollte er sagen: das nächstemal würde ich es genauso machen.

Dann trugen Granpa und ich Old Ringer durch den Hohlweg nach Hause. Das heißt, Granpa trug das meiste von seinem Gewicht, und ich stützte seine Hinterbeine. Als wir bei der Hütte ankamen, legte Granpa ihn auf die Erde und sagte: »Old Ringer ist tot.«

Ja, er war tot. Er war unterwegs gestorben, aber Granpa sagte, wenigstens hat Old Ringer gemerkt, daß wir gekommen waren, um ihn nach Hause zu holen, und da ist er froh gestorben. Auch ich war ein bißchen froher darüber – aber nicht allzu sehr.

Granpa sagte, daß Old Ringer gestorben war, wie alle guten Hunde in den Bergen sterben wollen: im Dienst ihres Herrn und in der Freiheit des Waldes.

Granpa holte eine Schaufel. Wir trugen Old Ringer durch den Hohlweg zum Maisfeld hinauf, das er so stolz gehütet hatte. Auch Granma ging mit, und alle Hunde folgten uns – winselnd und mit eingekniffenem Schwanz. Ich fühlte mich genauso.

Granpa grub Old Ringers Grab unter dem Stamm einer kleinen Eiche. Es war ein schöner Platz; flammendrot leuchteten dort im Herbst die Astern, und im Frühling dufteten die weißen Blüten des Hartriegel.

Granma breitete einen frischen Baumwollsack in der Grube aus, darauf bettete sie Old Ringer und hüllte ihn sorgfältig ein. Granpa legte ein dickes Brett auf Old Ringer, damit die Waschbären ihn nicht ausgraben konnten. Dann schaufelten wir das Grab zu. Die Hunde standen im Kreis und senkten die Köpfe. Sie wußten, Old Ringer war tot. Old Maud winselte. Sie und Old Ringer waren doch Partner beim Maisfeld gewesen.

Granpa nahm seinen Hut ab und sagte »Mach's gut, Old Ringer«, und ich sagte, »Gute Fahrt, Old Ringer«, und so ließen wir ihn unter der Eiche zurück.

Ich fühlte mich ganz miserabel und leer. Granpa sagte, er wisse, wie ich mich fühle, denn er fühlte sich genauso. Aber er sagte auch, daß man sich immer so fühlt, wenn man etwas verliert, das man sehr lieb hat. Der einzige Ausweg wäre, sagte er, daß man nichts und niemand mehr liebt – aber das ist noch schlimmer, weil man sich dann die ganze Zeit leer fühlt.

Nehmen wir mal an, sagte Granpa, Old Ringer wäre kein so treuer Hund gewesen; dann wären wir auch nicht so stolz auf ihn. Das wäre ein viel schlimmeres Gefühl. Und das ist wahr. Wenn ich mal alt sein werde, sagte Granpa, dann werde ich mich an Old Ringer erinnern – und ich werde mich gern an ihn erinnern. Er sagte, es ist eine komische Sache, aber wenn man alt wird und sich an die Leute erinnert, die man lieb gehabt hat, dann erinnert man sich nur an das Gute, nie an das Schlechte. Was wieder mal beweist, daß das Schlechte sowieso nicht zählt.

Aber unser Geschäft mußte weitergehen. Granpa und ich schleppten unsere Ware auf dem Schleichpfad zu Mr. Jenkins Kaufladen an der Kreuzung. »Ware«, so nannte Granpa unseren Whisky.

Der Schleichpfad gefiel mir. Wir gingen den Hohlweg hinab, und bevor wir die Fahrspur erreichten, bogen wir nach links auf den Schleichpfad ab. Er führte über die

Ausläufer der Berge, die wie die Finger einer riesigen Hand ins Flachland hinausgriffen.

Die Täler zwischen den Hügeln waren nicht tief, und wir marschierten mühelos bergauf und bergab. Der Schleichpfad war mehrere Meilen lang und führte durch Fichtenschonungen und Zedernwälder, vorbei an Dattelpflaumenbäumen und wildem Wein.

Im Herbst, wenn der erste Nachtfrost die Pflaumen gerötet hatte, ließ ich mir auf dem Heimweg Zeit und stopfte mir die Taschen voller Pflaumen. Dann mußte ich rennen, um Granpa wieder einzuholen. Im Sommer machte ich es mit den Blaubeeren genauso.

Einmal blieb Granpa stehen und schaute mir beim Blaubeerenpflücken zu. Das war wiedermal so ein Tag, wo Granpa sich nicht genug über die Wörter aufregen konnte – und wie die Leute sich von ihnen zum Narren halten lassen.

»Little Tree«, sagte Granpa, »wußtest du schon, daß die *Blau*beeren, wenn sie *grün* sind, eigentlich *rot* sind?«

Das brachte mich völlig durcheinander, und Granpa lachte. »Der Name *Blau*beeren kommt nämlich von der Farbe der Beeren, wenn sie reif sind. Wenn die Leute sagen, daß Äpfel, Birnen oder Beeren *grün* sind, dann wollen sie damit sagen, daß sie noch nicht reif sind. Aber die Blaubeeren, wenn sie nicht reif sind, sind eigentlich *rot*.« Und das stimmt doch, oder?

»Überhaupt«, sagte Granpa, »dieser ganze Unfug mit den vielen Wörtern bringt nur Streit und Zwietracht unter die Leute. Wenn du mal zuhörst, wie die Leute mit Wörtern streiten, dann höre nicht auf die Wörter, weil du sonst, verdammt noch mal, gar nicht verstehst, worum es geht. Höre lieber auf den *Ton*, wie sie sprechen, dann spürst du gleich, ob sie ehrlich sind oder ob sie lügen.« Granpa war ziemlich sauer auf die vielen Wörter, mit denen die Leute so um sich schmeißen. Und da hatte er wohl recht.

Es lagen auch immer jede Menge Hickorynüsse, Buchekkern, Walnüsse und Kastanien am Wegrand. Darum kam ich, egal welche Jahreszeit, immer mit vollen Taschen nach Hause.

Wenn wir unsere Ware zu Mr. Jenkins Laden schleppten, das war eine ziemliche Arbeit.

Manchmal blieb ich – mit meinen drei großen Flaschen im Sack – weit hinter Granpa zurück. Aber dann setzte er sich meistens irgendwo an den Wegrand, und wenn ich ihn dann einholte, ruhten wir uns erst mal aus.

Wenn man die Ware so transportieren kann, von einem Rastplatz zum anderen, dann ist es nicht ganz so schlimm. Wenn wir den letzten Hügel vor der Siedlung erreichten, setzten Granpa und ich uns immer zwischen die Büsche und spähten hinunter zum Laden, ob das Krautfaß vor der Tür stand. Wenn das Krautfaß nicht vor der Tür stand, dann bedeutete dies, daß die Luft rein war. Wenn es aber vor der Tür stand, dann bedeutete dies: das »Gesetz« geht um. Dann lieferten wir unsere Ware nicht. Alle Leute in den Bergen spähten vorsichtig nach dem Krautfaß, denn wir waren nicht die einzigen, die Ware zu liefern hatten.

Ich habe das Krautfaß nie vor der Tür stehen sehen, aber ich vergaß nie, danach Ausschau zu halten. Ich hatte gelernt, daß es beim Handwerk des Whiskymachens allerhand Komplikationen gibt. Granpa sagte, bei jedem Handwerk gibt's mehr oder minder viele Komplikationen.

»Stell dir vor«, sagte Granpa, »du müßtest das Handwerk des Zahnarztes ausüben. Da müßtest du dauernd den Leuten in den Mund schauen – Tag für Tag nichts als Münder mit faulen Zähnen!« So ein Handwerk, sagte er, würde ihn völlig verrückt machen. Da war das Whiskymachen, mit all seinen Komplikationen, schon ein besseres Handwerk für einen Mann. Und das finde ich auch.

Mr. Jenkins konnte ich gut leiden. Er war groß und dick und hatte immer eine Latzhose an. Er hatte einen langen weißen Bart, der bis auf seinen Hosenlatz hinabhing, aber sein Kopf war beinah völlig kahl und glänzte wie ein polierter Holzapfel.

Er hatte alle möglichen Sachen in seinem Laden: große Regale mit Hemden und Arbeitshosen und Schuhkartons. Da gab es große Kisten voll Zwieback, und auf der Ladentheke lag ein großer runder Käse. Auf der Theke stand auch ein großes Glas voll Bonbons. Da gab es alle Arten von Bonbons und so viele, daß es schien, als könnten sie nie ausverkauft sein. Ich habe nie gesehen, ob jemand die Bonbons kaufte, aber ich schätze, sie wurden ganz gerne gekauft, sonst hätte Mr. Jenkins nicht so viel davon gehabt.

Jedesmal, wenn wir unsere Ware lieferten, bat Mr. Jenkins mich, hinter dem Haus einen Arm voll Brennholz zu holen – für den großen Ofen, der im Laden stand. Das tat ich immer. Beim erstenmal bot er mir einen großen, rotgestreiften Zuckerlutscher an. Aber ich fand, daß das viel zuviel Belohnung für eine so kleine Mühe war. Also tat er den Lutscher in den Glaskasten zurück und kramte herum, bis er einen anderen fand, der schon ein bißchen vergammelt war und den er sowieso weggeworfen hätte. Granpa sagte, daß ich den ruhig nehmen durfte, weil, wenn Mr. Jenkins ihn sowieso wegwerfen wollte, dann hatte niemand was davon. Da nahm ich den Lutscher.

Jeden Monat fand Mr. Jenkins von neuem so einen vergammelten Lutscher für mich, und ich schätze, auf diese Weise wurde er alle seine Ladenhüter los. Und das war eine große Hilfe für ihn, sagte er.

Im Laden von Mr. Jenkins passierte es auch, daß ich um meine fünfzig Cent geprellt wurde. Ich hatte lange gebraucht, um diese fünfzig Cent zusammenzusparen.

Jeden Monat, wenn wir unsere Ware geliefert hatten, steckte Granma fünf oder zehn Cent für mich in ein Marmeladenglas. Das war mein Anteil an unserem Geschäft.

Am liebsten nahm ich das ganze Geld – Fünfer und

Zehner – in der Hosentasche mit, wenn wir mit der Ware zum Laden gingen. Ich gab nie einen Cent aus und steckte am Abend alles wieder ins Marmeladenglas.

Es war ein gutes Gefühl, mit eigenem Geld in der Tasche in den Kaufladen zu gehen. Da gab es nämlich im Bonbonglas eine große, rotgrüne Schachtel, und die stach mir ins Auge. Ich wußte nicht, was sie kostete, aber ich dachte mir, vielleicht könnte ich sie zu Weihnachten für Granma kaufen, und dann würden wir den herrlichen Inhalt zusammen aufessen. Aber wie gesagt, leider wurde ich vorher um meine fünfzig Cent geprellt.

Das war eines Tages um die Mittagszeit, und wir hatten gerade unsere Ware geliefert. Die Sonne stand hoch am Himmel, und Granpa und ich fanden, wir sollten uns ein bißchen ausruhen. Also hockten wir uns hinter das Sonnendach und lehnten uns mit dem Rücken gegen die Wand. Granpa hatte für Granma Zucker gekauft und drei Orangen – mehr hatte Mr. Jenkins nicht zu verkaufen. Granma mochte Orangen, ich mochte sie auch – falls ich welche bekam. Als ich sah, daß Granpa drei Stück hatte, wußte ich, daß ich eine bekommen würde.

Ich knabberte an meinem Zuckerlutscher. Da kamen Männer zu zweit und zu dritt – immer mehr – in den Laden. Sie sagten, ein Politiker würde kommen, um eine große Rede zu halten. Ich weiß nicht, ob Granpa bleiben und sich das anhören wollte, denn wie ich schon sagte: mit den Politikern hatte er nichts im Sinn. Aber kaum hatten wir uns hingesetzt, da kam auch schon der Politiker.

Er saß in einem großen Auto, das gewaltige Staubwolken aufwirbelte, so daß jeder ihn kommen sah, lange bevor er da war. Am Steuer saß so ein Kerl, das war sein Chauffeur. Er selbst saß bequem auf dem Rücksitz. Und neben ihm saß eine Dame. Der Politiker redete dauernd mit ihr, und sie warf dauernd halb ausgerauchte Zigaretten aus dem Fenster. Granpa sagte, das sind fertige Zigaretten aus der

Fabrik. Die rauchen die reichen Leute, weil sie zu faul sind, selbst ihre Zigaretten zu drehen.

Dann stieg der Politiker aus und schüttelte allen die Hand. Granpa und mir schüttelte er nicht die Hand. Granpa sagte: »Das ist nur, weil man gleich sieht, daß wir Indianer sind und sowieso nichts zu wählen haben. Darum sind wir dem Politiker völlig egal.«

Und das, fand ich, war ganz logisch.

Der Politiker trug einen schwarzen Frack und ein weißes Hemd. Um den Hals hatte er sich ein Band gebunden, das war schwarz und baumelte ihm vor dem Bauch. Er lachte andauernd und schien ganz glücklich zu sein. Das heißt, bis er böse wurde.

Er kletterte auf eine Kiste und fing an, sich über die Zustände in Washington aufzuregen . . . wo alles drunter und drüber ging, wie er sagte. Er sagte, die Hauptstadt von Amerika ist schlimmer als Sodom und Gomorrha. Er regte sich auf und wurde immer wütender, und am Schluß riß er sich das schwarze Band vom Hals.

Die Katholiken, sagte er, sind an allem Schuld. Er sagte, sie haben überall ihren Daumen drauf und wollen den Herrn Papst zum Präsidenten im Weißen Haus machen. Die Katholiken, sagte er, sind die verkommenste, gemeinste Schlangenbrut, die es je gab. Da gibt es Kerle, sagte er, die nennen sich Priester, die laufen in Frauenkleidern herum und wollen, daß man Vater zu ihnen sagt. Und mit diesem Trick wollen sie allen Leuten einreden, daß sie ganz arme Sünder sind.

Der Politiker regte sich auf und fing an zu brüllen, und so wie die Zustände in Washington waren, schätze ich, hatte der Mann allen Grund zu brüllen. Er sagte, wenn er nicht da wäre, ein Mann, der den Kampf mit der Katholikenbande in Washington wagen wollte, dann würden sie sich frech über das ganze Land ausbreiten – sogar hierher zu uns. Das hörte sich fürchterlich an.

Falls sie das schafften, sagte er, dann würden sie alle Frauen ins Kloster stecken und praktisch die ganze Menschheit ausrotten. Jedenfalls, sagte er, gab's da nur einen Ausweg: wir mußten ihn, den Politiker, nach Washington schikken, er würde für Ordnung sorgen. Aber es würde ein schwerer Kampf sein, denn die Pfaffen kauften sich die Leute für Geld. Er dagegen, der Politiker, wollte von Geld nichts wissen . . . nein, er brauchte kein Geld, er war völlig dagegen.

Er sagte, daß er manchmal direkt Lust hatte, alles hinzuschmeißen und sich einen guten Tag zu machen, genau wie wir.

Ich kriegte direkt ein schlechtes Gewissen, weil wir uns einen guten Tag machten, während der Politiker wie ein Held für uns kämpfte. Aber als er von seiner Kiste herabstieg, lachte er schon wieder und schüttelte allen die Hand. Anscheinend war er ganz zuversichtlich, daß er die Sache in Washington schaukeln würde.

Da fiel mir ein Stein vom Herzen – vorausgesetzt natürlich, daß der Politiker genug Wählerstimmen einfangen konnte, um Ordnung zu schaffen und die Katholiken zu verjagen und so.

Während der Politiker allen die Hände schüttelte, kam ein Kerl vorbei, der ein Kälbchen am Strick hinter sich her zog, und drängte sich in die Menge. Er schüttelte dem Politiker zweimal die Hand, jedesmal, wenn er vorbeikam. Das Kälbchen stand breitbeinig hinter ihm und ließ den Kopf hängen. Ich stand auf und lief zu dem Kälbchen hinüber. Ich streichelte es, aber es hob nicht mal den Kopf. Der Kerl blickte unter seinem großen Hut auf mich herab. Er hatte stechende Augen, die er zusammenkniff, wenn er grinste. Er grinste.

»Mein Kälbchen gefällt dir wohl?«

»Ja, Sir«, sagte ich und trat einen Schritt von dem Kälbchen zurück, damit der Kerl nicht glaubte, ich würde es quälen.

»Mach schon«, sagte er ganz freundlich. »Mach schon, streichel das Kälbchen, du tust ihm bestimmt nicht weh.« Ich streichelte das Kälbchen.

Der Kerl spuckte seinen Kautabak in die Gegend. »Ich sehe schon«, sagte der Kerl, »mein Kälbchen hat dich gern . . . mehr als jeden anderen Menschen. Anscheinend will es bei dir bleiben.«

Ich muß sagen, daß ich dem Kälbchen nichts dergleichen anmerken konnte, aber es war ja sein Kälbchen, und er mußte es wissen.

Der Kerl kniete sich vor mich hin. »Hast du Geld, Junge?«

»Ja, Sir«, sagte ich, »ich hab fünfzig Cent.« Der Kerl runzelte die Stirn, und ich merkte gleich, daß fünfzig Cent nicht viel Geld waren. Es tat mir leid, daß ich nicht mehr hatte.

Nach einer Weile grinste er und sagte: »Hör mal, dieses Kalb ist mindestens hundertmal mehr wert.«

Auch ich sah ein, daß es so viel wert war. »Ja, Sir«, sagte ich, »ich wollte es ja gar nicht kaufen.«

Der Kerl runzelte wieder die Stirn. »Na ja«, sagte er, »ich bin ein guter Christenmensch. Soll mir egal sein – auch wenn ich schlimm dabei draufzahle. Ich glaube, du sollst es haben, wo es dich anscheinend so gern hat.« Er überlegte sich die Sache noch eine Weile, und ich konnte deutlich sehen, wie schwer es ihm fiel, sich von dem Kälbchen zu trennen.

»Aber – ich will es doch gar nicht haben, Mister«, sagte ich.

Der Kerl hob die Hand und ließ mich nicht ausreden. Er seufzte: »Du sollst das Kälbchen haben, mein Sohn, ich laß dir's für fünfzig Cent, jawohl, das ist ein christlicher Handel, und – nein – keine Widerrede! Gib mir in Gottes Namen fünfzig Cent, und das Kälbchen gehört dir.«

Bei so viel freundlichem Entgegenkommen konnte ich

den Handel nicht ausschlagen. Ich kramte alle meine Fünfer und Zehner aus der Tasche und gab sie ihm. Er drückte mir den Kälberstrick in die Hand und ging davon – so rasch, daß ich gar nicht wußte, wohin er verschwand.

Aber ich war mächtig stolz auf mein Kälbchen, auch wenn es mir leid tat, daß ich den Kerl übervorteilt hatte. Aber er war ein guter Christenmensch, wie er sagte, und darum war es ein christlicher Handel. Ich zerrte mein Kälbchen zu Granpa, damit er es bewundern sollte. Granpa war nicht ganz so begeistert wie ich, aber ich glaube, das war nur, weil es mein Kälbchen war und nicht seines. Ich sagte zu ihm, es sollte zur Hälfte ihm gehören, wo wir doch schon im Whisky-Geschäft Partner waren. Aber Granpa brummte nur vor sich hin.

Die Menschenmenge um den Politiker verlief sich allmählich, und alle waren mehr oder minder einer Meinung, daß der Politiker so schnell wie möglich nach Washington fahren und den Kampf mit den Katholiken aufnehmen sollte. Der Politiker verteilte Zettel an die Leute. Mir gab er keinen, aber ich hob einen vom Boden auf. Auf dem Zettel war sein Bild zu sehen, er lächelte fröhlich, als ob in Washington alles in Ordnung wäre. Auf dem Bild sah er ziemlich jung aus.

Granpa sagte, daß es Zeit war, nach Hause zu gehen, darum steckte ich das Bild des Politikers in die Tasche und zog mein Kälbchen am Strick hinter mir her. Das war aber nicht so einfach. Mein Kälbchen konnte kaum laufen. Es stolperte und schwankte hin und her, und ich zog aus Leibeskräften am Strick. Ich wollte nicht gar zu fest ziehen – sonst fiel das arme Kälbchen am Ende noch hin.

Ich machte mir schon ernstlich Sorgen, ob das Kälbchen es überhaupt bis zu unserer Hütte schaffen würde. Vielleicht war es krank . . . auch wenn es hundertmal mehr wert war, als ich dafür bezahlt hatte.

Als ich mich endlich den ersten Hügel hinaufgeplagt

hatte, sah ich Granpa schon weit drunten im nächsten Tal. Damit er mir nicht ganz davonlief, brüllte ich ihm nach: »Granpa . . . Hast du schon mal Katholiken gesehen?«

Granpa blieb stehen. Ich zerrte noch fester am Kälberstrick und holte allmählich auf. Granpa wartete, bis das Kälbchen und ich näher kamen.

»Einen habe ich mal gesehen«, sagte Granpa, »das war in der Bezirkshauptstadt.« Endlich hatten das Kälbchen und ich es geschafft. Wir hatten die Rast bitter nötig. »Einmal, da hab ich einen gesehen«, sagte Granpa, »der sah nicht besonders böse aus . . . obwohl, mir schien, er war in eine Rauferei geraten . . . sein Kragen war zerfleddert, und wahrscheinlich war er viel zu betrunken, um es zu bemerken. Jedenfalls kam er mir ziemlich friedlich vor.«

Granpa setzte sich auf einen Stein. Anscheinend wollte er sich die Sache mit dem Katholiken in aller Ruhe überlegen, und ich war dankbar dafür. Mein Kälbchen streckte die Beine von sich und keuchte; ganz außer Atem war es.

»Ist doch komisch«, sagte Granpa. »Du könntest ein langes Messer nehmen und tagelang die faulen Sprüche dieses Politikers auseinanderschneiden – und du würdest nie ein Körnchen Wahrheit finden. Hast du's gemerkt? Der Hundesohn hat kein Wort über die Whiskysteuer gesagt . . . oder über die Verkaufspreise für Mais . . . kein Wort über das wirkliche Leben.« Das fand ich auch.

Ich sagte zu Granpa, daß ich von dem Hundesohn kein Sterbenswörtchen über diese Dinge gehört hatte.

Granpa erinnerte mich daran, daß »Hundesohn« schon wieder so ein schlimmes Fluchwort war und daß wir es in Granmas Gegenwart nur ja nicht aussprechen durften. Granpa sagte, daß es ihm völlig egal sei, was die Katholiken in Washington machten, solange sie ihn nur in Ruhe ließen und ihn nicht bei seinem Handwerk störten.

Auch ich fand die Katholiken nicht mehr gar so schlimm. »Außerdem«, sagte Granpa, »ist es ganz gut, daß sie in

Washington an die Macht kommen wollen. Mit der Macht im Staat ist es so: je mehr Leute auf sie aufpassen, desto besser. Wenn du zum Beispiel ein Schwein hast, und du willst nicht, daß es geklaut wird, dann holst du dir am besten zehn Leute, die alle das Schwein klauen wollen, und läßt sie auf es aufpassen. Dann ist das Schwein garantiert so sicher wie in deiner Küche. Genauso«, sagte Granpa, »ist es mit den Politikern und der Macht in Washington: alle wollen sie haben, und da ist es gut, wenn einer auf den anderen aufpaßt.«

Wir gingen ja immer zu den Baptisten in die Kirche. Trotzdem, sagte Granpa, wäre es genauso schlimm, wenn die Baptisten die ganze Macht in Washington hätten. Immerhin würden sie das Whiskytrinken völlig verbieten – und höchstens selber mal heimlich einen heben. Darum würden sie das ganze Land trockenlegen, und ein ehrlicher Whiskymacher müßte verhungern. Da wurde mir klar, daß es noch andere Gefahren außer den Katholiken gab. Wenn die Baptisten an die Macht kämen, dann wäre es aus mit unserem Handwerk – und was dann? Ich fragte Granpa, ob die reichen Knöpfe, die den Fässerschnüffelwhisky machten, auch an die Macht kommen wollten; weil sie dann nämlich neue Gesetze machen konnten, die verlangen, daß jeder nur ihren eigenen Whisky trinkt – und nicht unseren ehrlichen Whisky. Natürlich versuchten sie das, sagte Granpa, und wie! Jeden Tag gaben sie den Politikern in Washington Geld. So was nennt man »Bestechung«, sagte Granpa.

Während Granpa mir all diese interessanten Sachen erzählte, legte mein Kälbchen sich hin und starb. Legte sich einfach auf die Seite – und aus war's. Ich stand neben Granpa und hielt den Strick fest, und da zeigte Granpa mit dem Finger hinter mich und sagte: »Dein Kälbchen ist tot.« Er hatte ganz vergessen, daß es zur Hälfte sein Kälbchen war.

Ich kniete mich hin und hob seinen Kopf hoch und

versuchte, es auf die Beine zu zerren, aber es war ganz schlaff und rührte sich nicht. Granpa schüttelte den Kopf und sagte: »Es ist tot, Little Tree. Wenn etwas tot ist, dann . . . ist es tot.« Ja, es war tot.

Ich hockte mich vor das Kälbchen und schaute es an. Ich fühlte mich elend wie noch nie. Meine fünfzig Cent waren weg, und damit war auch die grün-rote Konfektschachtel weg. Und jetzt auch noch mein Kälbchen – das doch hundertmal mehr wert war, als ich dafür bezahlt hatte.

Granpa zog sein langes Messer aus dem Stiefelschaft und schnitt dem Kalb den Bauch auf. Er zeigte mit der Messerspitze auf die Leber: »Sie ist fleckig und vergiftet. Wir können nicht mal das Fleisch essen.«

Da war nichts mehr zu machen, das sah ich selbst.

Ich weinte nicht – obwohl mir sehr danach zumute war. Granpa kniete sich auf die Erde und zog dem Kälbchen das Fell ab. »Vielleicht wird Granma dir einen Zehner für das Fell geben; sie findet sicher eine Verwendung dafür«, sagte er. »Und wir wollen die Hunde herbringen . . . die können das Kalb fressen.«

Mehr konnten wir da nicht machen, das war klar. Ich trottete hinter Granpa her und schleppte das Fell meines Kälbchens – den ganzen Weg bis zur Hütte.

Granma fragte nicht viel, aber ich mußte ihr sagen, daß ich diesmal keine fünfzig Cent in das Marmeladenglas zurücklegen konnte, weil ich sie für das Kälbchen ausgegeben hatte – und das war ebenfalls futsch. Granma gab mir für das Fell einen Zehner, und den legte ich in das Glas.

An diesem Abend schmeckte mir das Essen überhaupt nicht, obwohl es für mich nichts Besseres gibt als Maisbrot mit Erbsenmus.

Während wir aßen, schaute Granpa mich an und sagte: »Siehst du, Little Tree, du kannst nur aus eigener Erfahrung lernen. Hätte ich dir verboten, das Kalb zu kaufen, dann hättest du immer daran zurückgedacht und es haben wollen. Hätte ich dir aber gesagt, du sollst es kaufen, dann hättest du mir die Schuld gegeben, weil es gestorben ist. Ja, du kannst eben nur aus eigenen Erfahrungen lernen.«

»Ja, Granpa«, sagte ich.

»Also«, sagte Granpa, »was hast du daraus gelernt?«

»Na ja«, sagte ich, »ich glaube, ich habe gelernt, mich nie mehr auf einen christlichen Handel einzulassen.«

Granma fing an zu lachen. Ich wußte gar nicht, was daran so lustig war. Granpa schaute verdutzt drein; dann lachte er so gewaltig, daß er sich an seinem Maisbrot verschluckte. Mir schien, ich hatte etwas sehr Komisches gelernt, aber ich wußte nicht, was es war.

Granma sagte: »Du meinst wohl, Little Tree, daß du beim nächstenmal vorsichtiger sein wirst, wenn so ein Kerl dir erzählt, was für ein guter, anständiger Christenmensch er ist, nicht wahr?«

»Ja, Granma«, sagte ich, »das will ich.«

Ich verstand überhaupt nichts mehr . . . außer, daß ich meine fünfzig Cent verloren hatte. Mir wurde ganz schwindlig, und dann schlief ich am Tisch ein, und mein Kopf fiel in meinen Teller. Granma mußte mir das Erbsenmus vom Gesicht waschen.

In dieser Nacht träumte ich, daß die Katholiken und die strenggläubigen Baptisten hinter uns her waren. Die Baptisten machten unsere Destille kaputt, und die Katholiken fraßen mein Kälbchen auf.

Ein riesiger guter Christenmensch stand dabei und lachte über sein ganzes breites Gesicht. Er hielt eine grün-rot gestreifte Konfektschachtel in der Hand und sagte, sie sei hundertmal mehr wert, aber er würde sie mir für fünfzig Cent geben. Aber die hatte ich nicht mehr – meine fünfzig Cent; darum konnte ich die grün-rote Schachtel nicht kaufen.

Granma nahm Bleistift und Papier und rechnete mir vor, wieviel Geld ich bei meinem Handel mit dem guten Christenmenschen verloren hatte. Da stellte sich heraus, daß ich eigentlich nur vierzig Cent verloren hatte, weil ich ja einen Zehner für das Fell des Kälbchens eingenommen hatte. Diesen Zehner steckte ich in das Marmeladenglas. Da war er sicherer als in meiner Hosentasche.

Bei unserem nächsten Gang in die Siedlung verdiente ich wieder einen Zehner, und Granma legte noch einen Fünfer dazu. Das waren zusammen fünfundzwanzig Cent, und ich sah, daß meine Ersparnisse wieder wuchsen.

Auch wenn ich drunten beim Laden an der Kreuzung meine fünfzig Cent verloren hatte, freute ich mich immer auf den Tag, wenn wir unsere Ware ablieferten. Obwohl es eine ziemliche Plackerei war, den Sack mit den Flaschen zu schleppen.

Wenn wir die Ware abgeliefert hatten und wenn Granpa das Geld nachgezählt und eingesteckt hatte, wenn ich dann das Brennholz für Mr. Jenkins geholt und dafür eine alte Zuckerstange gekriegt hatte, setzten Granpa und ich uns immer unters Sonnensegel vor dem Laden und streckten die Beine aus und lehnten uns mit dem Rücken gegen die Wand.

So verging die Zeit am besten.

Granpa hatte achtzehn Dollar in der Tasche . . . und davon gehörte mindestens ein Zehner mir. Meistens kaufte Granpa etwas Gutes für Granma: Zucker und Kaffee und manchmal, wenn das Geschäft gutging, ein Pfund weißes Mehl für einen Kuchen. Das konnten wir uns immerhin leisten . . . nach einer schweren Arbeitswoche als Whiskymacher.

Während wir vor dem Laden im Schatten hockten,

verputzte ich genüßlich meine Zuckerstange. Es war eine gute Zeit, damals.

Wir horchten, was die Männer so erzählten. Sie sagten, daß es eine große Krise in Amerika gab und daß die Leute in New York aus dem Fenster sprangen und sich Kugeln in den Kopf schossen wegen der Krise. Granpa sagte nie etwas. Und ich auch nicht. Aber Granpa erzählte mir, daß die große Stadt New York voller Menschen war, die nichts zu essen hatten, und die meisten waren ganz verzweifelt. Kein Wunder, daß sie aus dem Fenster sprangen und sich Kugeln in den Kopf schossen.

Oft war vor dem Laden ein Mann, der Haare schneiden konnte. Er stellte einen hölzernen Stuhl unter das Sonnensegel, und die anderen Männer setzten sich drauf und ließen sich die Haare schneiden und den Bart rasieren.

Und da war noch ein anderer Mann – alle nannten ihn nur den »Alten Barnett« –, der konnte Zähne hupfen lassen. Tja, Zähne hupfen lassen, das konnte nicht jeder.

Alle schauten dem Alten Barnett gerne bei der Arbeit zu, wenn er einen Zahn hupfen ließ. Wenn jemand einen faulen Zahn hatte, den er loswerden wollte, dann ging er zum Alten Barnett. Der Alte Barnett setzte ihn auf einen Stuhl, dann nahm er ein Stück Draht und hielt es ins Feuer, bis es rot glühte. Dann steckte er den glühenden Draht in den faulen Zahn und klopfte mit einem kleinen Hammer an eine geheime Stelle. Plopp, hupfte der Zahn aus dem Mund. Der Alte Barnett war sehr stolz auf seine Kunst, und er paßte auf, daß die Zuschauer nicht zu genau zuschauten, damit keiner den Trick von ihm lernen konnte.

Einmal kam ein Mann, der war genauso alt wie der Alte Barnett und wollte sich einen Zahn hupfen lassen. Mr. Lett hieß der Mann. Der Alte Barnett setzte also diesen Mr. Lett auf den Stuhl und machte seinen Draht heiß. Er wollte den Draht in Mr. Letts faulen Zahn stecken, aber Mr. Lett wickelte seine Zunge um den glühenden Draht. Er sprang auf und brüllte wie ein Stier und schlug den Alten Barnett mit der Faust in den Bauch, und der Alte Barnett ging zu Boden.

Da wurde der Alte Barnett wütend und knallte Mr. Lett den Stuhl auf den Kopf. Die beiden alten Knacker gingen aufeinander los und wälzten sich am Boden, und alle liefen herbei und rissen die Streithähne auseinander. Da standen sie und beschimpften sich fürchterlich – oder wenigstens der Alte Barnett schimpfte fürchterlich. Was Mr. Lett sagte, konnte ich nicht verstehen, aber er war wütend – das konnte man sehen!

Endlich beruhigten sich die beiden, und ein paar Männer hielten Mr. Lett fest und zogen ihm die Zunge raus und schütteten Terpentin drauf. Dann ging er fort. Es war das erstemal, daß der Alte Barnett es nicht geschafft hatte, einen Zahn hupfen zu lassen, und die Schande machte ihm schwer zu schaffen. Wo er doch so stolz auf seine Kunst war. Er rannte herum und erklärte allen, daß nur Mr. Lett an dem ganzen Unglück schuld war. Und das war er wohl auch, fand ich.

Ich aber beschloß, daß ich niemals einen faulen Zahn haben würde. Oder wenigstens würde ich's nicht dem Alten Barnett erzählen.

Beim Laden lernte ich auch das kleine Mädchen kennen. Sie kam ein paarmal mit ihrem Pa – in der stillen Zeit vor der Ernte oder im Winter. Ihr Pa war noch ein junger Mann, er trug zerlumpte Jeans und ging meistens barfuß. Das kleine Mädchen ging immer barfuß, auch im Winter.

Granpa sagte, daß es arme Pachtbauern waren. Pachtbauern, sagte er, besitzen kein Land und auch sonst nichts – oft nicht mal ein Bett oder einen Stuhl. Sie arbeiten auf den Feldern eines reichen Farmers und müssen ihm einen großen Teil ihrer Ernte abgeben. Meistens dürfen sie nur ein Drittel für sich behalten.

Granpa sagte, wenn die Pächter am Schluß des Jahres eine Rechnung machen und zusammenzählen, was sie für Essen und Saatgut und Dünger und Leihgebühr für die Maultiere und Werkzeuge verbraucht haben, dann müssen sie feststellen, daß sie die ganze Zeit nur für ein bißchen Essen geschuftet haben.

Sie müssen schon froh sein, wenn sie dem reichen Farmer nichts schuldig bleiben.

Je mehr Kinder ein Pächter hat, sagte Granpa, desto besser für ihn, weil dann alle auf dem Feld mithelfen können. Je größer die Familie, desto mehr Arbeitskräfte. Darum haben die ärmsten Pächter die größten Familien. Weil sie müssen. Die Frauen arbeiten auf dem Feld, sie pflücken Baumwolle und hacken Kartoffeln und plagen sich, und derweil liegen ihre Babys unter einem Baum und weinen.

Die Indianer würden niemals bei so was mitmachen, sagte Granpa. Er sagte, er würde lieber im Wald Wurzeln ausgraben und Kaninchen fangen, als sich auf so eine trostlose Arbeit einzulassen. Aber irgendwie gibt's immer ein paar arme Hunde, denen nichts anderes übrigbleibt. Und bist du mal in der Falle, dann kommst du nicht wieder raus.

Und daran, sagte Granpa, sind nur die Politiker schuld, die herumdebattieren und große Worte spucken, statt eine ehrliche Arbeit zu tun. Unter den reichen Farmern, sagte er, gibt's böse und gute – wie überall. Aber wenn im Herbst die Ernte unterm Dach ist und wenn der Pächter dann seine Rechnung aufmacht, dann endet das Jahr für ihn immer mit einer großen Enttäuschung.

Das ist auch der Grund, sagte er, warum die Pächter in Amerika dauernd auf Wanderschaft sind. Jeden Winter ziehen sie weiter und suchen sich einen anderen, besseren Farmer, und den finden sie auch. Dann hocken sie abends in einer anderen Hütte um einen anderen Tisch, und wenn die

Kinder schon schlafen, bleiben Pa und Ma lange wach und hoffen und träumen davon, wie sie es *dieses* Jahr, auf *dieser* Farm endlich schaffen werden.

Diese Hoffnung, sagte Granpa, läßt sie im Frühjahr und im Sommer alle Mühen aushalten – aber wenn im Herbst die Ernte eingebracht ist, fängt das Elend von vorne an. Und darum ziehen sie jedes Jahr weiter, und unverständige Leute sagen, sie sind »unstete Vagabunden«. Aber das ist ein dummes Vorurteil, genau wie die Meinung, daß sie »verantwortungslos« sind, weil sie so viele Kinder haben: weil, die brauchen sie doch!

So redeten Granpa und ich auf dem Heimweg vom Kaufladen an der Kreuzung. Er regte sich furchtbar auf, und wir machten beinah eine Stunde Rast.

Auch ich regte mich auf. Und mir war klar, daß Granpa die Politiker total durchschaute. Diese Hundesöhne, sagte ich zu ihm, sollte man verjagen.

Granpa machte eine Pause und schaute mich nachdenklich an. »Hundesohn«, sagte er, »das ist ein verdammt starkes Schimpfwort. Paß nur auf, daß Granma es nicht hört – sonst jagt sie uns beide aus der Hütte.«

Das merkte ich mir. Es war ein schön verdammt starkes Schimpfwort!

Eines Tages, als ich vor dem Laden im Schatten hockte und meine alte Zuckerstange knabberte, kam das kleine Mädchen und blieb vor mir stehen. Ihr Pa war im Laden. Sie hatte aufgesteckte Zöpfe und schlechte, faule Zähne. Hoffentlich erwischt der Alte Barnett sie nicht, dachte ich. Als Kleid trug sie einen Baumwollsack, und sie scharrte mit ihren nackten Zehen im Kies. Ich kam mir ganz schlecht vor, weil ich meine Zuckerstange aß – und sie hatte nichts. Da sagte ich zu ihr: »Du kannst ein bißchen an der Zuckerstange lecken, aber nicht zuviel, du mußt sie mir unbedingt wiedergeben.« Sie nahm die Zuckerstange und fing an zu schlecken.

Sie erzählte, daß sie hundert Pfund Baumwolle am Tag pflücken konnte. Sie sagte, daß ihr Bruder zweihundert Pfund Baumwolle am Tag pflücken konnte und daß ihre Ma – wenn sie nicht krank war – sogar dreihundert Pfund pflücken konnte. Aber ihr Pa, sagte sie, konnte sogar fünfhundert Pfund Baumwolle am Tag pflücken – wenn er bis in die Nacht arbeitete.

Sie und ihre Eltern, sagte sie, taten niemals Steine in den Baumwollsack, um den Farmer zu bescheißen. Sie und ihre ganze Familie, sagte sie, waren überall bekannt als ehrliche Arbeiter.

Sie fragte mich: »Wieviel Baumwolle kannst du pflücken?«

Und ich mußte zugeben, daß ich noch nie welche gepflückt hatte.

»Das hab ich mir gedacht«, sagte sie. »Jedermann weiß, daß die Indianer faul sind.«

Ich nahm ihr meine Zuckerstange weg.

Und dann sagte sie: »Vielleicht könnt ihr Indianer nichts dafür. Ihr seid einfach anders, und vielleicht macht ihr dafür etwas anderes.« Da gab ich ihr die Zuckerstange wieder.

Es war noch mitten im Winter, und sie sagte, daß ihre Leute immer auf den Ruf der Turteltaube horchten. Das weiß doch jeder, sagte sie: aus welcher Richtung die Turteltaube ruft – dorthin ziehen wir nächstes Jahr.

Aber sie hatten die Turteltaube noch nicht gehört, sagte sie. Sie warteten sehnsüchtig auf den Ruf, denn sie waren von ihrem Farmer tüchtig beschissen worden, und ihr Pa hatte sich mit ihm gestritten, und jetzt mußten sie sowieso weg. Ihr Pa, sagte sie, war in den Kaufladen an der Kreuzung gekommen, um allen Leuten aus der Gegend zu erzählen, daß eine tüchtige Pächterfamilie eine neue Stelle suchte – lauter tüchtige Arbeiter, die niemals Schwierigkeiten machten. Sie sagte, ganz bestimmt würden sie die beste

Pächterstelle in der ganzen Gegend kriegen, weil die Farmer jetzt wußten, was für tüchtige Arbeiter sie waren, und nächstes Jahr würde alles besser.

Nach der nächsten Ernte, sagte sie, würde sie eine Puppe kriegen. Die hatte ihre Ma ihr versprochen. Eine richtige echte Puppe aus dem Kaufladen, mit echten Haaren und Augen zum Auf- und Zumachen. Und viele andere Sachen würde sie kriegen, sagte sie. »Weil wir endlich nach der nächsten Ernte reich sind.«

Ich sagte ihr, daß wir kein Land hatten – außer dem Maisfeld in den Bergen. »Wir sind Bergmenschen«, sagte ich zu ihr, »und wir brauchen keinen Acker und keine Farm und so.«

Ich erzählte ihr, daß ich einen Zehner besaß, und sie wollte ihn sehen. Ich sagte: »M-hm, der ist zu Hause im Marmeladenglas. Da ist er sicherer. Ich bin mal von einem Christenmenschen bei einem christlichen Handel beschissen worden, und jetzt bin ich schlau und laß mich kein zweitesmal bescheißen.«

Sie sagte, daß sie und ihre Leute auch Christen waren. Einmal, sagte sie, hatte sie sogar den Heiligen Geist gesehen, bei einer Auferweckungsfeier unter freiem Himmel. Ihr Pa und ihre Ma, sagte sie, konnten den Heiligen Geist jedesmal sehen, wenn sie ins Gemeindehaus gingen, und dort jubilierten die Frommen und sangen und tanzten und redeten in Zungen. Diese Christenmenschen gehörten zur Sekte der »Auferweckten«. So was gibt's in Amerika – aber nicht bei den Indianern.

Jedenfalls sah ich gleich, daß sie eine gute Christin war, denn inzwischen hatte sie meine Zuckerstange beinahe ganz verputzt, und es war nur noch ein kleines Kügelchen übrig. Das konnte ich für mich retten.

Zu Hause erzählte ich Granma von dem kleinen Mädchen. Granma machte für sie ein Paar Mokassins. Das Oberteil der Mokassins machte sie aus dem Kalbfell, an dem noch die Haare waren. Das sah sehr schön aus. Und dann nähte Granma zwei bunte Perlen auf jeden Mokassin.

Als wir nach einem Monat wieder zum Kaufladen in der Siedlung gingen, gab ich die Mokassins dem kleinen Mädchen. Sie zog sie gleich an, und ich sagte zu ihr: »Die hat meine Granma für dich gemacht, und sie kosten nichts.«

Sie lief vor dem Laden auf und ab und schaute immer wieder ihre Füße an, und sie war richtig stolz auf die neuen Mokassins. Sie blieb immer wieder stehen und streichelte sie.

»Das Fell«, sagte ich, »ist von meinem Kälbchen, und Granma hat es mir abgekauft.«

Als ihr Pa aus dem Laden kam, lief sie – glücklich in ihren Mokassins wackelnd – hinter ihm her. Granpa und ich schauten ihnen nach. Sie waren noch gar nicht weit, da blieb der Mann am Straßenrand stehen, schaute das Mädchen an und sagte etwas zu ihr. Das Mädchen zeigte auf mich.

Der Mann ging in den Wald und schnitt eine Haselrute von einem Busch, und dann schlug er das Mädchen auf den Rücken, auf den Po und auf die Beine. Sie schrie, aber sie rührte sich nicht. Er schlug sie, bis die Haselrute in Fetzen war . . . und alle Leute vor dem Kaufladen schauten zu – aber sie sagten nichts.

Dann mußte das Mädchen sich hinsetzen und die Mokassins ausziehen. Jetzt kam der Mann zum Laden zurück. Er schwenkte die Mokassins in der Hand – und Granpa und ich standen auf. Der Mann beachtete Granpa überhaupt nicht, sondern er baute sich vor mir auf, er schaute mich an, sein Gesicht war krebsrot, und seine Augen funkelten böse. Er stieß mir die Mokassins unter die Nase, und ich nahm sie, und dann sagte er: »Wir brauchen keine Almosen . . . von niemand . . . und erst recht nicht von wilden Heiden!«

Ich kriegte es mit der Angst. Der Mann wirbelte herum und marschierte davon. Seine zerfetzten Arbeitsklamotten flatterten hinter ihm her. Er ging an dem Mädchen vorbei, und sie stand auf und folgte ihm. Sie weinte nicht. Sie ging mit steifen Schritten und stolz erhobenem Kopf, und sie schaute niemanden an. Die breiten roten Striemen an ihren Beinen waren deutlich zu sehen. Granpa und ich machten uns auf den Heimweg.

Unterwegs sagte Granpa, daß er den Mann verstehen konnte. Das einzige, was diese Leute hatten, war ihr Stolz . . . auch wenn er ganz fehl am Platz war. Der arme Pächter durfte einfach nicht erlauben, daß das Mädchen – oder seine anderen Kinder – sich an schöne Sachen gewöhnten, die ihnen gefielen. Denn so was war nichts für sie. Sie waren zu arm. Darum prügelte der Mann seine Kinder, wenn ihnen Sachen gefielen, die nichts für sie waren . . . und er prügelte sie, bis sie es begriffen. Irgendwann wußten sie dann, daß schöne Sachen nichts für sie waren.

Sie hatten den Heiligen Geist, der sie manchen Sonntag glücklich machte, wenn sie sangen und in Zungen redeten. Und sie hatten ihren Stolz – und die Hoffnung auf nächstes Jahr.

»Du kannst nichts dafür«, sagte Granpa, »daß du's nicht gleich kapiert hast.« Und dann erzählte er mir, wie er mal vor ein paar Jahren an der Hütte einer Pächterfamilie vorbeigekommen war. Draußen im Hof, unter einem Baum, saßen zwei kleine Mädchen und blätterten mit großen Augen in einem Kaufhaus-Katalog von Sears. Das ist in Amerika so was wie 'n Quelle-Katalog.

Als der Vater das sah, erzählte Granpa, nahm er den Rohrstock und prügelte die kleinen Mädchen, bis ihnen das Blut an den Beinen runterlief. Dann nahm der Mann den Katalog und ging hinter die Hütte. Dort verbrannte er den Katalog, aber vorher zerriß er ihn in kleine Fetzen – so sehr haßte er den Katalog. Dann ging der Mann, so erzählte Granpa, in den Schatten hinterm Stall, wo niemand ihn sehen konnte, und weinte. Als Granpa das sah, verstand er.

Man muß verstehen, sagte Granpa. Aber die meisten

Menschen wollen nicht verstehen. Es macht ihnen viel zuviel Mühe, darum erfinden sie lieber große Worte wie »unstet« und »Vagabunden« – nur um die Faulheit ihres Herzens zu verbergen.

Die Mokassins nahm ich wieder nach Hause mit. Ich versteckte sie ganz tief in meiner Kiste, unter meinen Jeans und meinen Hemden. Sie erinnerten mich an das kleine Mädchen.

Sie kam nie wieder zum Kaufladen an der Straßenkreuzung, und ihr Pa auch nicht. Wahrscheinlich waren sie weitergezogen.

Wahrscheinlich hatten sie den Ruf der Turteltaube gehört – aus weiter Ferne.

Ein gefährliches Abenteuer

Die Indianerveilchen sind die ersten Blumen des Bergfrühlings. Du glaubst schon, der Frühling kommt gar nicht mehr – und da sind sie auf einmal. Eisblau wie der Märzhimmel, so ducken sie sich am Boden; so winzig, daß du sie nicht entdeckst, wenn du nicht ganz genau hinschaust.

Wir gingen auf den Berg, um sie zu pflücken, Granma und ich. Wir pflückten, bis uns die Finger im eisigen Wind erstarrten. Granma trocknete sie und machte daraus einen Kräutertee. Sie lobte mich, weil ich ihr geholfen hatte. »Du bist ein fleißiger Kräutersammler«, sagte sie. Ja, das war ich.

Am besten aber war ich beim Eichelnsammeln, nachdem ich's gelernt hatte. Zuerst rannte ich mit jeder Eichel, die ich fand, zu Granma und steckte sie in ihren großen Sack. Aber Granma sagte, ich sollte lieber warten, bis ich eine Handvoll

Eicheln beisammen hatte und sie erst dann in den Sack stecken. So machte ich es dann. Weil meine Augen nicht so weit vom Boden weg waren, fand ich eine Menge Eicheln und war am Schluß ein schnellerer Eichelsammler als Granma.

Sie zerstampfte die Eicheln zu einem goldgelben Mus, dann tat sie noch Hickorynüsse und Walnüsse dazu – und dann backte sie daraus Pfannkuchen. Die schmeckten besser als alles, was ich kannte.

Manchmal passierte Granma ein kleines Mißgeschick. Versehentlich streute sie Zucker ins Eichelmus. Dann sagte sie: »Ach, Little Tree, was sagst du dazu; hab ich doch schon wieder Zucker ins Mus geschüttet!« Ich wußte nicht, was ich sagen sollte, aber wenn das passierte, kriegte ich immer noch einen Extra-Pfannkuchen.

Granpa und ich, wir beide waren große Eichelmus-Pfannkuchenesser.

Irgendwann im März, wenn die Indianerveilchen blühten, gingen wir in die Berge zum Kräutersammeln. Und dann geschah es, daß der rauhe, kalte Winterwind für eine Sekunde umschlug. Leicht und lind wie eine Feder streichelte er einem übers Gesicht. Und er roch nach Erde. Dann wußte man – der Frühling war nah.

Am nächsten Tag oder am übernächsten (wir wußten es nicht und reckten erwartungsvoll das Gesicht in die Luft) kam das streichelnde Lüftchen wieder. Es blieb etwas länger, es war noch lieblicher und duftete stärker.

Im Bach brach das Eis, an den Berglehnen schmolz der Schnee, und unzählige Gerinsel plätscherten glucksend ins Tal.

Dann brachen überall auf den Wiesen die gelben Löwenzahnblüten auf, und wir pflückten die Blätter als Salat. Die schmecken besonders gut, wenn man sie mit Kreuzkraut, Sauerampfer und Brennesseln mischt. Die Brennesseln geben den besten Salat, aber sie haben winzige Härchen, die stechen, wenn man sie pflückt. Granpa und ich gingen oft an einer Brennesselstaude vorbei, aber Granma entdeckte sie garantiert, und dann mußten wir sie doch pflücken. Granma sagte, es gibt im Leben nichts, was nicht irgendwie einen Haken oder Stachel hat. Und das, finde ich, ist wahr.

Im Frühling und im Sommer stellten wir keine Fallen. Granpa sagte, kein Mensch kann gleichzeitig lieben und kämpfen. Auch die Tiere können es nicht, sagte er. Er sagte, wenn man sie nach der Paarungszeit jagt, können sie ihre Jungen nicht aufziehen, und wenn die Tiere des Waldes aussterben, muß auch der Mensch verhungern. Darum gingen wir im Frühling und im Sommer oft zum Fischen.

Das Fischen und die Jagd sind für den Indianer kein Sport. Er tötet die Tiere nur, wenn er zu essen braucht. Granpa sagte, es ist nicht nur dumm, sondern grausam, wenn Menschen durch die Gegend laufen und als Sport auf die Tiere schießen. Wahrscheinlich, so sagte er, war die ganze Sache wieder mal von den Politikern ausgeheckt worden, und zwar zwischen den Kriegen, wenn sie keine Gelegenheit hatten, auf Menschen zu schießen – damit sie beim Töten nicht aus der Übung kamen. Und dann kamen irgendwelche gedankenlosen Idioten und machten es ihnen nach. Aber wenn man nach der Ursache forscht, dann waren es die Politiker, die diesen Sport erfunden haben.

Wir bauten Fischreusen aus Weidenruten. Wir flochten die Weidenruten zusammen, so daß etwa drei Fuß lange Körbe entstanden. Am offenen Ende des Korbes bogen wir die Enden der Ruten nach innen und spitzten sie an. So konnten die Fische in die Reuse hineinschwimmen, und die kleinen konnten auch wieder hinaus. Aber die großen Fische kamen nicht an den scharfen, nach innen gerichteten Spitzen vorbei und blieben in der Reuse. Granma gab uns Brotkrümel als Köder für unsere Reusen.

Manchmal nahmen wir auch Fiedelwürmer als Köder.

Man kann die Fiedelwürmer fangen, indem man einen Stock in die Erde rammt und mit einer Latte am oberen Ende reibt oder »fiedelt«. Dann kommen die Würmer neugierig aus der Erde.

Wir schleppten unsere Reusen zum Bach und banden sie an einem Baum fest und versenkten sie im Wasser. Am nächsten Tag kamen wir wieder und brauchten nur noch die Fische rausholen.

In diesen Reusen fingen wir Katzenfische und Barsche . . . manchmal einen Hecht, und einmal ging sogar eine Forelle in meine Reuse. Hin und wieder fingen wir Schildkröten in den Reusen. Die schmecken besonders gut, wenn man sie mit Senfkraut kocht. Ich durfte immer die Reusen aus dem Wasser ziehen.

Granpa zeigte mir auch, wie man mit der Hand Fische fängt. So kam es, daß ich – zum zweitenmal in meinem fünfjährigen Leben – beinah getötet wurde. Das erstemal war natürlich damals, als wir in Ausübung unseres Whiskymacher-Handwerks beinah von den Männern des Gesetzes erwischt wurden. Hätten diese Männer mich gefangen, dann hätten sie mich garantiert in die Siedlung geschleppt und aufgehängt. Da war ich mir ganz sicher. Aber Granpa meinte, das sei gar nicht so sicher, denn er hätte noch nie von so einem Fall gehört. Aber Granpa hatte die Männer auch nicht mit eigenen Augen gesehen. Ihn hatten sie ja nicht durch den Wald verfolgt. Diesmal aber wurde auch Granpa beinah getötet.

Es war gegen Mittag, und das ist die beste Zeit, um mit der Hand zu fischen. Die Sonne strahlt senkrecht ins Wasser, und die Fische flüchten sich unters Bachufer, um im Schatten zu dösen.

Dann brauchst du dich nur an die Böschung zu legen und mit den Händen im Wasser nach Fischlöchern zu greifen. Wenn du eins findest, mußt du ganz langsam mit der Hand hineinfahren, bis du den Fisch fühlst. Wenn du Geduld hast, kannst du ihm mit der Hand über den Rücken streichen, und er wird ganz ruhig im Wasser liegenbleiben.

Dann packst du ihn mit der einen Hand hinter den Kiemen und mit der anderen Hand am Schwanz und ziehst ihn aus dem Wasser. Es braucht allerdings einige Übung, bis du es los hast.

Damals, an diesem schlimmen Tag, lag Granpa am Ufer und hatte gerade einen Katzenfisch aus dem Wasser geholt. Ich hatte kein Fischloch gefunden und war ein Stückchen bachabwärts gegangen. Jetzt lag ich am Ufer auf dem Bauch und tastete nach einem Fischloch. Da hörte ich direkt neben mir ein unheimliches Geräusch. Es war ein trockenes Rascheln, das ganz langsam anfing und sich – immer schneller – zu einem furchterregenden Sirren steigerte.

Ich drehte den Kopf, um nachzusehen: es war eine Klapperschlange. Sie hatte sich kampfbereit zusammengerollt. Ihr Kopf schwankte in der Luft hin und her, und sie schaute mich böse an – keine dreißig Zentimeter von meinem Gesicht entfernt. Ich erstarrte zu Stein und konnte mich nicht bewegen. Die Schlange war dicker als mein Oberschenkel, und ich sah ihre wellenförmigen Schlingbewegungen unter der schuppigen Haut. Sie war sehr wütend. Wir starrten uns an – die Schlange und ich. Ihre Zunge schoß gierig hervor – beinah in mein Gesicht. Ihre Augen waren boshafte rote Schlitze.

Immer schneller und schneller zitterte ihre rasselnde Schwanzspitze, und das bedrohliche Sirren wurde immer lauter. Jetzt fuhr ihr keilförmiger Kopf hektisch vor und zurück – es war, als überlegte sie, wo sie mich beißen wollte. Ich wußte, sie würde jeden Moment zustoßen, aber ich konnte mich nicht bewegen.

Ein Schatten fiel über mich und die Schlange. Ich hatte ihn nicht kommen hören, aber ich wußte, es war Granpa. Mit leiser, ruhiger Stimme, als redete er bloß übers Wetter, sagte Granpa: »Dreh deinen Kopf nicht weg. Bewege dich nicht, Little Tree. Und blinzele nicht mit den Augen.« Ich gehorchte.

Die Schlange reckte ihren Kopf hoch in die Luft und machte sich bereit. Mir kam es so vor, als würde ihr schuppiger Hals immer länger.

Und dann war auf einmal Granpas große Hand zwischen meinem Gesicht und dem Kopf der Schlange. Ganz ruhig hielt er seine schützende Hand vor mein Gesicht. Die Klapperschlange reckte sich noch höher und fing an zu zischen. Ihre zuckende Schwanzspitze machte ein gräßliches Sirren. Hätte Granpa seine Hand bewegt . . . oder vor Schreck zurückgezogen, dann hätte die Schlange mich direkt ins Gesicht gebissen, das wußte ich.

Aber er tat es nicht. Seine Hand blieb ruhig und fest, wie ein Stein. Ich konnte die dicken Adern auf Granpas Handrücken sehen. Kleine Schweißperlen standen auf seiner kupferfarbenen Haut. Aber seine Hand zitterte nicht und wich keinen Millimeter zurück.

Und dann stieß die Schlange zu, schnell und hart. Wie eine Gewehrkugel traf sie Granpas Hand. Aber seine Hand zuckte kein bißchen. Ich sah, wie die nadelspitzen Zähne sich in sein Fleisch bohrten. Granpas halbe Hand verschwand zwischen ihren breiten Kiefern. Dafür schnellte Granpas andere Hand vor. Er packte die Klapperschlange hinterm Kopf und drückte zu. Ihr langer Leib peitschte den Boden und wickelte sich um Granpas Arm. Ihre rasselnde Schwanzspitze zischte durch die Luft und traf Granpa ins Gesicht. Aber Granpa ließ nicht locker. Er würgte die Schlange mit der Faust, bis ich hörte, wie ihr Rückgrat knackte. Dann warf er sie auf den Boden.

Granpa setzte sich hin und zog sein langes Messer aus der Scheide. Er kauerte sich zusammen und schnitt sich tiefe Kerben in die Hand, wo die Giftzähne der Schlange eingedrungen waren. Blut quoll aus der Wunde und rieselte an seinem Arm herab. Ich kroch auf allen vieren zu Granpa, denn mir war ganz flau im Magen, und meine Knie waren gummiweich. Ich zog mich an Granpas Schulter hoch und stand zitternd neben ihm. Er saugte sich das Blut aus der Wunde und spuckte es auf die Erde.

Ich wußte nicht, was ich tun sollte. Darum sagte ich: »Danke, Granpa.« Granpa sah mich nur an und grinste. Sein Mund und sein ganzes Gesicht waren blutverschmiert.

»Höllenfeuerteufel noch mal«, sagte Granpa. »Diesem Hundesohn haben wir's aber gezeigt, was?«

»Ja, Sir«, sagte ich, und ich fühlte mich schon etwas besser. »Diesem Hundesohn haben wir es gezeigt.« Obwohl – ich selbst hatte ja mit dem Zeigen nicht viel zu tun gehabt, dachte ich.

Inzwischen schwoll Granpas Hand an und wurde immer dicker. Sie verfärbte sich blau. Er nahm sein langes Messer und trennte den Ärmel seines Hirschlederhemdes auf. Der eine Arm war doppelt so dick wie der andere. Ich bekam es mit der Angst zu tun.

Granpa nahm seinen Hut ab und fächelte sich Luft ins Gesicht. »Höllisch heiß ist's für diese Jahreszeit«, sagte er. Er machte ein komisches Gesicht. Jetzt wurde der ganze Arm blau.

»Ich gehe lieber Granma holen«, sagte ich und rannte los. Granpa schaute mir nach, und seine Augen blickten leer in die Ferne.

»Schätze, ich will mich ein bißchen ausruhen«, sagte er unerschütterlich wie ein Fels. »Ihr wißt ja, wo ihr mich findet.«

Ich rannte den Weg zur Hütte hinab – so schnell, daß meine Zehenspitzen kaum den Boden berührten. Ich konnte kaum etwas sehen, denn meine Augen waren tränenblind, obwohl ich nicht weinen wollte. Als ich in den Hohlweg einbog, brannten meine Lungen wie Feuer. Ich rannte den Hohlweg hinunter und schlug ein paarmal der Länge nach hin, einmal sogar in den Bach, aber ich rappelte mich immer wieder rasch auf. Dann bog ich vom Weg ab und nahm eine Abkürzung durch das Unterholz. Ich wußte, Granpa lag im Sterben.

Von weitem sah ich die Hütte schief und verschwommen, als ich endlich die Lichtung erreichte. Ich wollte schreien und Granma rufen . . . aber meine Kehle war zugeschnürt. Ich stürzte durch die Küchentür – direkt in Granmas Arme. Granma hielt mich fest und besprengte mein Gesicht mit kaltem Wasser. Sie blickte mich aus ruhigen Augen an und sagte: »Was ist passiert . . . und wo?«

Ich versuchte etwas zu sagen, aber ich stotterte. »Granpa . . . stirbt«, flüsterte ich, »Klapperschlange . . . Ufer am Bach.«

Granma ließ mich einfach fallen, und das gab mir den Rest.

Sie packte einen Beutel und weg war sie. Noch heute sehe ich sie vor mir, wie sie über die Lichtung flog – mit flatterndem Rock, mit wehenden langen Zöpfen, und ihre winzigen Mokassins streiften kaum den Boden. Und wie schnell sie laufen konnte! Sie hatte kein Wort gesagt. Nur »O Gott!« – sonst nichts. Sie hatte keine Sekunde gezögert; sie hatte sich nicht mal umgeschaut. Ich kroch auf Händen und Knien zur Küchentür und schrie ihr nach: »Bitte, laß Granpa nicht sterben!« Pfeilgeschwind flog sie dahin, quer über die Lichtung und den Hohlweg hinauf. Ich schrie so laut ich konnte, und das Echo hallte durchs Tal: »Laß ihn nicht sterben, Granma!« Ich wußte ganz gewiß, Granma würde ihn nicht sterben lassen.

Ich ließ die Hunde los, und sie hetzten winselnd und bellend hinter Granma her. Ich lief ihnen nach, so schnell ich nur konnte.

Als ich am Bach anlangte, lag Granpa flach auf der Erde. Granma hielt seinen Kopf im Schoß, und die Hunde hockten winselnd im Kreis. Granpas Augen waren geschlossen, und sein Arm war inzwischen beinah schwarz.

Granma stieß das Messer noch einmal tief in seine Hand und saugte an der Wunde und spuckte das Blut aus. Als ich herangestolpert kam, zeigte sie mit dem Finger auf eine Birke und rief: »Schäl die Rinde ab, Little Tree!«

Ich nahm Granpas langes Messer und schälte die Rinde vom Stamm. Granma machte ein Feuer, wobei sie die Rinde zum Anzünden hernahm, denn die brennt wie Papier. Sie schöpfte Wasser aus dem Bach und hängte den Topf übers Feuer, und dann tat sie Wurzeln und Kräutersamen hinein; und Blätter, die sie auch aus ihrem Beutel nahm. Ich weiß nicht, was sie alles in den Topf getan hat, aber die Blätter waren Lobelien, denn Granma sagte, die würden Granpa helfen, damit er besser atmen konnte.

Granpas Brustkorb hob und senkte sich mühsam und schwer. Während das Wasser im Topf sich langsam erwärmte, stand Granma auf und spähte umher. Ich selbst konnte nichts entdecken . . . aber fünfzig Meter weiter am Hang lag ein Wachtelnest im Gras versteckt. Granma zog ihren weiten Rock aus und breitete ihn auf die Erde.

Sie band den Rock oben mit einer Schnur zusammen und knüpfte Steine in den Saum. Dann schlich sie sich lautlos wie der flüsternde Morgenwind an das Nest heran. Gerade im rechten Moment – das wußte sie – flatterte die Wachtel auf, und Granma warf ihren Rock wie ein Netz über sie.

Sie kam mit der Wachtel zurück, nahm das Messer und schnitt den Vogel – bei lebendigem Leib – vom Brustbein bis zur Schwanzwurzel auf. Dann drückte sie das zappelnde Tierchen auf die Wunde an Granpas Hand. Lange hielt sie die zuckende Wachtel dort fest, und als sie sie wegnahm, war ihr Fleisch innen ganz grün geworden. Das war die Wirkung des Schlangengifts.

Es wurde Abend, und noch immer mühte sich Granma um Granpa. Die Hunde hockten im Kreis und blickten traurig. Dann brach die Nacht an, und Granma befahl mir, ein Feuer zu machen. Sie sagte, wir müßten Granpa gut wärmen, denn wir konnten ihn nicht zur Hütte schaffen. Sie zog ihr Hemd aus und breitete es über ihn. Auch ich zog mein Hirschlederhemd aus und legte es auf seine Brust. Auch meine Hose zog ich aus, aber Granma sagte, das sei nicht nötig, denn meine Hose war kaum groß genug, um einen von Granpas Füßen zu bedecken.

Ich sammelte Holz und hielt das Feuer in Gang. Granma befahl mir, neben Granpas Kopf noch ein Feuer zu machen, und jetzt mußte ich beide Feuer in Gang halten. Granma legte sich neben Granpa und schmiegte sich ganz fest an ihn. Sie sagte, ihr Körper würde ihn wärmen, und das würde ihm helfen . . . darum legte ich mich auf der anderen Seite neben Granpa, obwohl mein Körper, glaube ich, kaum groß genug war, um Granpa viel Wärme zu geben. Aber Granma sagte, daß es trotzdem half. Ich sagte zu Granma, daß wir Granpa ganz bestimmt nicht sterben lassen würden.

Und dann erzählte ich ihr, wie alles passiert war und daß es, glaube ich, meine Schuld war, weil ich nicht aufgepaßt hatte. Granma sagte aber, daß niemand daran schuld war, nicht mal die Klapperschlange. Sie sagte, bei Dingen, die einfach passieren, gibt es weder Schuld noch Verdienst. Da fühlte ich mich etwas besser – wenn auch nicht sehr.

Irgendwann in der Nacht fing Granpa an zu sprechen. Er war wieder ein kleiner Junge und lief durch die Berge und erzählte, was er erlebte. Granma sagte, er erinnere sich im Schlaf an eine lange vergangene Zeit. Immer wieder fing er an zu sprechen, die ganze Nacht hindurch. Erst als die Dämmerung anbrach, schwieg er und fing leicht und regelmäßig an zu atmen. Ich sagte zu Granma, jetzt würde Granpa ganz gewiß nicht mehr sterben. Auch Granma war jetzt ganz sicher, daß Granpa es geschafft hatte. So schlief ich in Granpas Arm ein.

Bei Sonnenaufgang erwachte ich . . . gerade als die ersten Strahlen die Berggipfel streiften. Plötzlich setzte

Granpa sich auf. Er schaute mich an, dann schaute er Granma an.

Er sagte: »Mein Gott! Bonnie Bee, man kann sich nicht mal eine Nacht unter 'n Baum legen, ohne daß du dich splitternackt ausziehst und einem auf den Leib rückst!«

Granma gab Granpa eine liebe Ohrfeige und lachte. Sie stand auf und zog ihren Rock an. Jetzt wußte ich, Granpa war wieder gesund. Aber bevor wir nach Hause gingen, zog er der Klapperschlange die Haut ab. Er sagte, Granma würde mir aus der Schlangenhaut einen Gürtel machen. Und das tat sie auch.

Wir nahmen den Weg durch die Schlucht . . . heimwärts zu unserer Hütte. Die Hunde sprangen voraus. Granpa war noch ein wenig schwach auf den Beinen und stützte sich auf Granmas Schulter. Ich trabte hinterher und war so froh und glücklich wie noch nie, seit ich bei Granma und Granpa in den Bergen war.

Granpa hat nie ein Wort darüber verloren, daß er mich mit seiner Hand vor der Klapperschlange beschützt hat. Aber ich wußte, daß er mich – nach Granma – am liebsten hatte . . . lieber sogar noch als Blue Boy.

Die Farm im Wald

Damals in der Nacht am Bach, als ich neben Granpa lag, konnte ich mir nicht vorstellen, daß auch er einmal ein kleiner Junge gewesen war. Und doch war es so.

In der Nacht war er im Traum zurückgewandert in eine ferne Zeit, als er klein war. Damals war in Amerika Bürgerkrieg, und das Land war von den Soldaten der Nordstaaten besetzt, und in der Hauptstadt regierten die Politiker. Granpas Pa hatte auf seiten der Verlierer gekämpft. Seine Feinde waren hinter ihm her, darum mußte er sich in den Bergen verstecken. Granpa wurde, wenn nötig, zum Einkaufen in die Siedlung geschickt, denn auf einen kleinen Indianerjungen achtete niemand.

Einmal, als er so durch den Wald lief, entdeckte Granpa ein kleines Tal. Es lag zwischen Hügeln versteckt und war dicht von Unkraut und Gebüsch bewachsen. In diesem Tal hatte seit langer Zeit niemand den Acker bestellt, aber Granpa sah gleich, daß es hier einstmals fruchtbare Felder gegeben hatte, denn der Wald war gerodet.

Am Ende des Tales, gegen den Berg geduckt, lag ein altes Haus. Die Veranda war eingesunken, der Kamin war verfallen, und anfangs lief Granpa achtlos an diesem Haus vorbei. Dann aber sah er Spuren menschlichen Lebens. Und dann wußte er, daß hier Menschen wohnten. Vorsichtig schlich er sich an und spähte durch die Büsche, und dann sah er sie. Es waren nicht viele.

Es gab keine Hühner wie meist auf den Farmen der Weißen. Es gab keine Kuh zum Melken, kein Maultier zum Pflügen. Es gab nichts als ein paar verrottete Werkzeuge und Geräte, die neben einem alten Schuppen lagen. Die Menschen sahen genauso armselig aus wie Haus und Hof.

Besonders die Frau sah müde und abgearbeitet aus. Sie hatte zwei Kinder, die noch schlimmer dran waren; kleine Mädchen mit uralten Gesichtern. Sie waren schmutzig und hatten strähniges Haar und klapperdürre Beine.

Im Schuppen hauste ein alter Neger; er hatte eine Glatze und nur einen Kranz weißer Haare um den Kopf. Er sah so aus, als ob er bald sterben würde, denn er konnte kaum noch gehen und schlurfte tief gebückt umher.

Granpa wollte schon weggehen, als er noch jemand sah. Es war ein Mann, in die zerlumpten Reste einer grauen Uniform gekleidet. Er war groß und dürr und hatte nur ein Bein. Er kam aus dem Haus, mühsam auf einem Hickory-Stamm humpelnd, den er sich an den Beinstumpf geschnallt hatte. Granpa beobachtete, wie der einbeinige Mann und die Frau zum Schuppen gingen. Sie legten sich ein ledernes Geschirr an, und Granpa hatte keine Ahnung, was sie vorhatten, bis er sah, daß sie zum Talgrund vor dem Haus gingen.

Der alte Neger folgte ihnen. Er stolperte dahin und versuchte sich an den Handgriffen eines rostigen Pfluges festzuhalten. Vor dem Haus angelangt, bückten sie sich und warfen sich ins Geschirr. Der alte Neger mühte sich verzweifelt, den Pflug in der Spur zu halten. Granpa hielt die Leute für total verrückt, weil sie versuchten, sich wie Maultiere vor den Pflug zu spannen. Aber sie schafften es und zogen den Pflug durch die Erde. Nicht sehr weit, immer nur ein paar Schritte – aber sie zogen ihn weiter. Dann rasteten sie, und dann warfen sie sich wieder ins Geschirr.

Trotzdem war es keine rechte Arbeit. Der alte Mann hielt den Pflug zu schief, und der grub sich tief in die Erde, so daß sie stehen bleiben und ihn wieder rausziehen mußten. Inzwischen fiel der alte Mann auf den Bauch, rappelte sich wieder auf und versuchte, den Pflug in die richtige Stellung zu bringen. Jetzt aber hielt er ihn zu flach, so daß er die Schollen nicht mehr wendete. Granpa erkannte, daß sie auf diese Weise niemals den Acker bestellen konnten.

Als es Abend wurde, ging Granpa fort. Sie aber zerrten noch immer stolpernd ihren Pflug übers Feld. Am nächsten Morgen kam Granpa wieder, um zu beobachten. Die Leute waren bereits auf dem Feld. Aber sie hatten so krumme Furchen gepflügt, daß überall noch das Unkraut hervorlugte. Während Granpa hinunterspähte, verfing der Pflug sich an einer Wurzel und riß den alten Neger zu Boden. Lange blieb er auf Knien und Ellbogen liegen, bevor er sich wieder aufrappelte.

Und dann sah Granpa die Soldaten – sie trugen die blaue Uniform der Nordstaaten.

Granpa verkroch sich hinter dichten Farnstauden und

behielt die Soldaten scharf im Auge. Sie machten ihm keine Angst, denn obgleich Granpa erst neun Jahre alt war, war er doch ein Indianer und konnte so geschickt durchs Gelände schleichen, daß die Soldaten ihn nie entdeckt hätten. Und das wußte er.

Es waren etwa ein Dutzend Männer, alle zu Pferde. Ein großer Mann mit gelben Streifen am Ärmel führte die Gruppe. Sie machten in einem Fichtenwäldchen halt und beobachteten, wie die Leute mit ihrem Pflug sich mühten. Sie schauten eine ganze Weile zu, und dann ritten sie davon.

Granpa lief zum Bach hinab und fing mit der Hand einen Fisch. Spät abends kam er mit diesem Fisch wieder zu der Stelle im Tal. Sie waren noch immer an der Arbeit. Aber sie schleppten sich so mühsam vorwärts, daß es Granpa so vorkam, als krabbelten sie über das Feld.

Granpas scharfe Adleraugen entdeckten ein gelbes Blitzen zwischen den Bäumen. Es war der Führer der Nordstaaten-Soldaten, der sich wieder zwischen den Fichten versteckt hielt. Diesmal war er allein, und er beobachtete.

Granpa kroch vorsichtig davon und nahm einen Umweg nach Hause.

In der Nacht konnte er nicht einschlafen und mußte nachdenken. Er dachte, daß der Soldat mit den gelben Streifen am Ärmel nichts Gutes im Schilde führte, und er beschloß, die Leute dort beim alten Haus zu warnen und ihnen zu sagen, daß sie beobachtet wurden.

Ganz früh am nächsten Morgen machte er sich auf den Weg.

Granpa erreichte sein Versteck, aber er war schüchtern und fürchtete sich vor fremden Menschen. Er zögerte und überlegte, wie er es anstellen sollte. Sie waren schon wieder draußen auf dem Feld und plagten sich mit dem verrosteten Pflug. Granpa faßte einen Entschluß: er wollte aufs Feld hinauslaufen, den Leuten von weitem zurufen, was er ihnen zu sagen hatte, und dann rasch davonrennen. Aber zu spät; er sah den Soldaten mit den gelben Streifen am Ärmel.

Er war noch weit fort, am anderen Ende des Fichtenwäldchens, und diesmal hatte er außer seinem eigenen noch ein Pferd dabei. Aber es ritt niemand darauf. Als der Soldat näher kam, erkannte Granpa, daß es kein Pferd, sondern ein Maultier war. Es war das armseligste Maultier, das Granpa jemals gesehen hatte; die Hüftknochen stachen spitz durch das Fell, und man konnte alle Rippen zählen. Die Ohren hingen ihm traurig übers knochige Gesicht – aber es war ein Maultier! Der Soldat trieb das Maultier vor sich her. Am Waldrand angelangt, gab der Soldat dem Maultier einen klatschenden Schlag mit der Peitsche, und es galoppierte erschrocken aufs Feld hinaus. Der Soldat blieb auf seinem Pferd zwischen den Bäumen versteckt.

Die Frau sah das Maultier zuerst. Sie ließ ihr Pfluggeschirr fallen und starrte dem Maultier nach, wie es übers Feld galoppierte. Dann rief sie: »Allmächtiger Gott! He, da ist ja ein Maultier. Das hat uns der Herrgott geschickt!«

Die Frau gab sich einen Ruck und rannte querfeldein hinter dem Maultier her. Auch der alte Mann trabte los, stolperte durchs Gebüsch, schlug der Länge nach hin, rappelte sich auf und humpelte weiter.

Das Maultier kam direkt auf Granpa zu galoppiert. Als es nicht mehr weit entfernt war, sprang Granpa auf und fuchtelte wild mit den Armen. Das Maultier machte mit einem Satz kehrt und galoppierte quer übers Feld zum jenseitigen Waldrand. Der Soldat wendete zwischen den Bäumen sein Pferd und scheuchte das Maultier aufs freie Feld zurück. Weder Granpa noch der Soldat wurden entdeckt, denn die Frau und der alte Neger hatten nur für das Maultier Augen.

Auch der einbeinige Mann beteiligte sich an der Jagd. Mühselig stapfte er auf seinem Hickory-Stumpf vorwärts und schlug alle paar Schritte lang auf die Erde. Die beiden

Kinder sprangen schreiend durchs Unterholz und scheuchten das Maultier vor sich her.

Das alte Maultier war ganz verwirrt und galoppierte jetzt seinen Verfolgern direkt in die Arme. Die Frau erwischte es am Schweif. Sie verlor den Boden unter den Füßen, und das Maultier schleifte sie durchs Gebüsch, wobei ihr Kleid in Fetzen ging. Der alte Neger warf sich dem Maultier in den Weg und klammerte sich an seinem Hals fest. Er wurde wie eine Kasperlpuppe herumgeschleudert. Aber er hielt fest, als gelte es sein Leben. Schließlich gab das alte Maultier auf und blieb schnaubend stehen.

Der einbeinige Mann und die Kinder holten es ein. Er schlang dem Maultier einen Lederriemen als Zügel um den Kopf. Die ganze Familie umringte staunend das alte Maultier. Sie streichelten es und tätschelten es, als ob es das schönste Maultier der Welt wäre. Granpa kam es so vor, als ob das Maultier allmählich anfing, sich bei seinen neuen Besitzern wohl zu fühlen. Dann knieten sie alle im Kreis um das Maultier und preßten die Stirn auf die Erde. So verharrten sie eine ganze Weile.

Granpa beobachtete, wie sie das Maultier vor den Pflug spannten. Jeder wollte einmal hinter dem Pflug gehen – die Frau, der Mann, und sogar die Kinder. Granpa lag im Gebüsch versteckt und beobachtete, und er behielt auch den Soldaten scharf im Auge, der sich im Wald versteckte und beobachtete.

Und dann kam Granpa regelmäßig in dieses Tal. Er wollte ja sehen, wie das mit dem Pflügen weiterging. Nach drei Tagen hatten sie erst ein Viertel des Feldes umgepflügt.

Am Morgen des vierten Tages sah Granpa den Soldaten wieder, als er einen weißen Sack am Waldrand abstellte. Der einbeinige Mann hatte ihn auch gesehen. Er hob halb die Hand, unsicher, ob er winken solle. Der Soldat tat dasselbe und ritt in den Wald davon. In dem Sack waren Maiskörner für die Aussaat.

Am nächsten Morgen, als Granpa wieder ins Tal kam, war der Soldat eben vor dem Haus vom Pferd gestiegen. Er sprach mit dem einbeinigen Mann und mit dem alten Neger. Granpa kroch näher und horchte.

Nach einer Weile fing der Soldat an, mit dem alten Maultier zu pflügen. Er hatte die Zügel zusammengeknotet und sich über die Schulter geworfen, und Granpa sah gleich, daß dieser Mann sein Geschäft verstand. Ab und zu blieb er stehen und bückte sich. Er hob eine Handvoll Erde auf, schnupperte daran, und manchmal kostete er sie sogar mit der Zunge. Dann zerbröselte er die Erde zwischen den Fingern und packte wieder den Pflug.

Wie sich herausstellte, war er ein Sergeant der Nordstaatenarmee. Außerdem war er ein Farmer aus Illinois. Von nun an kam er Tag für Tag, um den armen Leuten beim Pflügen zu helfen. Er kam erst am Abend, wenn sein Dienst in der Kaserne zu Ende war, aber er kam und pflügte jeden Tag.

Eines Abends brachte er einen schmächtigen Gefreiten mit. Der sah viel zu jung aus, um schon Soldat zu sein, aber er war es. Und dann kam der Gefreite Abend für Abend, zusammen mit dem Sergeanten. Er brachte kleine Büsche mit – das waren junge Apfelbäumchen.

Er machte sich gleich an die Arbeit und pflanzte ein Bäumchen am Feldrand ein. Er grub ein Loch, setzte das Bäumchen ein, stampfte die Erde fest, begoß es mit Wasser. Er lockerte nochmals die Erde, schnitt dürre Triebe von den Ästen, baute aus Zaunlatten einen schützenden Rahmen und war praktisch den ganzen Abend beschäftigt. Dann trat er zurück und bewunderte es – als wär's das erste Apfelbäumchen, das er im Leben sah.

Die beiden kleinen Mädchen halfen ihm, und nach einem Monat standen rings um das Feld lauter kleine Apfelbäume. Wie sich herausstellte, war der junge Gefreite aus New York und Apfelzüchter von Beruf. Als er schließlich alle seine Bäumchen eingepflanzt hatte, waren auch die anderen mit der Arbeit fertig und hatten das ganze Tal mit Mais bepflanzt.

Einmal legte Granpa nach Einbruch der Dämmerung ein Dutzend Katzenfische, die er gefangen hatte, vor die Haustür. Am nächsten Abend kochten sie die Fische. Sie stellten einen Tisch unter einen Baum im Hof und setzten sich zum Essen. Ein paarmal standen der Sergeant oder die Frau vom Tisch auf und winkten zum Berg hinauf. Sie wollten Granpa einladen. Sie wußten, daß ein Indianer die Fische gebracht hatte, aber sie konnten Granpa nicht entdecken. Darum winkten sie nur ungefähr in die Richtung. Sie waren ja keine Indianer, und darum wußten sie nicht, wie man zwischen all den Farben des Waldes einen Fleck herauskennt, der da nicht hingehörte. Und Granpa ging nie zu ihnen hinab. Aber er brachte ihnen wieder Fische. Er hängte die Fische an einen Baum, nicht weit vom Hof, denn jetzt hatte er Angst, sich der Haustür zu nähern.

Granpa brachte ihnen die Fische, so erzählte er, weil sie keine Indianer waren und weil sie bei allem, was mit der Natur zusammenhing, so unwissend waren, daß sie glatt verhungert wären, bevor der Mais auf ihrem Feld reifte. Und außerdem wollte er nicht, um keinen Preis, hinter einem Nordstaatensoldaten – oder auch zweien von der Sorte – zurückstehen. Jeden Abend, wenn es dämmerte, holten der schmächtige Gefreite und die kleinen Mädchen Wasser vom Brunnen. Sie schleppten das Wasser in schwappenden Eimern zum Feld und begossen jedes einzelne Bäumchen. Inzwischen waren die anderen damit beschäftigt, die Furchen zu hacken und die Maispflänzchen zu versetzen. Granpa sah, daß der Sergeant beim Hacken den gleichen Wahnsinnseifer entwickelte wie vorher beim Pflügen. Die Maispflänzchen waren dunkelgrün, und das versprach eine gute Ernte. Die Apfelbäume trieben frisches, zartgrünes Laub.

Und dann kam der Sommer. Die Tage waren lang, und die Dämmerung kam spät. So konnten der Sergeant und der Gefreite zwei bis drei Stunden arbeiten, bevor sie wieder in die Kaserne zurück mußten.

In der kühlen Abendbrise, gerade als die Regenpfeifer zu singen anfingen, standen sie alle im Hof vor dem Haus und betrachteten das Feld. Der Sergeant rauchte seine Pfeife, und die zwei kleinen Mädchen drängten sich eng an den schmächtigen Gefreiten. An seinen Händen klebte immer eine dicke Schicht Erde, denn er ließ weder Hacke noch Rechen an seine Apfelbäumchen heran und buddelte lieber mit den Fingern im Humus.

Der Sergeant nahm die Pfeife in die andere Hand. »Gutes Land«, sagte er und ließ die Augen über das Feld wandern, als wollte er gar die Erde aufessen, wenn er nur könnte.

»Ja«, sagte der einbeinige Mann, »es ist gutes Land.«

»Der beste Mais, den ich je gesehen habe«, sagte dann der alte Neger. Das sagte er jeden Abend.

So war's damals, sagte Granpa. Jeden Abend standen sie da und starrten das Maisfeld an . . . und sagten jeden Abend dieselben Wörter. Als ob das Feld ein Naturwunder wäre, das sie bestaunen mußten. Und der schmächtige Gefreite sagte immer: »Wartet nur ein Jährchen, bis die Apfelbäume blühen . . . so was habt ihr noch nie gesehen.« Dann kicherten die kleinen Mädchen, und das machte, daß ihre Gesichtchen jünger aussahen.

Der Sergeant deutete mit dem Pfeifenstiel zum Hang hinüber. »Also, nächstes Jahr solltet ihr das Gebüsch da drüben roden. Das gibt noch mal drei, vielleicht vier Morgen Ackerland.«

Allmählich sah Granpa, daß es dort in dem Tal nicht mehr viel zu tun gab. Alles war in bester Ordnung. So verlor Granpa das Interesse an der Sache. Aber dann kamen die Sheriffs.

Eines Abends, die Sonne stand noch hoch am Himmel,

kamen sie dahergeritten – zwölf Männer. Sie hatten Phantasie-Uniformen und Gewehre, und sie kamen im Auftrag der Politiker, die damals laufend neue Gesetze machten und noch mehr Steuern haben wollten.

Sie ritten auf den Hof vor dem Haus; sie pflanzten einen langen Mast in die Erde und hißten daran eine rote Flagge. Granpa wußte, was diese rote Flagge bedeutete. Er hatte sie schon öfters in den Siedlungen der Gegend gesehen. Mit der roten Flagge ging es folgendermaßen: wenn irgendein Politiker auf den Besitz eines Mannes Lust bekam, dann brummten sie ihm so hohe Steuern auf, daß er sie nicht mehr bezahlen konnte. Und dann kamen sie und hißten auf seinem Grundstück die rote Flagge. Das bedeutete: der Mann war enteignet.

Der einbeinige Mann, die Frau, der alte Neger und die Kinder . . . alle kamen mit ihren Rechen und Hacken vom Feld gelaufen, als sie die Sheriffs sahen. Sie drängten sich im Hof zusammen. Granpa sah, wie der einbeinige Mann seine Hacke wegschmiß und ins Haus humpelte. Dann kam er wieder – mit einer alten Muskete in der Hand. Er zielte auf die Sheriffs.

In diesem Moment kam der Nordstaaten-Sergeant auf seinem Pferd daher. Der schmächtige Gefreite war nicht dabei. Der Sergeant sprang vom Pferd und lief zwischen die Sheriffs und den einbeinigen Mann. Da drückte einer der Sheriffs ab, ein Schuß krachte, und der Sergeant stolperte rückwärts. Sein Gesicht drückte Schmerz und Staunen aus. Sein Hut fiel ihm vom Kopf, und er stürzte rücklings in den Sand.

Der einbeinige Mann feuerte seine Muskete ab und verletzte einen der Sheriffs, und jetzt fingen die Sheriffs wie wild an zu ballern. Sie töteten den einbeinigen Mann, und er stürzte von der Veranda ins Gras. Die Frau und die kleinen Mädchen rannten weinend zu ihm. Sie versuchten ihn aufzurichten, aber Granpa wußte, daß er tot war, denn sein Kopf hing schlaff herab.

Dann sah Granpa, wie der alte Neger sich mit hochgeschwungener Hacke auf die Sheriffs stürzen wollte. Sie streckten ihn mit zwei, drei Schüssen nieder, und er fiel über den Stiel seiner Hacke. Dann ritten sie davon.

Granpa schlich sich weg und achtete darauf, daß er gut in Deckung blieb. Er wußte, die Sheriffs würden die ganze Gegend absuchen, um sicher zu sein, daß niemand sie gesehen hatte. Granpa erzählte den ganzen Vorfall seinem Pa, und er dachte, es würde deswegen viel Aufregung geben, aber es gab keine.

Drunten in der Siedlung brachte Granpa in Erfahrung, wie die ganze Sache ausging. Die Politiker verbreiteten das Gerücht, es hätte einen Aufstand gegeben, und sie behaupteten, sie müßten unbedingt wiedergewählt werden, um den Aufstand unter Kontrolle zu bringen. Außerdem brauchten sie Geld für den Krieg, der noch immer irgendwo im Süden geführt wurde. Die Leute glaubten den Politikern und fanden, sie sollten sich gleich an die Arbeit machen. Und das taten sie.

Ein reicher Mann riß sich das Tal und die kleine Farm unter den Nagel. Granpa erfuhr nie, was aus der Frau und den Kindern wurde. Der reiche Mann setzte ein paar Pächter auf die Farm. Wie das Wetter und der Boden in den Bergen nun mal sind, kann man nicht so viele Äpfel ernten, um damit das ganz große Geld zu machen. Darum rissen sie die Apfelbäumchen einfach aus der Erde.

Irgendwann hörte man das Gerücht, daß ein junger Gefreiter aus New York von der Armee desertiert war. Sie hatten ihn als Feigling vor Gericht gestellt, weil er nicht auf Aufständische schießen wollte.

Den toten Sergeanten, so erzählte Granpa, legten sie in einen Sarg, um seine sterblichen Reste nach Hause, nach Illinois zu schicken. Als sie ihm die Hände über der Brust falten wollten, zeigte sich, daß die eine fest zur Faust geschlossen war. Sie versuchten, die Faust zu öffnen, und schließlich gelang es ihnen nur mit Hilfe von Werkzeugen. Als sie die Faust öffneten, war gar nichts besonderes drin. Nur eine Handvoll schwarzer Erde.

Eine Nacht auf dem Berg

Granpa und ich dachten indianisch. Später wollten die Leute mir weismachen, daß so was naiv ist – aber ich wußte es besser. Und ich hatte nicht vergessen, was Granpa über die »Wörter« gesagt hatte. Wenn etwas, was man sagt, naiv ist, dann soll man sich freuen. Dann ist es nämlich auch gut. Diese Naivität, sagte Granpa, würde mir in allen Lebenslagen helfen. Und das tat sie auch . . . wie zum Beispiel damals, als die Kerle aus der Großstadt zu uns in die Berge kamen.

Granpa war ein halber Schotte, aber er dachte indianisch. So verhielt es sich, wie mir scheint, auch mit anderen weißen Männern, die sich in der Geschichte der Indianer hervorgetan haben: der große Red Eagle oder Bill Weatherford oder Kaiser McGilvery oder McIntosh. Sie hatten das gleiche Verhältnis zur Natur wie die Indianer. Sie versuchten nicht, die Natur zu unterwerfen oder zu zerstören, sondern sie lebten mit ihr. Und sie liebten das indianische Denken. Und weil sie es liebten, dachten sie selbst indianisch und konnten nicht mehr als Weiße denken.

So erzählte Granpa: Wenn ein Indianer etwas tauschen wollte, dann brachte er es und legte es dem weißen Mann vor die Füße. Wenn er aber bei dem Weißen nichts sah, was er haben wollte, nahm er seine Sachen wieder an sich und ging fort. Die Weißen, die das nicht verstanden, erfanden das Wort »Indianergeschenk«. Damit meinten sie, wenn jemand etwas schenkt und es dann wieder wegnimmt. In Wirklichkeit aber war die Sache ganz anders. Wenn ein Indianer ein Geschenk machen will, dann macht er deswegen kein großes Getue, sondern er läßt das Geschenk einfach liegen, damit der andere es findet.

Der Indianer, so erzählte Granpa, hält die offene Hand empor, um zu zeigen, daß er keine Waffe hat. Die Geste bedeutet »Frieden«. Für Granpa war das logisch, aber den Weißen in unserer Gegend kam das sehr komisch vor. Der weiße Mann zeigt seine friedliche Absicht durch das Händeschütteln – wahrscheinlich weil seine Worte so verlogen sind, daß er dem Burschen, der behauptet, sein Freund zu sein, den Dolch aus dem Ärmel schütteln muß. Granpa schüttelte nicht gern Hände. Er fand es unwürdig, einem Mann, der sein Freund sein will, einen Dolch aus dem Ärmel zu schütteln. Das Händeschütteln bedeutet nur Mißtrauen gegen das Wort eines Mannes. Und das fand ich auch.

Wenn die Weißen in Amerika einen Indianer sehen, machen sie »*How!*«, und dann lachen sie über ihn. *How* ist erst seit ein paar hundert Jahren ein typisches Indianerwort. Das Wörtchen *how* ist englisch, und auf deutsch heißt es *wie*. Damals, als die ersten Weißen nach Amerika kamen, fragten sie jeden Indianer, dem sie begegneten: *wie* geht es dir, *wie* geht es deinen Leuten, *wie* geht's dem großen Manitu, *wie* ist die Jagd, dort wo du herkommst, und so weiter. Da glaubten die Indianer, daß *how* – *wie* – das Lieblingswort der Weißen war; höflich wie die Indianer waren, sagten sie, immer wenn sie einem Weißen begegneten, einfach *how;* und dann ließen sie den Dummkopf reden, *wie* er wollte. Wenn die Leute jetzt darüber lachen, so sagte Granpa, dann lachen sie über einen Indianer, der nur versucht, höflich und rücksichtsvoll zu sein.

Wir hatten wieder mal unsere Ware im Kaufladen drunten in der Siedlung abgeliefert, und Mr. Jenkins sagte, daß zwei Männer aus der Großstadt gekommen waren. Sie waren aus Chattanooga, und sie hatten ein langes schwarzes Auto. Mr. Jenkins sagte, sie wollten mit Granpa reden.

Granpa blickte Mr. Jenkins unter seinem großen Hut hervor an. »Das Gesetz?«

»Nein«, sagte Mr. Jenkins. »Alles andre als das Gesetz. Sie sagen, sie sind im Whisky-Geschäft. Sie sagen, sie wissen, daß du ein guter Whiskymacher bist, und sie wollen dir eine große Destille geben, und du sollst für sie arbeiten und viel Geld verdienen.«

Granpa sagte kein Wort. Er kaufte, wie immer, Kaffee und Zucker für Granma. Ich holte, wie immer, einen Arm voll Holz, und dafür bekam ich von Mr. Jenkins eine angestaubte Zuckerstange. Mr. Jenkins zappelte vor Neugier, weil er doch wissen wollte, was Granpa zu der Neuigkeit sagte. Aber er kannte Granpa zu gut, um ihn zu fragen.

»Sie haben gesagt, sie kommen wieder«, sagte Mr. Jenkins.

Granpa kaufte noch etwas Käse. Da war ich froh, denn ich liebte Käse. Dann gingen wir, und diesmal blieben wir nicht vor dem Laden sitzen, sondern machten uns gleich auf den Heimweg. Granpa ging sehr schnell. Ich fand keine Zeit zum Beerenpflücken und knabberte an meiner Zuckerstange, während ich im Dauerlauf hinter Granpa her eilte.

Dann waren wir endlich zu Hause bei der Hütte. Granpa erzählte Granma von den Männern aus der Großstadt. »Du bleibst hier, Little Tree«, sagte er. »Ich laufe zu unserer Destille und decke noch mehr Zweige darauf. Falls sie kommen, laß es mich wissen.« Fort war er, und er ging mit langen Schritten den Weg ins Tal hinaus.

Ich setzte mich vor die Haustür und wartete auf die Männer aus der Großstadt. Granpa war kaum verschwunden, da sah ich sie kommen. Ich sagte es Granma. Granma hatte es nicht eilig und blieb im Flur stehen. Wir beobachteten wie sie den Weg heraufkamen und auf der Brücke den Bach überquerten.

Sie waren piekfein angezogen – wie Politiker. Der große Dicke trug einen lavendelrosa Anzug und einen weißen Schlips. Der kleine Dünne trug einen weißen Anzug und ein glänzendes schwarzes Hemd. Sie trugen großstädtische Hüte aus feinstem Stroh.

Sie marschierten direkt auf die Haustür zu, blieben aber vor der Treppe stehen. Der große Dicke schwitzte fürchterlich. Er schaute Granma an. »Wir möchten gern den Alten sprechen«, sagte er.

Er sah sehr krank aus, denn er atmete keuchend, und seine Augen waren kaum zu sehen. Es waren schmale Schlitze zwischen aufgedunsenen Fettwülsten.

Granma sagte kein Wort. Ich sagte auch nichts. Der Dicke drehte sich zu dem Dünnen um: »Die alte Squaw versteht kein Englisch, hörst du, Slick?«

Mr. Slick schaute sich um, als ob da jemand wäre, aber da war niemand. Er hatte eine hohe Fistelstimme. »Scheiß auf die alte Squaw«, sagte er. »Mir kommt es hier unheimlich vor, hörst du, Chunk? Komm, laß uns aus dieser Bergwildnis verschwinden!« Mr. Slick hatte einen kleinen Schnurrbart.

»Halt's Maul«, sagte Mr. Chunk. Mr. Chunk schob sich den Hut ins Genick. Er hatte kein einziges Haar auf dem Kopf. Er blickte auf mich herab.

»Der Junge sieht immerhin wie ein Mischling aus«, sagte er. »Vielleicht versteht er Englisch. Verstehst du Englisch, mein Junge?«

»Schätze, ja«, sagte ich.

Mr. Chunk warf Mr. Slick einen Blick zu. »Höre dir das an . . . Er schätzt, ja.« Das fanden sie irgendwie komisch, und sie lachten laut und dröhnend. Ich sah, wie Granma verschwand und Blue Boy losmachte. Er hetzte ins Tal hinauf, um Granpa zu warnen.

Mr. Chunk sagte: »Wo ist dein Pa, mein Junge?« Ich sagte, daß ich mich nicht an meinen Pa erinnern konnte; und daß ich bei Granpa und Granma lebte. Mr. Chunk wollte wissen, wo mein Granpa war, und ich zeigte mit dem Finger ins Tal. Er griff in die Hosentasche und zog einen ganzen Dollar hervor und hielt ihn mir vor die Nase. »Diesen Dollar kannst du behalten, mein Junge, wenn du uns zu deinem Granpa führst.«

Er hatte dicke, schwere Ringe an den Fingern. Ich sah, daß er reich war und daß der Dollar wahrscheinlich für ihn eine Kleinigkeit war. Also nahm ich den Dollar und steckte ihn in die Tasche. Mit den Zahlen kannte ich mich schon ziemlich gut aus. Also rechnete ich: wenn ich mit Granpa halbe-halbe machte, dann hatte ich meine fünfzig Cent wieder, um die mich der gute Christenmensch drunten beim Kaufladen geprellt hatte.

Ich fand nichts Schlimmes dabei, daß ich den beiden den Weg zeigte. Aber unterwegs fing ich an nachzudenken. Ich durfte sie unmöglich zu unserer Destille führen. Also führte ich sie den Hochpfad hinauf.

Als wir den Berg hinaufstiegen, bekam ich doch ein bißchen ein schlechtes Gewissen, und ich hatte keine blasse Ahnung, was ich tun sollte. Mr. Chunk und Mr. Slick aber waren bester Laune. Sie zogen ihre Jacken aus und wanderten fröhlich hinter mir her. Jeder von ihnen hatte eine Pistole am Gürtel. Slick sagte: »He, du kannst dich nicht an deinen Pa erinnern, was, Junge?«

Ich blieb stehen und sagte, daß ich keinerlei Erinnerung an ihn hatte. Mr. Slick sagte: »Dann bist du ja ein Bastard, was Junge?«

Ich sagte: »Schätze, ja.« Ich war im Wörterbuch noch nicht bis zu »B« vorgedrungen und hatte dieses Wort noch nicht gelernt.

Die beiden lachten, bis sie husten mußten. Ich lachte auch. Sie waren anscheinend lustige Burschen.

Mr. Chunk sagte: »Zum Teufel, hier gibt's aber jede Menge Tiere.« Ich sagte, daß es in den Bergen viele Tiere gab . . . Wildkatzen und Wildschweine; und einmal hatten Granpa und ich sogar einen schwarzen Bären gesehen.

Mr. Slick wollte wissen, ob wir den Bären letzthin gesehen hatten. Nein, sagte ich, aber dafür hatten wir seine Spuren gesehen. Ich deutete auf einen Pappelstamm, wo der Bär mit seinen Krallen die Rinde geschält hatte.

»Gleich da drüben ist eine Spur von ihm«, sagte ich.

Mr. Chunk machte einen Satz, als ob eine Viper ihn gestochen hätte. Er rumpelte mit Mr. Slick zusammen und stieß ihn über den Haufen.

Mr. Slick wurde wütend. »Gott verflucht, Chunk, du Idiot! Fast hättest du mich in den Abgrund gestoßen!« Mr. Slick deutete ins Tal hinunter. Er und Mr. Chunk beugten sich vor und blickten in die Tiefe. Weit, weit unten konnten wir kaum den Bach erkennen.

»Allmächtiger Gott«, sagte Mr. Chunk. »Wie hoch sind wir eigentlich? Teufel, Teufel, wenn man hier ausrutscht, bricht man sich alle Knochen!«

Ich sagte zu Mr. Chunk, daß ich nicht wußte, wie hoch wir waren; aber schätze, wir waren ziemlich hoch. Ich hatte nie darüber nachgedacht.

Je höher wir kamen, desto jämmerlicher keuchten Mr. Chunk und Mr. Slick. Sie blieben immer weiter zurück. Irgendwann kehrte ich um und wollte ihnen entgegen gehen, und da lagen sie lang ausgestreckt unter einer Eiche. Die Wurzeln der Eiche und der Boden ringsumher waren über und über mit giftigem Efeu bewachsen. Die beiden Kerle lagen mitten dazwischen.

Giftiger Efeu sieht hübsch aus mit seinen grünen Blättern, aber man sollte sich lieber nicht hineinlegen. Überall, wo die Blätter einen berühren, entstehen dicke Blasen, und später werden es Wunden, die monatelang eitern. Ich sagte den Kerlen kein Wort über den giftigen Efeu. Sie lagen ja sowieso schon drin, und ich wollte sie nicht noch zusätzlich ärgern. Anscheinend ging es ihnen ziemlich schlecht.

Mr. Slick hob den Kopf. »Hör mal zu, du kleiner Bastard«, sagte er. »Wie weit müssen wir eigentlich noch laufen?«

Mr. Chunk hob den Kopf nicht. Er lag mit geschlossenen Augen in einem dicken Büschel Giftefeu. Ich sagte, daß wir beinah da waren.

Ich hatte mir die Sache überlegt. Ich wußte ja, Granma würde Granpa hinter mir her schicken. Oben am Gipfel angelangt, würde ich Mr. Slick und Mr. Chunk einfach sagen, daß wir uns hinsetzen und warten mußten. Granpa würde dann bald auftauchen. Und so kam es dann auch.

Ich war ganz zuversichtlich, daß die Sache gut ausgehen würde, und dann konnte ich den Dollar behalten. Denn mehr oder minder hatte ich sie ja zu Granpa geführt.

Ich stieg weiter den Pfad hinauf. Mr. Slick half Mr. Chunk aus dem Giftefeu-Dickicht, und die beiden torkelten hinter mir her. Ihre Jacken ließen sie im Efeudickicht zurück. Mr. Chunk sagte, sie würden die Jacken auf dem Rückweg holen.

Ich war lange vor den beiden Kerlen oben am Gipfel. Der Hochpfad war nur einer von vielen Pfaden – alten Indianerpfaden. Sie zogen sich wie ein Netz kreuz und quer durchs Gebirge – den Berg hinauf und drüben wieder ins Tal und immer weiter über Berge und Täler. Auf diesen Pfaden, sagte Granpa, konnte man meilenweit durchs Gebirge wandern.

An einer Weggabelung hockte ich mich unter einen Busch. Hier wollte ich auf Mr. Chunk und Mr. Slick warten. Und bald mußte ja auch Granpa kommen.

Aber es dauerte noch eine ganze Weile, bis die beiden mühsam den Berg heraufgekrochen kamen. Mr. Chunk mußte sich an Mr. Slick festhalten. Wahrscheinlich hatte er sich den Fuß verstaucht, denn er humpelte ganz erbärmlich.

Mr. Chunk sagte zu Mr. Slick, daß er ein Bastard war. Das wunderte mich. Denn Mr. Slick hatte mit keinem Wort verraten, daß er ebenfalls ein Bastard war. Mr. Chunk sagte, daß es ursprünglich Mr. Slicks Idee gewesen war, Whiskymacher aus den Bergen anzuheuern, damit sie für die beiden Kerle Whisky machten. Aber Mr. Slick sagte, daß Mr. Chunk, dieser Hundesohn, die Idee gehabt hatte, diesen verdammten alten Indianer aufzustöbern. Wahrscheinlich meinten sie meinen Granpa.

Die beiden Kerle stritten und redeten so laut, daß ich mich überhaupt nicht bemerkbar machen konnte, als sie auf dem Weg an mir vorbeistolperten. Außerdem hatte Granpa mir immer gesagt, daß ich mich nicht in das Gespräch von Erwachsenen einmischen sollte. Jetzt überquerten die beiden den Bergrücken und stiegen ins Tal auf der anderen Seite hinab. Ich schaute ihnen nach, bis sie zwischen den Bäumen verschwanden. Der Weg führte zu einer tiefen Schlucht in den Bergen. Ich beschloß, lieber hierzubleiben und auf Granpa zu warten.

Ich brauchte nicht lange zu warten. Zuerst tauchte Blue Boy auf. Schwanzwedelnd kam er angesprungen, die schnuppernde Nase auf meiner Spur. Dann hörte ich einen Regenpfeifer pfeifen. Es klang genau wie ein Regenpfeifer . . . aber die Dämmerung war noch nicht angebrochen. Da wußte ich, es war Granpa. Ich pfiff zurück – beinah so gut wie er. Ich sah seinen Schatten, der in der Abendsonne durch den Wald huschte. Er hielt sich nicht an den Pfad, und niemand konnte ihn hören, wenn er nicht wollte, daß jemand ihn hörte. Und dann war er auf einmal da. Ich war froh, daß er da war.

Ich erzählte Granpa, daß Mr. Slick und Mr. Chunk ins Tal jenseits der Berge hinabgestiegen waren – und auch alles, was sie unterwegs geredet hatten, soweit ich mich daran erinnern konnte. Granpa brummte nur und sagte nichts, aber seine Augen verengten sich.

Granma hatte uns Essen in einem Beutel mitgeschickt, und Granpa und ich setzten uns unter eine Zeder und aßen. Maisbrot und Fisch schmecken prima in der frischen Höhenluft auf dem Berg. Wir verspeisten alles, bis auf den letzten Krümel.

Ich zeigte Granpa den Dollar, den ich wahrscheinlich behalten konnte, falls Mr. Chunk fand, daß ich meinen Auftrag gut erledigt hatte. Ich sagte zu Granpa, ich würde den Dollar wechseln lassen und mit ihm teilen. Granpa sagte, daß ich meinen Auftrag gut erledigt hatte, denn er war ja gekommen, um Mr. Chunk zu sehen. Darum konnte ich den Dollar behalten, sagte Granpa.

Ich erzählte Granpa von der grünroten Schachtel in Mr. Jenkins Kaufladen. Ich sagte, wahrscheinlich kostete sie nicht viel mehr als ein Dollar. Das meinte auch Granpa. Von fern aus der Schlucht hörten wir einen Schrei. Das mußte Mr. Chunk oder Mr. Slick sein. Wir hatten die Kerle glatt vergessen.

Inzwischen brach die Dämmerung an. Im Tal und in den Bergwäldern sangen Regenpfeifer und Drosseln. Granpa stand auf und legte die Hände trichterförmig vor den Mund. HOOOOOOHEEEEEEH! brüllte Granpa. Seine Stimme schallte vom gegenüberliegenden Berg zurück – so klar, als stünde Granpa dort drüben. Dann schallte das Echo aus der Schlucht und sprang – immer schwächer werdend – über die Täler. Man konnte wirklich nicht sagen, woher die Stimme eigentlich kam. Das Echo war gerade verstummt, als wir drunten in der Schlucht drei Pistolenschüsse hörten. Auch ihr Echo prallte und hüpfte von Berg zu Berg und verlor sich in der Ferne.

»Pistolen«, sagte Granpa. »Sie antworten mit Pistolenschüssen.«

Granpa legte wieder los: HOOOOOOHEEEEEEH! Ich

tat es ihm gleich. Unser beider Gebrüll ließ das Echo lustig hin und her tanzen. Die Pistole antwortete – dreimal. Granpa und ich brüllten weiter drauflos. Es machte Spaß, auf das Echo unserer Stimmen zu lauschen. Und jedesmal knallte die Pistole dazwischen, bis sie beim letztenmal schwieg.

»Jetzt ist ihnen die Munition ausgegangen«, sagte Granpa. Inzwischen war es dunkel geworden. Granpa reckte sich und gähnte. »Hat keinen Zweck, Little Tree, daß wir heute nacht da unten rumstolpern und versuchen, die beiden rauszuholen. Die kommen auch allein klar. Wir holen sie morgen.«

Ich hatte nichts dagegen.

Granpa und ich häuften federnde Latschenzweige unter eine Zeder und bauten uns ein Bett. Wenn du im Frühling und Sommer draußen in den Bergen schlafen willst, solltest du dir ein Bett aus Latschenzweigen bauen. Sonst fressen die roten Ameisen dich ratzeputz auf. Die roten Ameisen sind so winzig, daß man sie mit bloßem Auge kaum sehen kann. Sie sind überall, auf Blättern und Zweigen, Millionen und Abermillionen. Sie kommen gekrochen und zwicken dich überall, und das gibt gräßlich juckende Pickel. In manchen Jahren ist die Ameisenplage schlimmer als in anderen. Dieses Jahr war ein ganz schlimmes Rote-Ameisen-Jahr.

Granpa und ich und Blue Boy krochen auf unser Latschenbett. Blue Boy kuschelte sich neben mich, und in der kalten Bergluft tat seine Wärme mir wohl. Die Latschenzweige waren weich und federnd. Ich gähnte.

Granpa und ich verschränkten die Arme hinter dem Kopf und beobachteten den aufgehenden Mond. Voll und hell leuchtend stand er über den fernen Gipfeln. Wir konnten fast hundert Meilen ins Land sehen. Wie ein Wellenmeer hoben und senkten sich die Bergrücken und Täler im blassen Mondlicht. Feine Nebelschwaden trieben durch die

Täler . . . wie in einem unheimlichen Geistertanz. Der Nebel, sagte Granpa, sieht lebendig aus. Das fand ich auch.

In einer Ulme, nicht weit von uns, pfiff eine Spottdrossel. Aus den fernen Wäldern hörten wir das Liebesgeschrei zweier Wildkatzen. Es hörte sich an, als ob sie wütend miteinander kämpften, aber Granpa sagte, daß das Liebesspiel so berauschend schön ist, daß die Katzen laut schreien müssen.

Ich sagte zu Granpa, am liebsten würde ich jede Nacht auf einem Berggipfel schlafen. Er auch, sagte er. Drunten im Tal schrie ein Käuzchen, und dann hörten wir Gebrüll und Gezeter. Das waren Mr. Chunk und Mr. Slick. Wenn sie sich nicht beruhigten, sagte Granpa, würden sie noch alle Vögel und Tiere des Waldes stören. Ich versank in den Anblick des Mondes und schlief ein.

Granpa und ich erwachten kurz vor Sonnenaufgang. Der Himmel war noch hellgrau, aber schon erwachten die Vögel in den Bäumen und rüsteten sich mit Gezwitscher für den neuen Tag.

Auf einmal schoß der erste Sonnenstrahl – wie ein Farbpinsel – über den Himmel. Die Morgenbrise erwachte, der neugeborene Tag wurde lebendig mit allen Farben, allen Lauten und Düften. Die Bergspitzen loderten rot, gelb und blau, als hätten sie Feuer gefangen. Mit einem Ruck löste sich der Sonnenball vom Horizont . . . »Schau nur«, sagte Granpa, und wir wußten: eines Tages wollten wir wiederkommen und hier, auf diesem Gipfel, den Sonnenaufgang erleben.

»Hm«, sagte Granpa, »du und ich, wir beide haben heute noch zu tun. Ich will dir was sagen« – Granpa kratzte sich am Kopf – »ich will dir was sagen«, wiederholte er. »Du läufst runter zur Hütte und sagst Granma, daß wir noch eine Weile fort bleiben. Sag ihr, sie soll uns was zu essen machen und es in einen Papierbeutel tun. Und sie soll auch den beiden Großstadt-Kerlen was zu essen machen und es in einen Leinensack tun. Wirst du dich daran erinnern – Papierbeutel und Leinensack?«

»Ja, Sir«, sagte ich und rannte los.

Granpa rief mich noch mal zurück. »Und, Little Tree«, sagte er und grinste geheimnisvoll, »bevor Granma anfängt, das Essen für die beiden Kerle zu machen, erzähle ihr alles, was sie zu dir gesagt haben.« Das versprach ich und machte mich auf den Weg. Blue Boy sprang vor mir her. Ich hörte Granpa nach Mr. Chunk und Mr. Slick rufen: HOOOOOOHEEEEEH! brüllte er. Ich wäre gern dageblieben und hätte mitgebrüllt, aber es war genauso schön, den Hochpfad hinabzuspringen, besonders so früh am Morgen.

Dies war die Stunde, wo alle Lebewesen des Tages erwachen und aus ihren Höhlen und Nestern kommen. Ich sah zwei Elstern hoch in einem Walnußbaum. Sie spähten zu mir herab und ratschten, als ich unter ihnen vorbeiging. Eichhörnchen plapperten leise und hüpften über den Weg. Wenn ich vorbeiging, setzten sie sich auf und zischten. Vögel flatterten tanzend durch die Luft, und eine Spottdrossel folgte Blue Boy und mir ein ganzes Stück Weges und schoß immer wieder knapp über meinem Kopf dahin, wie um mich zu necken. So was tun die Spottdrosseln gern, wenn sie wissen, daß man sie gern hat. Und ich habe sie gern.

Als ich über die Lichtung zu unserer Hütte lief, saß Granma auf der Türschwelle. Sie wußte, daß ich kam. Anscheinend hatten die Vögel es ihr erzählt; aber vielleicht war es so, daß Granma jeden Menschen von weitem riechen konnte. Denn sie war nie überrascht.

Ich erzählte ihr, was Granpa mir aufgetragen hatte: etwas zu essen für ihn und mich, und zwar in einem Papierbeutel; und etwas zu essen für Mr. Chunk und Mr. Slick, und zwar in einem Leinensack. Granma ging zum Herd und fing an zu kochen.

Das Essen für Granpa und mich war schon fertig, und

jetzt tat sie für Mr. Chunk und Mr. Slick ein paar Fische in die Bratpfanne. Derweil erzählte ich ihr, was die beiden zu mir gesagt hatten. Ich hatte noch nicht zu Ende erzählt, da nahm Granma plötzlich die Bratpfanne vom Feuer und holte einen Kessel vom Regal, den sie mit Wasser füllte.

Dann tat sie die Fische für Mr. Chunk und Mr. Slick in den Kessel. Anscheinend wollte Granma sie lieber kochen, statt sie zu braten. Aber ich hatte noch nie gesehen, daß sie dieses gelbliche Wurzelpulver zum Kochen verwendete, das sie jetzt reichlich in den Kessel schüttete. Die Fische brodelten in der Brühe.

Ich erzählte Granma, daß Mr. Chunk und Mr. Slick anscheinend lustige Burschen waren. Ich sagte, daß ich ursprünglich geglaubt hatte, sie lachten über die Tatsache, daß ich ein Bastard war. Aber wie sich dann herausstellte, lachten sie noch mehr darüber, daß auch Mr. Slick ein Bastard war, so jedenfalls sagte Mr. Chunk.

Da tat Granma noch mehr von dem Wurzelpulver in den Kessel. Dann erzählte ich ihr von dem Dollar – und daß Granpa gesagt hatte, ich könnte ihn behalten, weil ich meinen Auftrag gut erledigt hatte. Auch Granma fand, daß ich ihn behalten konnte. Sie steckte den Dollar gleich in mein Marmeladenglas, aber ich erzählte ihr nichts von der rot-grünen Schachtel aus Mr. Jenkins Laden. Es war ja noch lange nicht Weihnachten.

Granma kochte den Fisch, bis er scharf dampfte. Tränen liefen ihr über die Wangen, und sie mußte sich die Nase schneuzen. Der scharfe Dampf war daran schuld, sagte sie. Granma tat den Fisch für die Großstadtkerle in einen Leinensack, und ich flitzte los, den Hochpfad hinauf. Granma ließ alle Hunde los, und sie liefen vor mir her.

Oben auf dem Gipfel angekommen, sah ich keine Spur von Granpa. Ich pfiff, und er antwortete von unten, aus dem jenseitigen Tal. Ich lief den Pfad hinab. Er war eng und von schattenspendenden Bäumen gesäumt. Als ich bei Granpa anlangte, sagte er, daß Mr. Slick und Mr. Chunk sich in eine tiefe Schlucht verirrt hatten. Aber er hatte ihnen den Weg gezeigt, und jetzt würden sie bald kommen.

Granpa nahm den Beutel mit ihrem Essen und hängte ihn an einen Ast, direkt über dem Weg, wo sie ihn nicht übersehen konnten. Dann stiegen Granpa und ich wieder ein Stück den Pfad hinauf und setzten uns zum Essen unter einen Pflaumenbaum. Die Sonne stand fast senkrecht am Himmel.

Die Hunde lagen brav am Platz, und wir machten Mittag: Maisbrot und Fisch. Granpa sagte, es hatte lange gedauert, bis Mr. Slick und Mr. Chunk kapierten, in welche Richtung sie gehen sollten, aber er hatte es ihnen immer wieder geduldig gesagt, und jetzt würden sie bald kommen. Und dann sahen wir sie.

Hätte ich es nicht besser gewußt, dann hätte ich kaum geglaubt, daß ich sie schon mal gesehen hatte. Ihre Hemden hingen in Fetzen. An den Armen und im Gesicht hatten sie tiefe Schnitte und Kratzer. Anscheinend waren sie ins dickste Dornendickicht gefallen, sagte Granpa. Granpa wunderte sich über die großen entzündeten Blasen, die sie im Gesicht hatten. Ich sagte kein Wort – mich ging es ja nichts an –, aber ich glaube, es war, weil sie sich in den giftigen Efeu gelegt hatten. Mr. Chunk hatte einen Schuh verloren. Langsam, mit gesenktem Kopf, stolperten sie den Pfad hinauf.

Als sie den Leinensack über dem Weg baumeln sahen, banden sie ihn los und setzten sich hin. Sie aßen alle Fische auf, die Granma für sie gekocht hatte, und dabei stritten sie dauernd, weil jeder den größeren Teil kriegen wollte. Wir konnten sie ganz deutlich hören.

Als sie mit dem Essen fertig waren, streckten sie sich mitten auf dem Weg in den Schatten. Ich dachte, Granpa würde runtergehen und sie holen, aber das tat er nicht. Wir saßen da und beobachteten sie. Granpa sagte, wir sollten sie ruhig eine Weile ausruhen lassen. Sie ruhten sich nicht lange aus.

Plötzlich sprang Mr. Chunk auf. Er krümmte sich und hielt sich mit beiden Händen den Bauch. Er rannte ins Gebüsch und riß sich die Hose runter. Er hockte sich hin und fing an zu schreien: »Oh, verflucht! Oh, verflucht! Mir reißt es die Därme aus dem Leib!«

Mr. Slick ging es nicht anders. Auch er schrie erbärmlich. Sie stöhnten und brüllten und wälzten sich am Boden. Nach einer Weile kamen sie aus dem Gebüsch gekrochen und legten sich auf den Weg. Aber gleich sprangen sie wieder auf und flitzten ins Gebüsch. Dabei machten sie so ein Getöse, daß die Hunde zu knurren anfingen. Granpa mußte sie beruhigen.

So ging es beinah eine Stunde. Dann lagen sie flach und erschöpft auf dem Weg und ruhten sich aus. Wahrscheinlich hatten sie etwas gegessen, sagte Granpa, was ihnen nicht bekommen war.

Granpa trat auf den Weg hinaus und ließ einen lauten Pfiff los. Die beiden erhoben sich auf Hände und Knie und blickten zu uns herauf. Wenigstens schien es mir so, als blickten sie zu uns herauf, aber ihre Augen waren ganz zugeschwollen. Sie brüllten.

»Warten Sie einen Moment«, schrie Mr. Chunk.

Und Mr. Slick winselte: »So warten Sie doch, Mann, um Gottes willen!«

Sie rappelten sich auf und stolperten den Pfad herauf. Granpa und ich stiegen ruhig weiter zum Gipfel. Als wir uns umschauten, humpelten sie mit weitem Abstand hinter uns her. Granpa meinte, wir könnten ebensogut zur Hütte zurückkehren, denn die beiden Kerle wußten ja den Weg und konnten bei uns einkehren, wenn sie wollten.

Die Sonne stand schon schräg am Himmel, als Granpa und ich bei der Hütte anlangten. Wir setzten uns mit Granma auf die Veranda und warteten auf Mr. Chunk und

Mr. Slick. Zwei Stunden später, es war schon fast dunkel, kamen sie auf die Lichtung gestolpert. Mr. Chunk hatte auch seinen anderen Schuh verloren und trippelte auf Zehenspitzen dahin.

Sie machten einen weiten Bogen um unsere Hütte, und das wunderte mich. Ich dachte, sie waren extra gekommen, um mit Granpa zu sprechen, aber anscheinend hatten sie es sich anders überlegt. Ich fragte Granpa, ob ich meinen Dollar behalten konnte. Ja, sagte er, das konnte ich, denn ich hatte meinen Teil der Abmachung gehalten. Es war nicht meine Schuld, daß die Kerle es sich anders überlegt hatten. Das leuchtete mir ein.

Ich ging hinter die Hütte und schaute ihnen nach. Sie überquerten gerade die Brücke am Bach, und ich winkte und schrie ihnen nach: »Auf Wiedersehen, Mister Chunk, auf Wiedersehen, Mister Slick! Und vielen Dank für den Dollar, Mister Chunk!«

Mr. Chunk drehte sich um und drohte mir mit der Faust. Da fiel er von der Brücke in den Bach. Er klammerte sich an Mr. Slick fest und riß ihn beinah mit, aber Mr. Slick konnte ihn abschütteln und schaffte es zum anderen Ufer hinüber. Mr. Slick erinnerte Mr. Chunk daran, daß er ein Bastard und ein Hundesohn war, und Mr. Chunk sagte, als er pitschnaß ans Ufer krabbelte, Mr. Slick sollte nur warten, bis sie wieder in Chattanooga wären – dann würde er ihn kaltmachen. Ich verstand überhaupt nicht, warum sie sich stritten.

Dann verschwanden die beiden hinter einer Wegbiegung im Tal. Granma wollte ihnen die Hunde nachhetzen, aber Granpa sagte, warum denn, die beiden sind sowieso fix und fertig.

Granpa sagte, anscheinend war alles nur ein dummes Mißverständnis: weil Mr. Chunk und Mr. Slick nämlich geglaubt hatten, Granpa und ich würden für sie Whisky machen. Ja, das war ein Mißverständnis.

Alles in allem hatte die Sache Granpa und mich beinah zwei Tage von unserer Zeit gekostet. Allerdings besaß ich jetzt einen Dollar mehr. Ich sagte zu Granpa, daß ich noch immer den Dollar mit ihm teilen wollte, denn wir waren ja schließlich Partner. Aber er sagte nein, denn ich hatte den Dollar ganz unabhängig von unserem Whisky-Geschäft verdient. Alles in allem, sagte Granpa, war's keine schlechte Bezahlung für die Arbeit. Und das fand ich auch.

Willow-John

Im Frühling, wenn die Felder bestellt werden, gibt es viel zu tun. Granpa bestimmte den Zeitpunkt der Aussaat. Er bohrte den Finger in die Erde und prüfte, ob sie schon warm genug war. Dann schüttelte er den Kopf, und das bedeutete, daß es noch nicht Zeit war, die neuen Samen auszusäen.

So mußten wir einstweilen Fischen gehen oder Beeren pflücken oder einfach auf gut Glück durch die Wälder streifen – wenn wir nicht gerade mit unserem Whisky-Handwerk beschäftigt waren.

Wenn aber die Aussaat begann, dann hieß es gut aufpassen. Denn für jede Pflanzensorte gibt es den richtigen Zeitpunkt. So darf man zum Beispiel nicht vergessen, daß alle Früchte, die unter der Erde wachsen – wie Rüben oder Kartoffeln –, in einer finsteren Neumondnacht angepflanzt werden müssen, denn sonst werden die Rüben und Kartoffeln nicht dicker als ein Bleistift.

Andere Früchte aber, die über der Erde wachsen, wie Mais, Bohnen und dergleichen, müssen in einer hellen Vollmondnacht angepflanzt werden. Und wenn man diese Regel nicht beachtet, wird man nicht viel ernten.

Daneben gibt es noch viele andere Dinge zu beachten. Die

meisten Menschen halten sich da an den Bauernkalender. Zum Beispiel gibt es besondere Tage, wo die Zeichen günstig sind, um Bohnen anzupflanzen. Wenn du diese Tage nicht weißt, dann werden deine Bohnenranken wunderschöne Blüten haben, aber wenig Früchte tragen.

So gibt es für alle Pflanzen günstige Zeichen. Granpa kannte sie alle, aber er brauchte dazu keinen Bauernkalender. Er richtete sich direkt nach den Sternen.

In einer milden Frühlingsnacht saßen wir auf der Veranda, und Granpa blickte prüfend zu den Sternen hinauf. Aufmerksam verfolgte er, wie die Sternbilder über den Bergen aufstiegen. »Jetzt stehen die Sterne richtig, um Bohnen anzupflanzen«, sagte er. »Falls morgen kein Ostwind weht, wollen wir das Feld bestellen.«

Selbst wenn die Sterne richtig standen, wollte Granpa bei Ostwind keine Bohnen anpflanzen. Sonst würde die Ernte mager ausfallen, sagte er.

Es konnte natürlich auch sein, daß das Wetter zu trocken – oder zu feucht – war, um irgend etwas anzupflanzen. Auch wenn die Vögel am frühen Morgen schwiegen, durfte man nicht das Feld bestellen. Ja, die Aussaat ist ein schwieriges Geschäft.

Oft kam es vor, daß wir frühmorgens aufstanden, um auf das Feld zu gehen, weil am Abend vorher die Sterne Glück verheißen hatten. Aber dann sahen wir, daß der Wind aus der falschen Richtung blies oder daß die Vögel schwiegen oder daß das Wetter zu feucht oder zu trocken war. Also mußten wir wieder mal Fischen gehen.

Granma äußerte den Verdacht, daß diese Bauernregeln viel mit der Tatsache zu tun hatten, daß Granpa so gerne Fischen ging. Aber Granpa meinte, Frauen verstehen nichts von diesen komplizierten Sachen. Eine Frau, sagte er, glaubt immer, daß alles einfach und klar ist. Aber das ist es nicht. Die Frauen, sagte Granpa, können nichts dafür, weil sie schon voller Mißtrauen auf die Welt kommen. Granpa erzählte, daß er schon erlebt hatte, wie ein eben auf die Welt gekommenes kleines Mädchen mißtrauisch die nährende Brust seiner Mutter beäugte.

Wenn aber der richtige Tag gekommen war und alle Zeichen Glück verhießen, pflanzten wir hauptsächlich Mais. Denn der Mais war unsere wichtigste Feldfrucht: wir brauchten Mais zum Kochen und Backen; mit Mais fütterten wir Old Sam, unser Maultier; und aus Mais brauten wir unseren Whisky, für den wir im Kaufladen klingelndes Geld bekamen.

Granpa spannte Old Sam vor den Pflug und zog die Furchen in den Acker, und Granma und ich warfen die Samenkörner hinein und deckten sie mit Erde zu. An den steileren Hängen pflanzte Granma den Mais mit einem indianischen Pflanzstock. Dabei stößt man den Stock einfach in die Erde und legt ein Samenkorn in das Loch.

Wir pflanzten noch viele andere gute Dinge an: Bohnen, Kartoffeln, Rüben und Erbsen. Die Erbsen pflanzten wir rund um das Maisfeld, nah am Waldrand. Im Herbst kamen dann die Rehe und taten sich an den Erbsen gütlich. Die Rehe sind ganz verrückt nach Erbsen und wandern zwanzig Meilen weit durchs Gebirge, wenn sie irgendwo ein Erbsenfeld wittern. So brauchten wir uns nur auf die Lauer zu legen und konnten leicht ein paar Rehe erbeuten, um einen Fleischvorrat für den Winter zu haben.

Granpa und ich suchten einen schattigen Winkel am äußersten Ende des Feldes, und dort pflanzten wir eine ganze Menge Wassermelonen an. Granma fand, es waren viel zu viele Wassermelonen. Aber Granpa sagte, wir würden die überschüssigen Melonen, die wir nicht aufessen konnten, zum Kaufladen an der Straßenkreuzung tragen und sie für gutes Geld verkaufen.

Aber es kam ganz anders. Als nämlich die Wassermelonen endlich reif waren, mußten Granpa und ich feststellen, daß der Markt für Wassermelonen zusammengebrochen war. In diesem Jahr gab es so viel Wassermelonen, daß man für die größten Dinger nur einen Fünfer bekam – wenn man sie überhaupt loswerden konnte. Und das war sehr unwahrscheinlich.

Eines Abends machten Granpa und ich auf dem Küchentisch eine Berechnung. Eine Gallone Whisky, sagte Granpa, wiegt ungefähr acht bis neun Pfund, und dafür bekamen wir zwei Dollar. Wir wären ja dumm, sagte Granpa, wenn wir eine zwölf Pfund schwere Wassermelone für einen lumpigen Fünfer zum Kaufladen in der Siedlung schleppen würden – jedenfalls solange es nicht mit dem Whisky-Geschäft bergab ging; und das war sehr unwahrscheinlich. Es sah also ganz danach aus, sagte ich zu Granpa, daß wir alle Wassermelonen allein aufessen mußten.

Es gibt nichts auf der Welt, was so langsam reift wie Wassermelonen. Alle anderen Früchte – Bohnen, Erbsen – reifen unter den heißen Strahlen der Sommersonne, aber die Wassermelonen liegen nur dick und rund und grün auf der Erde und wachsen immer weiter. Diese dummen Wassermelonen machten mich beinah wahnsinnig.

Wenn du dir nämlich ganz sicher bist, daß die Wassermelonen reif sind, dann sind sie immer noch nicht reif. Eine reife Wassermelone zu finden und zu prüfen – das ist beinah so schwierig wie das Anpflanzen.

Immer wieder erzählte ich Granpa beim Mittagessen, daß ich, wie ich glaubte, eine reife Wassermelone gefunden hatte. Ich kontrollierte das Feld jeden Morgen und jeden Abend, manchmal sogar vor dem Mittagessen, wenn ich zufällig in der Nähe war. Und jedesmal gingen wir dann auf das Feld hinaus, und Granpa schaute sich die Melone an. Und immer noch war sie nicht reif. Eines Abends bei Tisch sagte ich zu Granpa, daß ich diesmal ganz sicher war, die reife Wassermelone gefunden zu haben, auf die wir so sehnlich warteten. Er sagte, wir würden am nächsten Morgen hinausgehen und nachsehen.

Ich war schon ganz früh auf den Beinen und wartete draußen auf Granpa. Noch vor Sonnenaufgang kamen wir auf das Feld, und ich zeigte ihm die Wassermelone. Sie war dunkelgrün und sehr groß. Granpa und ich hockten uns neben die Wassermelone und untersuchten sie. Ich hatte sie schon am Abend vorher ziemlich gründlich untersucht, aber jetzt, wo Granpa da war, fingen wir noch mal von vorne an. Nachdem wir sie eine Weile untersucht hatten, beschloß Granpa, daß sie immerhin reif genug aussah, um es mit dem Klopftest zu versuchen.

Wenn du mit einer Wassermelone den Klopftest machen willst, mußt du ganz genau aufpassen. Wenn du gegen die Schale klopfst, und sie klingt hell wie – *ding* –, dann ist sie innen ganz grün. Wenn sie wie – *dang* – klingt, dann ist sie noch grün, aber immerhin beinah reif. Wenn sie aber wie – *dong* – klingt, dann darfst du sicher sein, daß du eine reife Wassermelone vor dir hast. Ja, die Chancen stehen eins zu zwei gegen dich, wie immer im Leben, sagte Granpa.

Granpa klopfte gegen die Wassermelone. Er klopfte ziemlich fest. Er sagte nichts, aber er schüttelte auch nicht den Kopf – und das war ein gutes Zeichen. Nein, es bedeutete nicht, daß die Wassermelone schon reif war, aber *kein* Kopfschütteln bedeutete, daß er es noch einmal versuchen wollte. Wieder klopfte er gegen die Melone.

Kein Zweifel, es hörte sich beinah wie – *dong* – an; mir jedenfalls kam es so vor. Granpa ging in die Hocke und betrachtete die Melone. Auch ich hockte mich hin und betrachtete sie.

Inzwischen war die Sonne aufgegangen. Ein Schmetterling landete auf der Wassermelone und blieb mit flippenden Flügeln sitzen. Das war ein gutes Zeichen, sagte ich zu Granpa. Denn ich hatte von irgend jemand gehört, daß Schmetterlinge sich am liebsten auf reife Melonen setzen. Granpa sagte, daß er noch nie von einem solchen Zeichen gehört hatte – aber immerhin konnte es wahr sein.

Diese Wassermelone, so sagte Granpa, war ein schwieriger Grenzfall. Ihr Klang, wenn man gegen ihre Schale klopfte, lag irgendwo zwischen *dang* und *dong*, sagte er. Mir kam es auch so vor, sagte ich, aber mir schien doch, es klang eher nach *dong*. Granpa sagte, daß es noch eine Methode gab, um zu prüfen, ob eine Wassermelone reif war. Er ging zum Waldrand und kam mit einem Strohhalm wieder, wie man sie zum Besenbinden braucht.

Wenn du einen Strohhalm quer auf eine Wassermelone legst und wenn er dann ruhig liegen bleibt, dann bedeutet dies, daß die Melone innen grün ist. Wenn aber der Strohhalm sich dreht, bis er längs auf der Melone liegt, dann bedeutet dies, daß sie reif ist.

Granpa legte den Strohhalm auf die Melone. Der Strohhalm blieb einen Moment ruhig liegen, dann drehte er sich ein Stückchen – und blieb wieder liegen. Wir hockten am Boden und schauten. Nein, er bewegte sich nicht mehr. Meiner Meinung nach, so sagte ich zu Granpa, war der Strohhalm zu lang. Darum brauchte das reife Innere der Melone zu viel Kraft, um ihn zu drehen. Granpa nahm den Strohhalm und schnitt ein Stück davon ab. Dann versuchten wir es wieder. Diesmal drehte er sich noch weiter und blieb beinah in Längsrichtung liegen.

Granpa winkte schon ab, aber ich wollte noch nicht aufgeben. Ich bückte mich tief über die Melone, um den Strohhalm scharf zu beobachten, und mir kam es so vor, als bewegte er sich – beinah unmerklich – in Längsrichtung. Ich sagte es Granpa, aber er meinte, das konnte auch daher kommen, daß ich den Strohhalm anpustete. Aber das tat ich nicht. Trotzdem war Granpa bereit, noch einen Versuch zu wagen. Er sagte, wir sollten abwarten, bis die Sonne senkrecht am Himmel stand, und dann könnten wir die Melone vielleicht von der Ranke pflücken.

Von da an ließ ich die Sonne nicht mehr aus den Augen. Rund und träge rollte sie über die gezackten Bergkämme und wollte anscheinend überhaupt nicht ihre tägliche Reise beginnen. Ja, solche Mucken hat die Sonne manchmal, sagte Granpa. Dann schleppen die Stunden sich langweilig dahin, und der Tag will kein Ende nehmen, während du auf dem Feld schuftest und dich auf ein erfrischendes Bad abends im Fluß freust.

Aber Granpa wußte einen Trick, wie wir die Sonne überlisten konnten. Wir brauchten uns nur in irgendeine Arbeit zu vertiefen und der Sonne zu zeigen, daß wir uns einen Dreck darum scherten, wie langsam sie ihre Bahn zog. Dann würde sie sich einen Ruck geben und ihre Pflicht tun, wie es sich gehörte.

Also fingen wir an, Okra zu schneiden. Okra wächst schnell, und du mußt dich beeilen, die reifen Schoten zu schneiden. Je mehr Schoten du vom Stengel schneidest, desto mehr wachsen nach.

Ich trippelte vor Granpa her und erntete die niedrig hängenden Okra-Schoten. Granpa kam hinterher und erntete die oben hängenden Schoten. Granpa sagte, daß wir beide wahrscheinlich die einzigen Bauern waren, die ein todsicheres System erfunden hatten, wie man Okra ernten kann, ohne sich zu bücken oder sich in die Höhe zu recken. So ernteten wir den ganzen Morgen lang Okra.

Als wir wieder mal das Ende einer Reihe erreichten, stand dort Granma und lächelte. »Zeit zum Mittagessen«, sagte sie. Granpa und ich rannten los – zum Feld mit den Wassermelonen. Ich kam als erster an, darum durfte ich die reife Melone pflücken. Aber ich konnte sie nicht aufheben. Granpa trug sie zum Bach, und ich durfte sie ins Wasser rollen. Platsch – versank sie in der kühlen Flut.

Erst am Spätnachmittag fischten wir sie wieder heraus. Granpa legte sich am Ufer auf den Bauch, langte tief hinunter ins Wasser und zog sie herauf. Er trug sie – Granma und ich eilten hinterher – zu einer großen Ulme, in deren Schatten wir uns niederließen. Wir saßen im Kreis um die Wassermelone, auf deren grüner Schale die Wassertropfen wie Perlen glitzerten. Es war eine feierliche Zeremonie.

Granpa blickte Granma an, dann mich. Er lachte – wahrscheinlich über mein Gesicht. Mit aufgerissenen Augen und offenem Mund verfolgte ich, wie er die Melone aufschnitt. Mit einem schmatzenden Geräusch sprang die Schale vor der Klinge auseinander – und das war ein Zeichen, daß die Melone gut war. Und das war sie. Als sie aufgeschnitten vor uns lag, bildete der süße Saft glitzernde Wasserperlen auf dem roten Fleisch.

Granpa schnitt die Melone in Scheiben. Er und Granma lachten über mich, weil mir der Saft aus den Mundwinkeln und auf das Hemd tropfte. Es war die erste Wassermelone meines Lebens.

Und so ging der Sommer vorbei. Im Sommer hatte ich auch Geburtstag, und darum war der Sommer meine Jahreszeit. So war es der Brauch bei den Cherokee. Auf diese Weise dauerte mein Geburtstag nicht nur einen Tag, sondern einen ganzen Sommer lang.

Während deiner Jahreszeit, so ist es bei den Cherokee der Brauch, erzählen die Alten dir die Geschichten von deiner Heimat, dem Land, wo du geboren bist; von den Taten deines Vaters; von der Liebe deiner Mutter.

Granma sagte, ich sollte glücklich sein. Sie sagte, daß ich ein Kind der Natur bin, der Großen Mutter Mon-o-lah, und all die Tiere und Pflanzen, von denen sie mir in der ersten Nacht in den Bergen gesungen hatte, sind meine Brüder und Schwestern.

Granma sagte, daß nur wenige Menschen das große Glück haben, von der ganzen Schöpfung geliebt zu werden: von den Bäumen, den Vögeln, den Gewässern – vom Regen und vom Wind. Solange ich lebe, sagte sie, kann ich immer, wenn ich Trost brauche, zur Mutter Natur und zu allen meinen Geschwistern heimkehren, während andere Kinder um ihre toten Eltern trauern und sich verlassen fühlen. Ich aber würde mich nie verlassen fühlen.

An warmen Sommerabenden, wenn es dämmerte, saßen wir auf der Veranda hinter der Hütte. Dunkelheit hüllte das Tal wie ein Mantel ein, und Granma erzählte mit leiser, sanfter Stimme. Manchmal machte sie eine Pause und sagte lange Zeit nichts. Irgendwann strich sie sich mit der Hand über ihr Gesicht und erzählte weiter.

Ich sagte zu Granma, daß ich stolz war, ein Kind der Natur zu sein. Und da war mir klar, daß ich keine Angst mehr vor finsteren Tälern zu haben brauchte.

Granpa sagte, daß ich ihm gegenüber im Vorteil war – wo ich doch ein Lieblingskind der Natur war. Er selbst, so sagte er, hatte es viel schwerer, weil er sich manchmal in der Dunkelheit fürchtete. Jetzt aber war er froh, daß ich da war. Ich konnte ihn in der Finsternis führen. Das versprach ich ihm.

Ich war jetzt sechs Jahre alt. Vielleicht war es mein Geburtstag, der Granma daran erinnerte, wie die Zeit verstrich. Fast jeden Abend zündete sie die Lampe an und las mir aus den Büchern vor. Und sie trieb mich an, damit ich fleißig die Wörter aus dem Lexikon lernte. Inzwischen war ich bei ›B‹ angelangt, und da war eine Seite aus dem Buch rausgerissen. Das war nicht schlimm, fand Granma, und als Granpa und ich das nächstemal in die Siedlung gingen, gab Granpa der freundlichen Frau in der Bücherei Geld und kaufte das Buch. Es kostete fünfundsiebzig Cent.

Das Geld tat Granpa nicht leid. Er hatte sich schon immer so ein Lexikon gewünscht, sagte er. Da er aber kein Wort lesen konnte, hatte ich den Verdacht, daß er das Buch für andere Zwecke benützte. Aber ich habe nie gesehen, daß er es anfaßte.

Eines Tages kam Pine-Billy wieder mal zu Besuch. Seit

die Wassermelonen reif waren, schaute er öfter vorbei. Pine-Billy war ganz wild auf Wassermelonen. Über das viele Geld, das er beim Preisausschreiben für »Red-Eagle«-Schnupftabak gewonnen hatte und auch über die große Belohnung dafür, daß er die Großstadtverbrecher entlarvt hatte, sagte er kein Wort. Und wir fragten ihn nicht.

Pine-Billy sagte, daß er fest daran glaube: bald würde die Welt untergehen. Alle Zeichen deuteten darauf hin. Er hatte Gerüchte gehört, daß es Krieg gab und daß eine Hungersnot das Land heimsuchte; die meisten Banken waren pleite, und die wenigen, die noch nicht pleite waren, wurden dauernd von Räubern überfallen. Pine-Billy sagte, daß es kaum noch Geld gab. Er erzählte, daß die Leute in den großen Städten noch immer aus dem Fenster sprangen, weil die Not sie quälte. Drüben in Oklahoma, so erzählte er, tobten heftige Stürme, und der Wind blies den Ackerboden fort.

Die Sache mit dem Ackerboden in Oklahoma wußten wir schon. Granma schrieb manchmal einen Brief an unsere Verwandten im Heimatland (wir nannten Oklahoma immer das »Heimatland«, denn das war es gewesen, bevor es den Indianern weggenommen wurde; jetzt ist es einer der Vereinigten Staaten von Amerika).

Die Verwandten hatten uns geschrieben und uns von der Katastrophe erzählt: Wie der Weiße Mann die endlosen Weidegründe der Prärie mit Maschinen gepflügt hatte – Weideland, das nicht als Ackerland bestimmt war. Und dann hatte der Sturm die Erde fortgeblasen.

Pine-Billy sagte, er sei entschlossen, seine Seele zu retten, denn das Ende sei nahe.

An diesen Sommerabenden holte Pine-Billy seine Fiedel hervor und spielte für uns auf. Seine Musik klang traurig – vielleicht weil die Welt bald untergehen würde.

Wenn man seiner Musik lauschte, dann hatte man das Gefühl, als ob dies der letzte Sommer auf Erden wäre. Als ob man die Welt schon verlassen hätte und sich nach ihr zurücksehnte. Und doch fühlte man sich so lebendig.

Ich wünschte, er hätte nie angefangen zu spielen – und dann wünschte ich, er möge nie aufhören zu spielen. Seine Musik war so schön traurig.

Jeden Sonntag gingen wir in die Kirche. Wir gingen den gleichen Weg, auf dem Granpa und ich unsere Ware zur Siedlung brachten, denn die Kirche lag eine halbe Meile hinter dem Kaufladen an der Straßenkreuzung. Im ersten Morgengrau brachen wir auf, denn es war ein langer Weg. Granpa zog seinen schwarzen Anzug an und das Hemd aus Sackleinen, das Granma schneeweiß gebleicht hatte. Ich zog auch ein weißes Hemd und saubere Bluejeans an. Granpa und ich machten den Kragenknopf an unserem Hemd zu – so waren wir fein genug für die Kirche.

Granpa trug seine schwarzen Schuhe, die er blitzblank poliert hatte. Er hinkte, weil die Schuhe drückten. Granpa war seine weichen Mokassins gewöhnt. Ich glaube, der Weg zur Kirche war für Granpa eine Plage. Aber er sagte nie ein Wort und hinkte geduldig weiter.

Granma und ich hatten es besser. Wir trugen unsere Mokassins. Ich war stolz auf Granma, weil sie so schön war. Am Sonntag trug sie immer ein Kleid, das war rosa und goldfarben und blau und rot. Es reichte ihr bis zu den Knöcheln herab und bauschte sich um ihre schlanke Gestalt. Es sah aus, als ob eine Frühlingsblume durchs Tal schwebte.

Hätte Granma sich nicht so sehr auf den Spaziergang in ihrem schönen Kleid gefreut, dann wäre Granpa, glaube ich, niemals in die Kirche gegangen. Ganz abgesehen von den schmerzenden Schuhen, hielt er nicht viel von der Kirche. Der Pfarrer und die Diakone, so sagte Granpa, taten immer so, als hätten sie ein Monopol auf die Religion. Sie maßten sich an zu entscheiden, wer in die Hölle und wer in den Himmel kommen sollte. Und wenn ein Mann nicht aufpaßte, konnte es ihm passieren, daß er schließlich nicht Gott, sondern den Pfarrer und seine Diakone anbetete. Darum wollte Granpa von der ganzen Sache nichts wissen. Aber er ging mit und klagte nicht.

Ich dagegen ging gerne zur Kirche. Wir brauchten nicht die schweren Säcke mit Ware zu schleppen, und da wir den Weg abkürzten und über die Hügel gingen, konnten wir das Schauspiel des Sonnenaufgangs genießen. Die Strahlen der Sonne ließen den Tau auf den Wiesen im Tal glitzern, die Bäume warfen Schattenmuster auf den Weg vor uns.

Die Kirche lag abseits der Straße in einem kleinen Wäldchen. Es war eine kleine Kirche aus Balken und Brettern. Sie war nicht einmal angestrichen, aber sie war trotzdem hübsch. Jeden Sonntag, wenn wir die Lichtung vor der Kirche erreichten, blieb Granma stehen, um mit den Frauen aus der Gegend zu ratschen. Granpa und ich aber gingen direkt zu Willow-John hinüber.

Willow-John stand immer im Hintergrund, abseits von der Menge, unter den Bäumen. Er war älter als Granpa, aber er war nicht so groß wie er. Er war ein Vollblut-Cherokee. Sein weißes Haar war in dicken Zöpfen geflochten, die ihm über die Schultern hingen, und er zog seinen breitkrempigen Hut tief ins Gesicht . . . als ob er seine Augen verbergen wollte. Wenn er dich anschaute, dann wußtest du warum.

Seine Augen waren wie schwarze, offene Wunden; keine frischen, entzündeten Wunden, sondern tote, leere Wunden, die nackt und leblos klafften. Man wußte nie, ob seine Augen trüb waren oder ob Willow-John durch einen hindurch in weite Ferne blickte.

Viele Jahre später zeigte ein Apache mir einmal die Fotografie eines alten Mannes. Es war Go-khla-yeh, der berühmte Häuptling Geronimo. Er hatte Willow-Johns Augen.

Willow-John war schon über achtzig. Vor langer Zeit, so

erzählte Granpa, war Willow-John ins Heimatland der Indianer gewandert. Er war durchs Gebirge gegangen und war nie in ein Auto oder in einen Zug eingestiegen. Er war drei Jahre lang fortgeblieben. Dann war er wiedergekommen. Aber er sprach nie darüber. Es gibt kein Heimatland mehr – das war das einzige, was er gesagt hatte.

So gingen wir jeden Sonntag zu ihm, zum Waldrand hinter der Kirche. Granpa und Willow-John umarmten sich und hielten sich lange fest. Zwei große alte Männer mit großen Hüten – und sie sagten kein Wort. Dann kam Granma, und Willow-John legte den Arm um sie, und sie hielten einander lange fest.

Willow-John wohnte hinter der Kirche, weit droben in den Bergen. Da die Kirche auf halbem Weg zwischen seiner Hütte und unserer Hütte lag, war sie der geeignete Ort, wo wir uns treffen konnten.

Kinder sagen die Wahrheit, so sagt man. Ich sagte zu Willow-John, daß es bald wieder viele, viele Cherokee geben würde. Ich sagte ihm, daß ich als Cherokee leben wollte. Ich erzählte ihm, was Granma gesagt hatte: daß ich ein Kind der Natur, ein Kind der Berge war. Und daß die Bäume und alle Pflanzen meine Geschwister waren. Willow-John legte mir die Hand auf die Schulter, und seine Augen blinzelten mir wie aus weiter Ferne zu.

Es war das erstemal seit vielen Jahren, so sagte Granma, daß Willow-John beinah gelächelt hätte.

Erst wenn alle anderen in der Kirche waren, gingen auch wir hinein. Wir setzten uns immer in die letzte Bank. Zuerst Willow-John, dann Granma und ich, und Granpa blieb außen am Mittelgang sitzen. Während des ganzen Gottesdienstes hielt Granma Willow-John bei der Hand, und Granpa langte über die Rückenlehne der Bank und legte den Arm um Granmas Schulter. Ich hielt Granmas andere Hand und klammerte mich an Granpas Knie. So hatte ich das Gefühl, daß ich ganz fest mit ihnen verbunden war –

obwohl mir die Beine einschliefen, weil sie über die harte Kante der Kirchenbank baumelten.

Eines Sonntags, als wir uns auf unsere Bank setzten, fand ich an meinem Platz ein langes Messer. Es war beinah genauso lang wie Granpas Messer und steckte in einer Scheide aus Hirschleder mit Fransen. Granma sagte, daß es ein Geschenk von Willow-John war.

Das ist die Art, wie ein Indianer Geschenke macht. Ein Indianer macht nur dann ein Geschenk, wenn er es wirklich meint und wenn er einen Grund dafür hat. Er legt das Geschenk einfach hin, damit man es findet. Er würde einem das Geschenk nicht geben, wenn man es nicht verdient hätte. Darum ist es dumm, deswegen ein großes Getue zu machen und tausendmal Danke zu sagen. Und das ist, glaube ich, vernünftig.

Ich schenkte Willow-John einen Zehner und einen Ochsenfrosch. Am Sonntag, als ich mein Geschenk mitbrachte, hatte Willow-John, während er auf uns wartete, seinen Mantel an einen Baum gehängt, und ich ließ den Ochsenfrosch und den Zehner heimlich in seine Tasche gleiten. Es war ein riesiger Ochsenfrosch, den ich im Bach gefangen und mit Käfern gefüttert hatte, bis er groß und dick war.

Willow-John zog seinen Mantel an und ging in die Kirche. Der Pfarrer sagte zu der Gemeinde, alle sollten in stillem Gebet den Kopf beugen. Es war so still, daß man die Atemzüge der Leute hören konnte. Der Pfarrer sagte: »Herr Gott . . .«, und der Ochsenfrosch sagte: »Korre-Quak . . .!« Er sagte es dumpf und laut.

Alle sprangen auf, und ein Mann rannte vor Schreck aus der Kirche. Ein anderer brüllte: »Allmächtiger Gott!« Und eine Frau winselte: »Gepriesen sei der Herr!«

Auch Willow-John war aufgesprungen. Er griff in die Tasche, aber er zog den Frosch nicht heraus. Er schaute mich an, und da war wieder dieses Blinzeln in seinen Augen. Diesmal kam es nicht mehr aus so weiter Ferne. Er lächelte! Dieses Lächeln breitete sich über sein Gesicht aus . . . breiter und immer breiter . . . und dann lachte er! Ein tiefes, schallendes Lachen. Alle drehten sich nach ihm um. Aber er beachtete die Leute nicht. Ich hatte ein bißchen Angst, aber ich mußte mitlachen. Tränen standen in Willow-Johns Augen, sie rollten über die Runzeln und Falten seiner Wangen. Er weinte.

Alle in der Kirche wurden still. Der Pfarrer stand mit offenem Mund auf der Kanzel und guckte. Willow-John kümmerte sich nicht um die Leute um ihn her. Er weinte lautlos, sein Brustkorb hob und senkte sich, und seine Schultern zitterten, und er weinte lange. Die Leute schauten zur Seite, aber Willow-John und Granpa und Granma schauten stur geradeaus.

Der Pfarrer hatte alle Mühe, mit seiner Predigt fortzufahren. Den Frosch erwähnte er mit keinem Wort. Er hatte schon früher mal extra für Willow-John eine Bußpredigt gehalten, aber Willow-John hatte sich nicht um ihn gekümmert. Er schaute immer stur geradeaus, als ob der Pfarrer gar nicht da wäre. Die Bußpredigt hatte davon gehandelt, wie ein frommer Christ dem lieben Gott Ehrfurcht zeigen soll. Denn Willow-John beugte nie den Kopf zum stillen Gebet, und er behielt immer den Hut auf.

Granpa sagte nie ein Wort darüber. Aber ich machte mir meine Gedanken. Ich dachte, dies war Willow-Johns Art zu sagen, was er zu sagen hatte. Sein Volk, die Cherokee, war geschlagen und in alle Winde zerstreut, aus diesen Bergen vertrieben, die seine Heimat waren. Und hier machten sich jetzt der Pfarrer und die anderen Weißen breit. Willow-John konnte nicht gegen sie kämpfen, darum behielt er seinen Hut auf.

Als der Pfarrer »Gooott« sagte, und als der Frosch »Quaaak« sagte, da war es, als ob der Frosch für Willow-John antwortete. Darum weinte er. Die Tränen linderten seinen Schmerz. Von da an tanzten in Willow-Johns

Augen, immer wenn er mich anschaute, lustige schwarze Fünkchen.

Damals tat es mir ein bißchen leid, aber später war ich froh, daß ich Willow-John den Frosch geschenkt hatte.

Nach der Kirche gingen wir jeden Sonntag in den Wald, nicht weit von der Lichtung, und breiteten unser Mittagessen am Boden aus. Willow-John brachte in seinem Sack gebratenes Wildbret, eine Wachtel oder einen Fisch mit. Granma brachte Maisbrot und Gemüse mit. Dann setzten wir uns in den Schatten der großen Ulmen und redeten.

Willow-John erzählte, daß die Hirsche sich immer höher in die Berge verzogen. Granpa erzählte, wie viele Fische wir in unseren Reusen gefangen hatten. Granma sagte zu Willow-John, daß er ihr seine Wäsche zum Flicken bringen sollte.

Wenn die Sonne schräg am Himmel stand und die ersten Abendnebel aufstiegen, machten wir uns auf den Heimweg. Granpa und Granma umarmten Willow-John, und er streichelte mir die Schulter.

Und dann gingen wir fort. Wir wanderten über die Lichtung und erreichten den Pfad, der über die Hügel führt. Manchmal drehte ich mich um und schaute Willow-John nach. Er blickte nie zurück. Er ging mit langen, schwankenden Schritten durch den Wald und hielt die Arme eng an die Seiten gepreßt. Er schaute nicht nach links und nicht nach rechts, sondern stur geradeaus. Irgendwie war er fremd – ein einsamer Mann am Rande der weißen Zivilisation. So verschwand er zwischen den Bäumen, ohne einem sichtbaren Pfad zu folgen, und ich beeilte mich, Granpa und Granma einzuholen. Traurig wanderten wir an diesen Sonntagabenden über die dämmerigen Hügel heimwärts. Und wir sprachen kein Wort.

Wirst du noch mit mir gehen, Willow-John? Nicht weit;
Ein Jahr, oder zwei, am Ende deiner Erdentage.

Laß uns nicht reden. Nicht die bitteren Jahre zählen.
Vielleicht manchmal lachen; oder weinen – mit Grund;
Oder vielleicht etwas Verlorenes wiederfinden.

Wirst du noch bei mir bleiben, Willow-John? Nicht lang;
Eine Sekunde, gemessen an deinem langen Erdenweg.
Tauschen wir einen Blick oder zwei; wir beide wissen
Und verstehen das Gefühl; und wenn wir dann gehen
Nehmen wir den Trost mit, daß wir uns kannten.

Wirst du beim Abschied noch warten, Willow-John? Auf mich.
Ein bißchen warten – ein Trost für uns, wenn wir scheiden.
Die Erinnerung wird die brennenden Tränen löschen
Wenn ich an dich denke, in späteren Jahren;
Und die Qual meines Herzens lindern.

In der Kirche

Die Pfarrer, sagte Granpa, sind so eingebildet, daß sie glauben, sie hielten die Türklinke zum Paradies in der Hand und könnten bestimmen, wer hinein darf und wer nicht. Die Pfarrer, fand Granpa, sind so eingebildet, daß sie am liebsten Gott selber vorschreiben würden, was er tun soll.

Die Pfarrer, sagte er, sollten werktags arbeiten, damit sie lernen, wie schwer es ist, einen Dollar zu verdienen; dann würden sie nicht mit dem Geld der Frommen herumwerfen, als ob es morgen nichts mehr wert wäre. Harte, ehrliche Arbeit, so sagte Granpa, ganz egal ob im Whisky-Handwerk oder in welchem Handwerk auch immer, würde die Pfarrer schon zur Vernunft bringen. Und das ist, glaube ich, ganz vernünftig.

In unserer Gegend wohnten so wenig Menschen, daß eine Kirche für alle mehr als genug war. Dies führte zu allerhand Komplikationen, weil es so viele verschiedene Religionen gab; und weil jeder etwas anderes glaubte, gab es andauernd Streit.

Da waren die strenggläubigen Baptisten, die glaubten, daß alles, was geschieht, sowieso geschehen muß, und daß man nichts dagegen tun kann. Die Presbyterianer liefen Sturm gegen eine solche Idee. Und jede Partei konnte ihren Standpunkt aus der Bibel beweisen. Dies führte zu großer Verwirrung, und ich blickte nicht mehr durch, was die Bibel eigentlich sagte.

Die primitiven Baptisten glaubten, daß man dem Pfarrer Geld geben soll – als »Liebesgabe«. Die strenggläubigen Baptisten glaubten, man soll dem Pfarrer überhaupt nichts geben. In diesem Punkt war Granpa mit den Strenggläubigen einer Meinung.

Alle Baptisten glaubten an die Taufe. Dabei tunken sie dich von Kopf bis Fuß ins Wasser eines Flusses. Ohne diese Form der Taufe, so sagten sie, kannst du nicht gerettet werden. Die Methodisten sagten, dies sei falsch. Sie sagten, daß ein paar Tropfen Wasser auf den Kopf genügen. Und jede der Parteien pochte auf die Bibel, um ihre Meinung zu beweisen, wenn sie auf dem Kirchhof miteinander stritten.

Und dann gab es einen Mann, der glaubte an die Christliche Wissenschaft. Er sagte, wenn du den Herrn Pfarrer »Hochwürden« nennst, dann kommst du auf kürzestem Weg in die Hölle. Er sagte, du darfst »Mister« oder »Bruder« zu ihm sagen – aber auf keinen Fall »Hochwürden«. Natürlich konnte er eine Bibelstelle zitieren, um seine Meinung zu beweisen. Aber die anderen zitierten andere Bibelstellen, um zu beweisen, daß du lieber doch »Hochwürden« zum Herrn Pfarrer sagen sollst, weil du sonst in die Hölle kommst.

Der Christliche Wissenschaftler stand mit seiner Meinung ganz allein da, und die anderen brüllten ihn tüchtig nieder, aber er war ein hartnäckiger Kerl und wollte nicht aufgeben. Er ließ es drauf ankommen und baute sich jeden Sonntagmorgen vor dem Herrn Pfarrer auf und sagte »Mister« zu ihm. Dies führte zu allerhand Streit zwischen ihm und dem Herrn Pfarrer. Einmal gingen sie vor der Kirche sogar mit Fäusten aufeinander los, aber die anderen trennten sie rechtzeitig.

Ich beschloß, daß ich mich in Zukunft um Wasser und Religion und dergleichen nicht mehr kümmern wollte. Und daß ich zum Herrn Pfarrer lieber gar nichts sagen wollte. Dies erschien mir am sichersten, so sagte ich Granpa. Denn man konnte gar zu leicht in die Hölle kommen, je nach dem, was die Bibel gerade sagte.

Granpa meinte, falls Gott so engherzig wäre wie diese Idioten, die sich über solche Fragen stritten, dann wäre der Himmel sowieso nichts für ihn, und er würde lieber draußen bleiben. Und das ist, glaube ich, ganz richtig.

Außerdem gab es da eine Familie, die an die episkopalistische Religion glaubte. Sie waren reich. Am Sonntag kamen sie in einem Auto zur Kirche gefahren. Es war das einzige Auto auf dem Kirchhof. Der Mann war dick und rund und trug jeden Sonntag einen neuen Anzug. Die Frau trug große Hüte; sie war ebenfalls dick und rund. Die beiden hatten eine kleine Tochter, die immer weiße Kleidchen und kleine Hütchen trug. Sie guckte immer neugierig in die Gegend, aber ich konnte nie feststellen, was sie eigentlich anguckte. Sie legte immer einen Dollar in die Opferschale. Sonntag für Sonntag war es der einzige Dollar in der Opferschale. Der Pfarrer begrüßte sie beim Auto und hielt ihnen die Tür auf. Sie setzten sich immer in die erste Reihe.

Während der Predigt schaute der Pfarrer immer zu Mister Johnson in der ersten Reihe hinunter. Er sagte: »Nicht wahr, Mister Johnson?« Und Mr. Johnson gab durch ein gnädiges Kopfnicken zu verstehen, daß das, was der Pfarrer sagte, richtig war.

Alle anderen in der Kirche beugten sich vor, um Mr. Johnsons Kopfnicken zu sehen, dann lehnten sie sich befriedigt zurück.

Die Episkopalisten, so sagte Granpa, wußten anscheinend alles, was man über Religion wissen kann, und sie hatten es nicht nötig, sich über Kleinigkeiten wie Taufwasser oder Titel für den Herrn Pfarrer zu streiten. Anscheinend wußten sie den richtigen Weg, sagte Granpa, und sie behielten dieses Wissen schlau für sich, um es den anderen nicht zu verraten.

Der Pfarrer war ein spindeldürrer Mann. Er trug jeden Sonntag den gleichen schwarzen Anzug. Seine Haare standen ihm nach allen Seiten vom Kopf, und er machte immer den Eindruck, als sei er furchtbar nervös. Und das war er auch. Draußen auf dem Kirchhof redete er freundlich mit allen Leuten – obwohl, ich selbst habe nie mit ihm geredet. Wenn er aber in all seiner Macht und Würde auf der Kanzel stand, wurde er streng und manchmal sogar richtig böse. Anscheinend wußte er, so sagte Granpa, daß es verboten war, während der Predigt aufzustehen und ihm zu widersprechen.

Er sagte nie etwas über die Frage des Wassers, und das war für mich eine Enttäuschung. Ich hätte nämlich gar zu gerne gewußt, wie man es richtig verwenden soll bei der Taufe. Dafür schimpfte er tüchtig auf die Pharisäer. Über die Pharisäer konnte er sich dermaßen aufregen, daß er von der Kanzel kletterte und im Mittelgang zwischen den Bänken auf und ab rannte. Manchmal kam er völlig außer Atem, so sehr regte er sich über die Pharisäer auf.

Einmal, als er wieder gegen die Pharisäer wetterte und ihnen die Pest und die Sintflut an den Hals wünschte, kam er dermaßen in Fahrt, daß er mit röchelnder Kehle nach Atem rang. Wütend stampfte er den Gang hinunter, baute sich vor unserer Bank auf und deutete mit dem Finger auf Granpa und mich.

Er sagte: »Ihr *wißt*, was das für welche waren . . .« Anscheinend wollte er Granpa und mich beschuldigen, als hätten wir etwas mit den Pharisäern zu tun.

Granpa saß kerzengerade auf der Bank und blickte den Pfarrer unverwandt an. Willow-John blickte stur geradeaus, und Granma hielt seinen Arm fest. Der Pfarrer drehte sich um und deutete auf jemand anderes.

Granpa sagte, daß er nie irgendwelche Pharisäer gekannt hatte. Er ließ es sich nicht gefallen, wenn irgendein Hundesohn ihn für etwas beschuldigte, was sie getan hatten. In Zukunft, so sagte Granpa, sollte der Pfarrer lieber auf andere Leute mit dem Finger zeigen. Und das tat er von da an. Wahrscheinlich, so glaube ich, hatte er den Blick in Granpas Augen gesehen.

Willow-John sagte, dieser verrückte Pfarrer sollte sich besser in acht nehmen. Willow-John hatte immer sein langes Messer dabei.

Auch auf die Philister hatte der Pfarrer einen wahnsinnigen Haß. Dauernd hackte er auf ihnen herum. Sie waren genauso schlimm wie die Pharisäer, sagte er. Mr. Johnson nickte mit dem Kopf, und das bedeutete: sehr richtig!

Granpa sagte, daß er es allmählich satt hatte, wie der Pfarrer *dauernd* auf irgend jemand herumhackte. Warum, in aller Welt, so sagte er, sollten wir uns auch noch mit den Pharisäern und den Philistern herumstreiten? Es gab doch sowieso schon genug Streit auf der Welt.

Granpa tat immer ein paar Cents in die Opferschale, obwohl er dagegen war, dem Pfarrer Geld zu geben. Aber er wollte die Miete für unsere Bank bezahlen, sagte er. Manchmal gab er mir einen Fünfer, den ich in die Schale legen durfte. Granma tat nie etwas in die Schale, und Willow-John kümmerte sich gar nicht darum, wenn der Mann mit der Opferschale kam.

Granpa fand, sie sollten Willow-John die Opferschale nicht so lange unter die Nase halten, weil er sich sonst am Ende Geld herausnehmen könnte – in der Meinung, daß sie es ihm anboten.

Einmal im Monat wurde in der Kirche öffentlich Zeugnis abgelegt. Dabei traten die Leute einer nach dem anderen vor die versammelte Gemeinde und bekannten, wie sehr sie Gott liebten und welch schlimme Sünden sie begangen hatten.

Granpa machte das nicht mit. Er sagte, daß daraus nur böses Blut entstehen kann. Er selbst, so sagte er, hatte ein paar Männer gekannt, die hinterrücks erschossen wurden, nachdem sie öffentlich eine Schandtat gebeichtet hatten, die sie einem anderen angetan hatten. Der andere hätte niemals etwas davon erfahren, wenn er's nicht in der Kirche gehört hätte. Granpa sagte, jeder sollte vor seiner eigenen Tür kehren. Auch Granma und Willow-John legten kein Zeugnis ab.

Ich sagte zu Granpa, daß ich genauso dachte wie er und daß ich keine Lust hatte, vor der versammelten Gemeinde Zeugnis abzulegen. Aber ein Mann trat vor und sagte, daß er seine Seele retten wollte. Er sagte, er wollte aufhören, sich jeden Tag zu besaufen. Seit vielen Jahren, so sagte er, hatte er sich besoffen, aber jetzt wollte er es nicht mehr tun. Da freuten sich alle – weil der Mann sich bessern wollte. Die Gemeinde schrie »Gelobt sei der Herr!« und »Amen!«

Immer wenn jemand aufstand und anfing, seine Schandtaten zu beichten, schrie ein Mann aus der hintersten Ecke: »Sag's uns, sag uns die ganze Wahrheit!« So brüllte er immer dann, wenn es schien, als wären die armen Sünder mit ihrer Beichte fertig. Und dann zermarterten sie sich den Kopf, ob ihnen vielleicht noch eine Sünde einfiel. Manchmal rückten sie dann noch mal mit einer ziemlich dicken

Schandtat heraus, die sie vielleicht für sich behalten hätten, wenn der Mann in der Ecke nicht gebrüllt hätte: »Sag uns die ganze Wahrheit!« Er selbst aber trat nie vor, um Zeugnis abzulegen.

Einmal stand eine Frau auf. Sie sagte, daß Gott der Herr sie davor bewahrt hatte, auf die schiefe Bahn zu kommen. Der Mann in der Ecke brüllte: »Sag uns die ganze Wahrheit!«

Die Frau wurde knallrot im Gesicht, und dann beichtete sie, daß sie mit einem Mann Unzucht getrieben hatte. Sie sagte, daß sie das jetzt nicht mehr tun wollte. Denn es sei eine Sünde.

Der Mann brüllte: »Los, sag uns die ganze Wahrheit!« Da beichtete sie, daß sie mit Mr. Smith Unzucht getrieben hatte. In der Kirche erhob sich ein Gemurmel, während Mr. Smith aufsprang und mit eiligen Schritten aus der Kirche lief. Gleichzeitig standen ganz hinten zwei Männer auf und schlichen sich leise aus der Kirche, so daß niemand es merkte.

Die Frau sagte jetzt noch zwei Namen von Männern, mit denen sie angeblich Unzucht getrieben hatte. Alle priesen Gott den Herrn und lobten die Frau und sagten, daß sie recht getan hatte, ihre Sünden zu beichten.

Als wir nach dem Gottesdienst aus der Kirche kamen, machten alle Männer einen großen Bogen um die Frau, und die Frauen sprachen kein Wort mit ihr. Granpa sagte, die Frauen hatten Angst, mit dieser Sünderin zusammen gesehen zu werden. Ein paar andere Frauen aber umringten die Frau und klopften ihr auf die Schulter und sagten, daß sie recht getan hätte, ihre Sünden zu beichten. Diese Frauen, sagte Granpa, waren neugierig und wollten wissen, mit wem ihre eigenen Männer eigentlich Unzucht trieben. Also lobten sie die arme Frau, die gebeichtet hatte, damit auch andere Frauen sich ein Herz faßten und öffentlich ihre Sünden beichteten.

Aber das sollten sie lieber nicht tun, sagte Granpa. Sonst würde es nämlich nur Aufruhr und Streit geben.

Jeden Sonntag vor der Predigt gab es eine Viertelstunde der Guten Tat. Da konnte jeder aufstehen und von Leuten erzählen, die in Not waren und Hilfe brauchten. Manchmal war es eine Landarbeiterfamilie, die keinen Job hatte; oder es war jemand, dessen Haus abgebrannt war.

Alle, die in die Kirche kamen, brachten Sachen mit, um diesen Armen zu helfen. Im Sommer brachten wir immer Gemüse mit, denn wir hatten jede Menge davon. Im Winter brachten wir Fleisch mit. Einmal machte Granpa einen Stuhl aus Hickory-Ästen, den er mit Hirschleder bespannte. Der Stuhl war für eine Familie, die bei einer Feuersbrunst alle Möbel verloren hatte. Granpa nahm den Mann auf dem Kirchhof beiseite und gab ihm den Stuhl und zeigte ihm, wie man solch einen Stuhl machte.

Granpa sagte, es ist besser, du lehrst einen Mann, wie er sich selber helfen kann, statt ihm etwas zu schenken. Er sagte, wenn du den Mann lehrst, sich selbst zu helfen, dann hilfst du ihm wirklich. Aber wenn du ihm nur irgendwas schenkst, ohne ihn was lernen zu lassen, dann mußt du ihm immer wieder was schenken – den Rest deines Lebens. Damit, so sagte Granpa, erweist du dem Mann einen schlechten Dienst, denn du machst ihn von dir abhängig, und dadurch verdirbst du seinen Charakter.

Manche Menschen, so sagte Granpa, finden es leichter, den Armen etwas zu schenken. Dadurch fühlen sie sich überlegen. Sie denken, sie sind was Besseres als die Armen, denen sie etwas schenken; und doch wäre es besser, wenn sie die Armen etwas lehren würden, damit sie für sich selbst sorgen können.

Wie die menschliche Natur nun mal ist, sagte Granpa, wird es immer Leute geben, die denen, die sich als was Besseres vorkommen, die Stiefel lecken. So jemand ist lieber der Hund von Mister Bessermann als sein eigener

Herr. Und er jammert und winselt dauernd, wie schlecht es ihm geht und was ihm alles fehlt. Und dabei fehlt ihm nur eines – ein kräftiger Tritt in den Arsch, damit er lernt, sich selbst zu helfen.

Auch unter den Völkern dieser Erde, sagte Granpa, gibt es welche, die sich als was Besseres vorkommen und immer nur schenken und schenken. Und dabei sollten sie lieber die ärmeren Völker lehren, wie sie sich selbst helfen können. Aber das wollen sie nicht, sagte Granpa, weil sonst nämlich die armen Völker nicht mehr von den reichen Völkern abhängig wären. Und das ist's, was die reichen Völker wollen.

Granpa und ich badeten gerade im Bach, als wir über diese Dinge sprachen. Granpa regte sich dermaßen auf, daß er ans Ufer klettern mußte, sonst wäre er glatt im Bach ersoffen.

Bei dieser Gelegenheit fragte ich Granpa, wer Moses gewesen war. Granpa sagte, daß er auch nichts Genaues über Moses wußte. Soviel er aus dem Geschrei und Gekeuche des Herrn Pfarrer herausgehört hatte, war Moses ein Apostel. Aber Granpa sagte, daß ich mich lieber nicht auf sein Wort verlassen sollte, denn er wußte es auch nur vom Hörensagen.

Moses wurde, so erzählte Granpa, eines Tages von einem schönen Mädchen im Schilf am Ufer eines Flusses gefunden. So was kann schon mal passieren, sagte Granpa, aber zufällig war das Mädchen sehr reich, und sie war die Tochter eines üblen Burschen namens Faro. Und dieser Faro brachte dauernd Leute um.

Natürlich wollte er auch den Moses umbringen – wahrscheinlich wegen dem Mädchen. Und deshalb gibt es noch heute allerhand Streit auf der Welt.

Moses aber versteckte sich, so erzählte Granpa, und dann flüchtete er zusammen mit anderen Leuten, die Faro töten wollte. Moses führte die Leute in ein Land, wo es nur Steine und kein Wasser gab. Da nahm Moses einen Stock und schlug auf einen Stein, und aus dem Stein sprudelte frisches Wasser. Granpa sagte, daß er keine Ahnung hatte, wie Moses diesen Trick schaffte – aber so hatte er die Geschichte gehört.

Und dann, so erzählte Granpa, wanderte Moses mit den Leuten jahrelang durch die Gegend. Sie hatten keine Ahnung, wohin die Reise ging. Zuletzt fanden sie doch noch ein Land, wo sie bleiben konnten, aber Moses hat dieses Land nie gesehen. Er ist unterwegs gestorben.

Und dann, so erzählte Granpa, kam ein Mann namens Samson, und der schlug viele Philister tot, die dauernd Streit suchten. Aber Granpa wußte nicht recht, worum der Streit eigentlich ging. Vielleicht, so vermutete Granpa, waren die Philister von diesem Faro geschickt – vielleicht aber auch nicht.

Und dann, so erzählte Granpa, machte ein verführerisches Weib den Samson betrunken und schnitt ihm die Haare ab. Das Weib fesselte Samson, damit seine Feinde ihn fangen konnten. Granpa konnte sich nicht an den Namen der Frau erinnern, aber immerhin konnte man hier aus der Bibel eine gute Lehre ziehen: Hüte dich vor verführerischen Weibern, die dich betrunken machen. Und das versprach ich ihm.

Granpa war sehr zufrieden, weil ich diese gute Lehre aus der Bibel gleich begriffen hatte. Wenn ich heute so zurückdenke, hatten Granpa und ich ziemlich wenig Ahnung von der Bibel. Und ich glaube, wir waren ziemlich verwirrt wegen der vielen technischen Tricks, wie man in den Himmel kommt. Granpa und ich hatten wenig Hoffnung, in den Himmel zu kommen, denn wir wußten nichts von diesen technischen Tricks, und wir wußten auch nicht, was das ganze Getue eigentlich sollte.

Sobald du es aufgegeben hast, hinter einer Sache herzulaufen, bist du ein unbeteiligter Zuschauer. Was die technischen Tricks der offiziellen Kirchenreligion betraf, waren

Granpa und ich unbeteiligte Zuschauer. Und wir hatten ein gutes Gewissen, weil wir es aufgegeben hatten, hinter dieser Sache herzulaufen.

Auch die Sache mit dem Wasser sollte ich vergessen, sagte Granpa. Er selbst, so sagte er, kümmerte sich schon lange nicht mehr darum, und er hatte ein gutes Gewissen. Er persönlich, so sagte er mir im Vertrauen, wußte nicht, was Wasser eigentlich mit dem Himmel zu tun hatte.

Ich war ganz seiner Meinung, und so vergaß ich die Sache mit dem Wasser.

Mister Wine

Er kam einmal im Monat, pünktlich wie die Uhr, den ganzen Winter und Frühling hindurch. Er kam gegen Abend und blieb über Nacht, und manchmal blieb er auch den folgenden Tag und noch eine Nacht bei uns. Mr. Wine war ein Hausierer.

Er wohnte drunten in der Siedlung, aber die meiste Zeit war er mit seiner Kraxe auf dem Buckel in den Bergen unterwegs. Wir wußten immer im voraus den Tag, an dem er auftauchte. Granpa und ich gingen ihm auf dem Hohlweg entgegen, um ihn zu begrüßen. Wir halfen ihm, sein Gepäck zur Hütte hinaufzuschleppen. Granpa trug seine schwere Kraxe. Ich durfte den Wecker tragen, den Mr. Wine immer dabei hatte. Denn Mr. Wine reparierte auch Uhren. Wir hatten selbst keine Uhr, aber wir halfen ihm gerne, wenn er auf unserem Küchentisch seine Uhren reparierte.

Granma zündete die Lampe an, und Mr. Wine legte die Uhr auf den Tisch und schraubte den Deckel auf. Ich war so klein, daß ich mich neben Mr. Wine auf einen Stuhl stellen mußte, wenn ich zuschauen wollte, wie er winzige funkelnde Federn und goldene Schräubchen aus dem Gehäuse der Uhr holte. Granpa und Mr. Wine redeten miteinander, während er die Uhren reparierte.

Mr. Wine war mindestens hundert Jahre alt. Er hatte einen langen weißen Bart, und er trug immer einen schwarzen Mantel. Er hatte eine kleine runde Kappe, die ihm schief auf dem Hinterkopf saß. Eigentlich hieß er gar nicht Mr. Wine. Sein Name fing an mit Wine..., aber er war so lang und kompliziert, daß wir ihn nicht aussprechen konnten. Darum nannten wir ihn einfach Mr. Wine. Namen sind gar nicht so wichtig, sagte Mr. Wine. Es ist viel wichtiger, wie man sie ausspricht. Und das finde ich auch.

Auch manche Indianernamen, sagte Mr. Wine, waren so kompliziert, daß er sie niemals richtig aussprechen konnte. Darum erfand er selbst irgendwelche Namen für die Indianer.

Er brachte mir immer etwas mit. Meistens einen Apfel, manchmal sogar eine Orange. Die steckten in seiner Manteltasche. Aber er konnte sich nie daran erinnern.

Wir saßen in der Dämmerung am Tisch und aßen unser Abendbrot. Dann setzten Granpa und Mr. Wine sich in die Schaukelstühle vor den Kamin und redeten, während Granma das Geschirr abspülte. Ich zog meinen Hocker vor den Kamin und lauschte auf die Gespräche von Granpa und Mr. Wine.

Mr. Wine fing an zu erzählen – dann machte er eine Pause. Er sagte: »Mir scheint, ich habe etwas vergessen, aber ich weiß nicht, was es ist.« Ich wußte genau, was es war, aber ich verriet es ihm nicht. Mr. Wine kratzte sich am Kopf und fuhr sich mit den Fingern durch den Bart. Auch Granpa half ihm nicht, sich zu erinnern. Schließlich schaute Mr. Wine mich an und sagte: »Kannst du mir nicht helfen, mich zu erinnern, Little Tree?«

»Ja, Sir«, sagte ich, »wahrscheinlich haben Sie etwas in der Tasche, was Sie ganz vergessen haben.«

Da sprang Mr. Wine auf und schlug mit der Hand auf seine Manteltasche und rief: »Ojeminemineeeh! Vielen Dank, Little Tree, daß du mich daran erinnert hast. Ich bin schon so alt, daß ich alles vergesse.« Ja, er war wirklich alt.

Er zog einen roten Apfel aus der Tasche. Der Apfel war viel größer als die Äpfel, die bei uns in den Bergen wuchsen. Er hatte ihn zufällig gefunden, so sagte er, und wollte ihn eigentlich wegwerfen, weil er keine Äpfel mochte.

Dann sollte er den Apfel lieber mir geben, sagte ich. Und das tat er. Ich wollte den Apfel mit Granma und Granpa teilen, aber anscheinend mochten sie auch keine Äpfel. Ich aber mochte Äpfel sehr. Ich hob die Kerne auf und pflanzte sie am Bachufer ein – in der Hoffnung, viele Bäume mit diesen großen roten Äpfeln zu züchten.

Mr. Wine konnte sich nicht erinnern, wo seine Brille war. Wenn er seine Uhren reparierte, setzte er eine winzige Brille auf. Sie hing an seiner Nasenspitze, und die Drahtbügel waren hinter den Ohren mit Stoff umwickelt.

Wenn er mit Granpa redete, unterbrach er seine Arbeit und schob sich die Brille auf die Stirn. Wenn er dann weiterarbeiten wollte, konnte er die Brille nirgends finden. Ich aber wußte, wo sie war. Mr. Wine tastete auf dem Tisch herum und schaute Granpa und Granma an und sagte: »Ja, zum Teufel, wo mag meine Brille nur sein?«

Granma und Granpa grinsten und taten so, als schämten sie sich, weil sie auch nicht wußten, wo die Brille war. Dann zeigte ich auf Mr. Wines Stirn, und er schlug die Hände über dem Kopf zusammen und war völlig verdattert, weil er vergessen hatte, daß die Brille dort oben hing.

Mr. Wine sagte, er hätte keine einzige Uhr reparieren können, wenn ich ihm nicht immer wieder geholfen hätte, seine Brille zu finden.

Von ihm lernte ich auch, die Uhr zu lesen. Er drehte die

Uhrzeiger im Kreis herum und fragte mich: »Wieviel Uhr ist es?« Und wenn ich falsch riet, lachte er mich aus. Aber ich brauchte nicht lange, bis ich die Uhr lesen konnte.

Mr. Wine fand, daß ich – obwohl ich nicht in die Schule ging – eine gute Erziehung bekam. Er sagte, daß es kaum Jungen oder Mädchen in meinem Alter gab, die etwas über Mister Macbeth oder Mister Napoleon wußten oder Wörter aus dem Lexikon lernten. Und dann lehrte Mr. Wine mich die Zahlen.

Durch unser Whisky-Geschäft wußte ich schon, wie man Geld zählt, aber jetzt holte Mr. Wine Papier und einen Bleistiftstummel hervor und fing an, Zahlen aufzuschreiben. Er zeigte mir, wie man mit den Zahlen rechnen kann: Addieren, Subtrahieren und Multiplizieren. Granpa sagte, daß ich schon viel besser rechnen konnte als er.

Mr. Wine schenkte mir einen Bleistift. Es war ein langer gelber Bleistift. Er zeigte mir auch, wie man den Bleistift anspitzen muß. Man darf nämlich die Spitze nicht zu dünn machen. Wenn du die Spitze zu dünn machst, dann bricht sie leicht ab, und du mußt den Bleistift von neuem anspitzen. Und dabei wird der Bleistift immer kürzer.

Mr. Wine zeigte mir die sparsame Art, Bleistifte anzuspitzen. Es gibt einen großen Unterschied zwischen »sparsam« und »geizig«, sagte er. »Wenn du geizig bist, dann bist du nicht besser als die reichen Fettsäcke, die das Geld anbeten und trotzdem ihr Geld für Sachen rauswerfen, die sie gar nicht brauchen. Wenn du es so machst«, sagte Mr. Wine, »dann ist das Geld dein Götze, und daraus kann nie etwas Gutes werden. Wenn du aber sparsam bist«, so sagte er, »dann gibst du dein Geld für Sachen aus, die du wirklich brauchst, aber du bist nicht leichtsinnig mit deinem Geld.

Mit den Gewohnheiten«, so sagte Mr. Wine, »ist es eine seltsame Sache: eine Gewohnheit erzeugt die andere, und wenn es schlechte Gewohnheiten sind, dann bilden alle zusammen einen schlechten Charakter. Wenn du leichtsinnig mit deinem Geld bist«, so sagte er, »dann bist du auch leichtsinnig mit deiner Zeit, und dann bist du auch in deinem Denken und in allen anderen Dingen leichtsinnig. Wenn aber ein ganzes Volk leichtsinnig ist, dann haben die Politiker ein leichtes Spiel. Sie fangen an, das leichtsinnige Volk zu kontrollieren, und über Nacht gibt es dann eine Diktatur. Ein sparsames Volk«, so sagte Mr. Wine, »läßt sich nicht von einem Diktator beherrschen.« Ja, so geht es anscheinend.

Offenbar dachte Mr. Wine über die Politiker genauso wie Granpa und ich.

Granma kaufte Mr. Wine jedesmal ein paar Zwirnspulen ab. Die kleinen Spulen kosteten zwei Stück einen Fünfer, die großen Spulen kosteten das Stück einen Zehner. Manchmal kaufte sie auch ein paar Knöpfe, und einmal kaufte sie ihm einen roten Stoff mit bunten Blumen ab.

In Mr. Wines Kraxe gab es alle möglichen Dinge: Bänder in allen Farben, hübsche Stoffe, Strümpfe, Fingerhüte und Nadeln und kleine glitzernde Werkzeuge. Wenn Mr. Wine die Kraxe auf den Boden stellte und uns alle seine Schätze zeigte, hockte ich mich neben ihn, und er sagte mir die Namen all der herrlichen Dinge. Einmal schenkte er mir ein Rechenbuch.

Das Buch war voller Zahlen, und es zeigte, wie man mit ihnen rechnen kann. So konnte ich den ganzen Monat, auch wenn Mr. Wine nicht da war, Rechnen lernen. Ich machte solche Fortschritte, daß Mr. Wine jedesmal, wenn er nach einem Monat wiederkam, völlig verblüfft war.

Das Rechnen, sagte Mr. Wine, ist sehr wichtig. Die Erziehung, die jeder Mensch braucht, zerfällt nämlich in zwei Teile. Das eine ist der technische Teil, also die Kenntnisse, die man später für seinen Beruf braucht. In dieser Hinsicht, so sagte Mr. Wine, sind die modernen Wissenschaften sehr nützlich. Bei dem anderen Teil aber, so sagte er, sollte man sich lieber an das althergebrachte

Wissen halten und nicht gar zu modern sein. Diesen Teil nannte Mr. Wine die Werte.

»Jeder Mensch muß einige Werte lernen und anerkennen«, sagte Mr. Wine: »Er muß ehrlich und sparsam sein, er muß immer sein Bestes tun und sich um seine Mitmenschen kümmern; das ist wichtiger als alles andere. Wenn du diese Werte nicht gelernt hast, dann kannst du noch so viel von den modernen Wissenschaften wissen – es wird dir nichts nützen.

Wenn du die Werte nicht gelernt hast, wirst du all das moderne Wissen nur für schlechte, zerstörerische Zwecke einsetzen. Und das sehen wir ja jeden Tag.«

Manchmal brauchte Mr. Wine lange, um eine Uhr zu reparieren. Dann blieb er noch einen Tag bei uns. Einmal hatte er einen schwarzen Kasten mitgebracht; das war ein Fotoapparat, sagte er. Damit konnte man Bilder machen. Wie der Apparat funktionierte, wußte Mr. Wine auch nicht. Irgend jemand hinter den Bergen, so sagte er, hatte den Fotoapparat bestellt, und Mr. Wine sollte ihn hinbringen. Aber der Kasten würde schon nicht kaputtgehen, wenn er rasch ein paar Bilder von uns machte.

Mr. Wine machte ein Bild von mir und eines von Granpa. Der Kasten konnte nur dann Bilder machen, wenn man direkt in die Sonne schaute, und Mr. Wine wußte sowieso nicht, wie der Apparat funktionierte. Granpa wußte es auch nicht. Granpa betrachtete den Kasten voller Mißtrauen und wollte nur ein einziges Bild von sich machen lassen. Bei solchen neumodischen Apparaten, sagte er, weiß man nie, was am Ende herauskommt, und darum soll man lieber erst mal abwarten.

Mr. Wine sagte, Granpa sollte ein Bild von ihm und mir machen. Das dauerte beinah den ganzen Nachmittag. Mr. Wine und ich stellten uns in Positur. Er legte mir die Hand auf den Kopf, und wir grinsten in den schwarzen Kasten.

Granpa guckte durch das kleine Guckloch im Kasten und

sagte, daß er uns nicht sehen konnte. Mr. Wine ging zu Granpa, zeigte ihm, wie er den Kasten halten mußte, und kam zurück. Wir stellten uns wieder in Positur.

Granpa sagte, wir sollten ein Stück nach rechts gehen, weil er durch das Guckloch nur einen Arm sehen konnte.

Granpa hantierte nervös mit dem schwarzen Kasten. Ich glaube, er hatte Angst, daß da ein Teufel drinhockte, der jeden Moment herausspringen konnte. Mr. Wine und ich grinsten dauernd in die Sonne, bis wir geblendet waren und nichts mehr sahen. Trotzdem war alles umsonst. Denn als Mr. Wine einen Monat später die Bilder mitbrachte, waren Granpa und ich gut zu erkennen. Aber auf dem Bild, das Granpa von Mr. Wine und mir gemacht hatte, war von uns keine Spur zu sehen. So sehr wir auch suchten – wir sahen nur ein paar Baumwipfel und darüber winzige Punkte in der Luft. Das waren Vögel, sagte Granpa, nachdem er das Bild lange studiert hatte.

Granpa war sehr stolz auf sein Bild mit den Vögeln. Er nahm es in den Kaufladen mit und zeigte es Mr. Jenkins und erzählte ihm, daß er dieses schöne Bild mit den Vögeln selbst gemacht hatte.

Mr. Jenkins war kurzsichtig. Granpa und ich plagten uns beinah eine Stunde, ihm die Vögel zu zeigen, bis er sie endlich sah. Aber wo Mr. Wine und ich waren, das mochte der Teufel wissen.

Granma hatte sich beharrlich geweigert, sich vor den schwarzen Kasten zu stellen und ein Bild von sich machen zu lassen. Warum, das sagte sie nicht. Sie hatte den Kasten nur mißtrauisch angeschaut. Aber als dann die Bilder kamen, war Granma begeistert. Sie stellte die Bilder von Granpa und mir auf den Balken über dem Herd und schaute sie immer wieder an. Wahrscheinlich tat es ihr leid, daß sie sich geweigert hatte, ein Bild von sich machen zu lassen. Aber jetzt war der Fotoapparat weg, weil Mr. Wine ihn zu dem neuen Besitzer gebracht hatte.

Mr. Wine versprach, bald einen anderen Fotoapparat mitzubringen. Aber er kam nicht mehr dazu, denn dies war sein letzter Sommer.

Und dieser Sommer war schnell vorbei. Die Tage wurden kürzer. Die Sonne strahlte nicht mehr weißglühend vom Himmel, sondern sie blinzelte nur noch schräg durch einen bernsteinfarbenen Schleier. Die Natur, so sagte Granma, rüstete sich für den langen Schlaf.

Mr. Wine machte seine letzte Reise. Damals wußten wir es noch nicht – obwohl er jetzt schon so schwach war, daß Granpa und ich ihm über die Brücke helfen mußten. Er selbst wußte es wahrscheinlich.

Ächzend stellte er seine Kraxe auf den Boden. Er holte eine gelbe Jacke hervor und hielt sie vor die Lampe. Die Jacke leuchtete wie Gold. Granma fand, daß die Jacke sie an die Farben wilder Kanarienvögel erinnerte. Es war die schönste Jacke, die wir jemals gesehen hatten.

Mr. Wine wendete sie unter der Lampe hin und her, und wir alle bewunderten sie. Granma befühlte den Stoff mit der Hand, aber ich wagte es nicht, sie anzufassen.

Mr. Wine sagte, daß seine Vergeßlichkeit immer schlimmer wurde. Und das wurde sie. Diese Jacke, so sagte er, hatte er für seinen Ur-Ur-Enkel genäht, der jenseits des großen Wassers lebte, aber dummerweise hatte er vergessen, daß sein Ur-Ur-Enkel nicht mehr ein kleiner Junge, sondern schon ein erwachsener Mann war. Jetzt hatte Mr. Wine die Jacke ganz umsonst genäht, weil niemand da war, der sie tragen konnte.

Mr. Wine sagte, daß es eine Sünde ist, wenn man Sachen wegschmeißt, die ein anderer brauchen kann. Er sagte, daß er als alter Mann sich eine solche Sünde nicht mehr auf sein Gewissen laden wollte. Er konnte sogar nachts nicht mehr schlafen vor lauter Sorgen. Er sagte, daß er verloren war, wenn ich ihm nicht helfen würde. Wir schwiegen lange Zeit und dachten nach.

Mr. Wine ließ den Kopf hängen und seufzte, als ob er wirklich schon verloren wäre. Da sagte ich, daß ich gern versuchen wollte, ihm zu helfen. Ich sagte, ich wollte die Jacke anziehen.

Mr. Wine hob den Kopf, und ein breites Grinsen brach unter seinem Schnurrbart hervor. Er sagte, daß er vor lauter Vergeßlichkeit ganz vergessen hatte, mich zu fragen, ob ich ihm zuliebe die Jacke anziehen wollte. Ächzend erhob er sich aus seinem Schaukelstuhl und tanzte durchs Zimmer und sagte, daß ich ihn vor einer großen Sünde bewahrt und von einer großen Last befreit hatte. Wahrscheinlich hatte ich das.

Alle halfen mir, die Jacke anzuziehen. Granma zog die Ärmel gerade, Mr. Wine strich den Rücken glatt, und Granpa zupfte unten am Saum. Die Jacke paßte wie angegossen. Ich hatte die gleiche Größe wie Mr. Wines Ur-Ur-Enkel, als er noch ein kleiner Junge war.

Ich drehte mich vor der Lampe im Kreis herum, damit Granma mich von allen Seiten anschauen konnte. Ich reckte die Arme, damit Granpa sehen konnte, daß die Ärmel genau die richtige Länge hatten. Wir betasteten den Stoff mit den Händen. Er fühlte sich weich und glatt und warm an. Mr. Wine weinte vor Freude.

Ich behielt die Jacke beim Abendessen an, und ich beugte mich über meinen Teller, damit die Suppe nicht auf die schöne Jacke tropfte. Ich wollte sogar mit der Jacke ins Bett gehen, aber Granma sagte, das sollte ich lieber nicht tun, weil der Stoff sonst verknittern würde. Sie hängte die Jacke am Bettpfosten auf, damit ich sie bis zum Einschlafen anschauen konnte. Als der Mond zum Fenster herein schien, leuchtete sie noch schöner.

Wie ich so in meinem Bett lag und die Jacke anschaute, beschloß ich, sie jeden Sonntag anzuziehen, wenn wir in die Kirche gingen. Ich überlegte sogar, ob ich sie anziehen sollte, wenn wir im Kaufladen an der Straßenkreuzung unsere Ware ablieferten. Je öfter ich die Jacke anzog, so überlegte ich, desto besser konnte Mr. Wine schlafen.

Mr. Wine schlief auf einem Strohsack, den er in der Küche auf dem Fußboden ausgebreitet hatte. Ich sagte zu ihm, daß er auch in meinem Bett schlafen konnte, denn ich wollte gern mal auf einem Strohsack am Boden schlafen. Aber Mr. Wine wollte nicht tauschen.

Mitten in der Nacht fiel mir ein, daß ich mich bei Mr. Wine für die schöne Jacke bedanken sollte – auch wenn ich sie ihm zuliebe anzog. Ich stand auf und schlich mich auf Zehenspitzen zur Küchentür. Mr. Wine kniete auf seinem Strohsack und hielt den Kopf tief gesenkt. Wahrscheinlich betete er, dachte ich.

Er dankte Gott dafür, daß ein kleiner Junge ihm so viel Freude bereitet hatte. Das war sein Ur-Ur-Enkel jenseits des großen Wassers, dachte ich. Mr. Wine hatte eine brennende Kerze auf den Küchentisch gestellt. Ich blieb leise bei der Tür stehen, denn Granma hatte mir beigebracht, andere Menschen nicht beim Gebet zu stören.

Nach einer Weile blickte Mr. Wine auf – und sah mich. Er sagte, ich sollte hereinkommen. Ich fragte ihn, warum er eine Kerze angezündet hatte, wo wir doch eine Lampe hatten.

Mr. Wine erzählte, daß seine ganze Familie jenseits des großen Wassers lebte. Es gab nur eine Möglichkeit, mit ihnen zusammen zu sein, sagte er. Nämlich wenn er eine Kerze anzündete, und wenn sie, jenseits des großen Wassers, gleichzeitig auch eine Kerze anzündeten und sie dann fest aneinander dachten. Dann waren sie in Gedanken zusammen. Das überzeugte mich.

Dann erzählte ich ihm, daß unsere Verwandten weit weg, im Heimatland der Indianer, wohnten und daß wir nicht wußten, wie wir mit ihnen zusammen sein konnten. Ich erzählte ihm von Willow-John.

Ich wollte Willow-John die Sache mit der Kerze erzählen,

sagte ich zu Mr. Wine. Und Mr. Wine sagte, daß Willow-John es verstehen würde. Leider vergaß ich, Mr. Wine für die schöne gelbe Jacke zu danken.

Am nächsten Morgen ging Mr. Wine fort. Granpa und ich halfen ihm über die Brücke. Granpa hatte für ihn einen Hickorystock geschnitzt, auf den er sich beim Gehen stützte.

Gebückt unter seiner schweren Kraxe, auf den Stock gestützt, so schwankte er den Hohlweg hinunter. Er war schon verschwunden, als mir einfiel, daß ich etwas vergessen hatte. Ich lief ihm nach, aber er hatte schon einen weiten Vorsprung. Da schrie ich: »Vielen Dank für die gelbe Jacke, Mr. Wine!«

Er drehte sich nicht um, wahrscheinlich hatte er mich nicht gehört. Mr. Wine war nicht nur vergeßlich, sondern auch schwerhörig. Aber wo er selbst so vergeßlich war, dachte ich, würde er schon Verständnis dafür haben, daß ich vergessen hatte, Danke zu sagen.

Immerhin trug ich die gelbe Jacke – ihm zuliebe.

Abschied von den Bergen

Der Herbst kam dieses Jahr früh. Eines Tages raschelten hoch droben auf den Bergen, die sich in den Himmel türmten, die ersten gelben und rostroten Blätter im Wind. Der Frost hatte sie berührt. Die Sonne glühte bernsteingelb und schickte ihre Strahlen schräg durch die Zweige der Bäume im Tal.

Jeden Morgen kam der Frost ein bißchen tiefer von den Berghängen herab. Es war ein sanfter Frost. Nein, er tötete nicht, aber er ließ dich wissen, daß du die schönen Sommertage nicht festhalten konntest – genausowenig wie die Zeit; er ließ dich wissen, daß das große Sterben des Winters kam.

Der Herbst ist eine Zeit der Erinnerung . . . und der Reue. Traurig denkst du an die Dinge, die du hättest tun sollen und nicht getan hast . . . an die Worte, die du sagen wolltest und nicht gesagt hast.

Ich dachte daran, daß ich Mr. Wine für die gelbe Jacke Dank sagen wollte. Diesen Monat war er nicht gekommen. Wir saßen abends im Dämmerlicht auf der Veranda und schauten ins Tal hinab und horchten; aber er kam nicht. Da beschlossen Granpa und ich, wir wollten in die Siedlung gehen und nach ihm schauen.

Der Frost hatte den Talgrund erreicht. Morgens lag glitzernder Reif auf den Gräsern. Die Persimonen färbten sich rot, die Blätter der Pappeln und Ahornbäume bekamen gelbe Ränder. Die Tiere des Waldes, die den Winter überleben mußten, raschelten geschäftig umher und legten Vorräte an.

Die Eichelhäher schossen in weiten Bögen über die Baumwipfel und sammelten Eicheln und Bucheckern in ihren Nestern. Vorbei waren ihre wilden Flugspiele, ihr fröhliches Krächzen.

Der letzte Schmetterling taumelte durchs Tal. Er landete auf einer Maisstaude, die Granpa und ich abgeerntet hatten. Er klappte nicht mit den Flügeln – er saß einfach da und wartete. Für ihn hatte es auch keinen Zweck, Nahrungsvorräte anzulegen. Er würde bald sterben, und er wußte es. Granpa sagte, er war klüger als manche Menschen. Er regte sich deswegen nicht auf. Er hatte den Zweck seines Lebens erfüllt, und jetzt war der Zweck seines Lebens – zu sterben. So hockte er unter den letzten wärmenden Strahlen der Sonne und wartete.

Granpa und ich sammelten Holz für den Herd und für den Kamin. Den ganzen Sommer lang, so sagte er, hatten wir uns munter wie Grillen im Wald getummelt, aber jetzt mußten wir fleißig wie Ameisen sein, sonst würden wir im Winter frieren.

Wir schleppten abgestorbene Baumstämme und dürre Äste von den Bergen zur Lichtung herab. Granpas große Axt blitzte in der Abendsonne und pochte und schickte ihr Echo durchs Tal. Ich füllte den Holzkasten in der Küche mit Kienspänen und stapelte die dicken Knüppel längs der Hüttenwand auf.

So waren wir emsig bei der Arbeit – als die Politiker kamen. Sie sagten, sie seien keine Politiker, aber sie waren es doch. Ein Mann und eine Frau.

Sie wollten nicht in den Schaukelstühlen Platz nehmen, die Granma ihnen anbot, sondern sie setzten sich steif an den Küchentisch. Der Mann trug einen grauen Anzug, und die Frau trug ein graues Kleid. Das Kleid war am Hals so eng, daß ich mich nicht wunderte, warum die Frau so ein gequältes Gesicht machte. Der Mann preßte wie eine Frau die Knie zusammen. Er hielt seinen Hut auf dem Schoß und war nervös, denn er drehte den Hut dauernd im Kreis. Die Frau war nicht nervös.

Die Frau sagte, ich sollte hinausgehen, aber Granma sagte, daß ich dableiben durfte, ganz egal, welche Geheimnisse die Erwachsenen zu besprechen hatten.

Der Mann räusperte sich und sagte, daß die Leute sich wegen meiner Erziehung Sorgen machten. Er sagte, ich bräuchte eine Ausbildung und so. Granma sagte, daß ich eine Ausbildung hatte. Sie wiederholte, was Mr. Wine gesagt hatte.

Die Frau fragte Granpa, wer Mr. Wine sei, und er erzählte ihr alles, was er über Mr. Wine wußte – allerdings verschwieg er, daß Mr. Wine immer alles vergaß. Die Frau schnupfte durch die Nase und zog ihr Kleid enger um die Beine, als ob sie Angst hätte, daß Mr. Wine irgendwo lauerte und unter ihren Rock schlüpfen wollte.

Mir war klar, daß sie keine hohe Meinung von Mr. Wine

hatte; von uns übrigens auch nicht. Sie reichte Granpa ein Papier, und er reichte es an Granma weiter.

Granma zündete die Lampe an und setzte sich an den Küchentisch, um das Papier zu lesen. Zuerst las sie uns vor, aber dann verstummte sie. Den Rest las sie still für sich. Als sie fertig war, stand sie auf und bückte sich – und blies die Lampe aus.

Die Politiker wußten, was das bedeutete. Ich wußte es auch. Sie standen auf und stolperten im Zwielicht durch die Tür. Sie sagten nicht mal auf Wiedersehn.

Wir warteten schweigend im Dunkeln – lange nachdem sie gegangen waren. Dann zündete Granpa die Lampe an, und wir setzten uns um den Küchentisch. Ich konnte nicht sehen, was auf dem Papier geschrieben stand, denn ich erreichte mit dem Kopf kaum die Tischkante. Aber ich hörte gut zu.

Das Papier sagte, daß irgend jemand uns bei der Polizei angeschwärzt hatte. Es sagte, daß ich nicht richtig erzogen wurde. Es sagte, daß Granma und Granpa kein Recht hatten, mich zu behalten; daß sie zu alt waren und keine Bildung hatten. Das Papier sagte, daß Granma eine Vollblut-Indianerin war und Granpa ein Halbblut. Und außerdem, sagte es, hatte Granpa einen schlechten Ruf.

Das Papier sagte, daß Granma und Granpa selbstsüchtig handelten und mir für den Rest meines Lebens Schaden zufügten. Sie waren selbstsüchtig, so stand da geschrieben, weil sie im Alter einen Trost und eine Stütze haben wollten und weil sie mich nur zu diesem Zweck bei sich aufgenommen hatten – damit ich später für sie sorgte.

Das Papier sagte auch etwas über mich, aber Granma wollte es mir nicht vorlesen. Es sagte, Granma und Granpa sollten dann und dann vor Gericht erscheinen und auf die Beschuldigungen antworten. Andernfalls, so sagte das Papier, mußte ich in ein Waisenhaus.

Granpa war richtig erschrocken. Er nahm den Hut ab und

legte ihn auf den Tisch. Seine Hand zitterte. Er strich mit der Hand über den Hut. Er hockte stumm da, starrte den Hut an und strich mit der Hand darüber.

Ich ging weg und setzte mich in den Schaukelstuhl vor dem Kamin und schaukelte. Ich sagte zu Granma und Granpa, ich könnte mich anstrengen und in Zukunft zehn Wörter pro Woche aus dem Wörterbuch lernen. Ja, ich könnte mich noch mehr anstrengen und sogar hundert Wörter pro Woche lernen. Und außerdem hatte ich doch schon ein bißchen lesen gelernt, so sagte ich ihnen, und auch beim Lesenlernen konnte ich meine Anstrengungen verdoppeln. Ich erinnerte sie auch daran, daß Mr. Wine mich gelobt hatte, wie gut ich rechnen konnte. Auch wenn die Politiker keine hohe Meinung von Mr. Wine hatten, war es doch ein Beweis, daß ich Fortschritte machte.

Ich konnte gar nicht mehr aufhören zu reden. Ich versuchte es, aber ich konnte nicht. Ich schaukelte immer stärker und immer schneller.

Ich sagte zu Granpa, daß ich überhaupt nicht fand, daß mir Schaden zugefügt wurde; daß ich im Gegenteil fand, daß es mir sehr gut ging. Granpa antwortete nicht. Granma hielt das Papier in der Hand und starrte es an.

Mir war klar, daß Granma und Granpa dachten, das Papier könnte recht haben mit dem, was es über sie sagte. Ich sagte, daß es überhaupt nicht recht hatte. Ganz im Gegenteil, so sagte ich, es war umgekehrt: Nicht sie suchten Trost und Stütze bei mir, sondern ich bei ihnen. Nicht sie waren eine Belastung für mich, sondern ich für sie. Und was den Schaden anging, so sagte ich zu Granpa, da hatten sie durch mich nur Schaden gehabt, klein und hilflos wie ich war. Das alles, so beteuerte ich, wollte ich der Polizei erzählen. Aber sie sagten nichts.

Auch was meine Ausbildung betraf, so sagte ich, machte ich Fortschritte – wo ich doch Granpas Handwerk lernte. Ich sagte zu Granpa, daß ganz bestimmt kein anderer Junge in meinem Alter ein Handwerk lernen durfte.

Da schaute Granpa mich zum erstenmal an. Seine Augen waren traurig und leer. Von dem Handwerk, so sagte er, sollten wir der Polizei lieber nichts erzählen.

Ich ging zum Tisch und setzte mich auf Granpas Knie. Ich sagte zu ihm und zu Granma, daß ich niemals mit der Polizei gehen würde. Ich sagte, ich wollte mich lieber in den Bergen bei Willow-John verstecken, bis die Polizei die ganze Sache vergessen hatte. Ich fragte Granma: »Was ist ein Waisenhaus?«

Granma schaute mich über den Küchentisch an. Auch ihre Augen leuchteten nicht wie sonst. Sie sagte, ein Waisenhaus ist ein Haus, wo Jungen und Mädchen leben müssen, die keine Ma und keinen Pa haben. Dort gab es viele Jungen und Mädchen. Granma sagte, auch wenn ich weglief und mich bei Willow-John versteckte, würde die Polizei kommen und mich holen.

Mir war klar, daß die Polizei sogar unsre Destille im Wald finden könnte, falls sie kam und mich suchte. Da sagte ich nichts mehr über Willow-John.

Granpa sagte, wir wollten am nächsten Morgen in die Siedlung gehen und Mr. Wine besuchen und ihn fragen.

Im Morgengrau gingen wir den Hohlweg ins Tal. Granpa hatte das Papier mitgenommen, um es Mr. Wine zu zeigen. Granpa wußte, wo Mr. Wine wohnte, und als wir die Siedlung erreichten, bogen wir in eine kleine Seitenstraße ein. Mr. Wine wohnte in einem kleinen Zimmer über einer Futterhandlung. Wir kletterten eine steile Treppe hinauf, die unter unserm Gewicht schwankte. Die Tür war abgeschlossen. Granpa klopfte an und rüttelte an der Türklinke . . . aber niemand antwortete. Auf der Fensterscheibe lag dicker Staub. Granpa wischte ihn fort und spähte hinein. Da war niemand drin, sagte er.

Vorsichtig kletterten wir wieder die Treppe hinunter. Ich

stolperte hinter Granpa her, und wir gingen in die Futterhandlung.

Nach dem gleißenden Sonnenlicht draußen war es hier drin stockfinster. Granpa und ich mußten eine Weile warten, bis wir etwas sehen konnten.

Da war ein Mann, der an der Theke lehnte.

»Tach«, sagte er, »was kann ich für Sie tun?« Seine fette Wampe hing ihm über den Hosenbund.

»Tag«, sagte Granpa, »wir wollen Mr. Wine besuchen, den Mann, der in der Kammer dort oben wohnt.«

»Sein Name ist nicht Mr. Wine«, sagte der Mann. Er kaute auf einem Zahnstocher herum, den er im Mund hin und her wandern ließ. Er lutschte am Zahnstocher und zog ihn aus dem Mund und betrachtete ihn stirnrunzelnd, als ob er schlecht schmeckte.

»Tatsächlich«, sagte er, »hat er überhaupt keinen Namen mehr. Er ist nämlich tot.«

Granpa und ich erschraken. Wir konnten kein Wort sagen. Ich fühlte mich innen ganz leer, und meine Knie wurden weich. Ich hatte mich ganz fest darauf verlassen, daß Mr. Wine einen guten Rat für uns wissen würde. Auch Granpa hatte sich, wie mir schien, ganz fest darauf verlassen. Denn jetzt wußte er nicht weiter.

»Heißen Sie vielleicht Wales?« fragte der dicke Mann.

»Ja«, sagte Granpa. Der dicke Mann stapfte hinter die Theke und zerrte einen prallen Seesack hervor. Er knallte ihn auf die Theke. Anscheinend war er schwer.

»Das hat der Alte ihnen vermacht«, sagte der dicke Mann. »Da, sehen Sie, das Schildchen. Da steht Ihr Name drauf.« Granpa schaute das Schildchen an, obwohl er gar nicht lesen konnte.

»Hatte überall seine Schildchen angemacht, der Alte«, sagte der dicke Mann. »Wußte wahrscheinlich, daß es zu Ende ging. Hatte sogar ein Schildchen am Handgelenk, wo draufstand, wo sie die Leiche hinschaffen sollten. Wußte sogar genau, was es kosten würde . . . das Geld lag in einem Briefumschlag dabei . . . genau abgezählt, und kein Penny mehr. Geizig wie ein verdammter Jude!«

Granpa hob den Kopf und musterte den Mann scharf. »Er hat bezahlt, was er schuldig war, oder?«

Der Dicke kapierte den Ernst der Lage. »O ja . . . ja gewiß . . . ich persönlich hatte nichts gegen den Alten, kannte ihn nicht mal. Niemand kannte ihn. War doch die ganze Zeit draußen in den Bergen.«

Granpa warf sich den Seesack über die Schulter. »Wissen Sie vielleicht, wo hier ein Advokat wohnt?« fragte er.

Der dicke Mann deutete über die Straße. »Direkt gegenüber, die Treppe rauf, zwischen den beiden Häusern.«

»Vielen Dank«, sagte Granpa. Wir gingen hinaus.

»Komische Sache das«, murmelte der Dicke, »komischer alter Jude. Als wir ihn fanden, hatte er alle seine Sachen mit Schildchen versehen – bis auf eins: eine Kerze. Der arme Kerl hatte sie angezündet, und sie brannte noch, als er tot war.«

Ich wußte, was das mit der Kerze bedeutete, aber ich sagte nichts. Ich wußte auch, wie das mit dem Geld war. Mr. Wine war nicht geizig, sondern sparsam. Er bezahlte das, was er schuldig war, und er paßte auf, daß sein Geld für die richtigen Dinge verwendet wurde.

Wir gingen über die Straße, die Treppe hinauf. Granpa trug den Seesack. Wir kamen zu einer Tür, die oben ein Glasfenster und in der Mitte ein Namensschild hatte. Granpa klopfte an.

»Herein . . . herrrein!« Die Stimme hörte sich an, als sei es hier nicht üblich, anzuklopfen. Wir gingen hinein.

Hinter einem breiten Schreibtisch saß ein Mann auf einem Sessel. Er hatte weiße Haare und sah sehr alt aus. Als er Granpa und mich sah, stand er auf – ganz langsam. Granpa nahm den Hut ab und stellte den Seesack auf den Boden. Der Mann beugte sich über den Schreibtisch und streckte die Hand aus. »Mein Name ist Taylor«, sagte er, »Joe Taylor.«

»Wales«, sagte Granpa. Granpa ergriff Mr. Taylors Hand, aber er schüttelte sie nicht. Dann ließ er sie los und reichte Mr. Taylor das Papier.

Mr. Taylor setzte sich hin und holte seine Brille aus der Westentasche. Er beugte sich vor und las das Papier. Ich beobachtete ihn. Er runzelte die Stirn. Lange schaute er das Papier an.

Als er fertig war, faltete er es zusammen und gab es Granpa zurück. Er blickte auf. »Sie waren im Gefängnis – wegen Whiskymachen?«

»Ja, früher«, sagte Granpa.

Mr. Taylor stand auf und ging zu dem großen Fenster hinüber. Lange stand er dort und schaute auf die Straße hinab. Er seufzte. Er schaute Granpa nicht an. »Ich könnte Geld von Ihnen nehmen – aber es hat keinen Zweck. Die Politiker und Beamten, die für solche Sachen zuständig sind, haben kein Verständnis für die Menschen in den Bergen. Erst recht nicht für die Indianer. Ich fürchte, die Kerle verstehen überhaupt nichts.« Er schaute durchs Fenster in die Ferne; weit, weit weg. »Es hat keinen Zweck. Sie werden den Jungen holen.«

Granpa setzte seinen Hut auf. Er zog seinen Geldbeutel aus der Tasche und nestelte ihn auf und suchte umständlich drin herum. Er legte einen Dollar auf Mr. Taylors Schreibtisch. Dann gingen wir hinaus. Mr. Taylor schaute noch immer aus dem Fenster.

Wir ließen die Siedlung hinter uns. Granpa ging voraus und trug den Seesack. Er ging langsam. Seine Mokassins schleiften im Sand. Er war müde, dachte ich. Als wir den Hohlweg entlanggingen, fragte ich ihn: »Granpa, was ist ein verdammter Jude?«

Granpa blieb stehen, aber er drehte sich nicht nach mir um. Auch seine Stimme klang müde. »Keine Ahnung;

wahrscheinlich irgend 'ne Sache aus der Bibel. Vor vielen hundert Jahren . . .« Granpa drehte sich um. »Genau wie bei den Indianern . . . Ich hab so was gehört, daß auch sie keine Heimat haben.« Granpa schaute mich lange an. Seine Augen blickten wie die von Willow-John.

Granma zündete die Lampe an. Wir legten den Seesack auf den Tisch und schnürten ihn auf. Da waren Ballen von rotem Stoff und grünem Stoff und gelbem Stoff für Granma; Nadeln und Fingerhüte und Zwirnspulen. Es kam mir so vor, als hätte Mr. Wine seine ganze Kraxe in den Seesack ausgeleert. Granma sagte, daß es ihr auch so vorkam.

Und da waren alle möglichen Werkzeuge für Granpa. Und Bücher für mich. Ein Rechenbuch und ein Buch mit Sprüchen über die Werte, die jeder Mensch im Leben beachten muß. Und da war ein Buch mit Bildern von Jungen und Mädchen und Hunden. Da stand auch was geschrieben, und es war funkelnagelneu, denn es glänzte noch. Vielleicht hätte Mr. Wine es auf seine nächste Wanderung mitgenommen, so dachte ich – falls er es nicht vergessen hätte. Das war alles, dachten wir.

Granpa hob den leeren Seesack auf und legte ihn auf den Boden. Aber da polterte noch irgend etwas im Sack. Granpa hob ihn auf und schüttelte ihn. Da rollte ein roter Apfel über den Tisch. Zum erstenmal hatte Mr. Wine den Apfel nicht vergessen! Aber da kam noch etwas zum Vorschein. Granma hob es auf – und es war eine Kerze, und es hing eines von Mr. Wines Schildchen dran. Granma las vor, was drauf stand. Es stand drauf, daß die Kerze für Willow-John war.

Wir setzten uns um den Tisch, aber das Abendbrot schmeckte uns nicht. Granpa erzählte, was wir in der Siedlung erfahren hatten: von Mr. Wine – und auch das, was Mr. Taylor gesagt hatte.

Granma pustete die Lampe aus, und wir saßen im Halbdunkel vor dem Kamin, bis der aufgehende Mond durchs Fenster schien. An diesem Abend machten wir kein Feuer im Kamin. Ich schaukelte in meinem Schaukelstuhl.

Ich sagte zu Granma und Granpa, sie sollten nicht traurig sein. Ich selbst wollte auch nicht traurig sein. Wahrscheinlich würde es mir im Waisenhaus sogar gefallen, wo all die vielen Jungen und Mädchen waren . . . Und außerdem, sagte ich, würde die Polizei die ganze Sache bald vergessen, und dann würde ich wiederkommen.

Granma sagte, daß wir nur noch drei Tage Zeit hatten. Dann mußte ich mich bei der Polizei melden. Wir sprachen kein Wort mehr. Ich wußte nicht, was ich sagen sollte. Langsam schaukelten wir in unseren Schaukelstühlen, die leise knarrten. Und so saßen wir bis spät in die Nacht – und schwiegen.

Als ich im Bett lag, weinte ich – zum erstenmal, seit Ma gestorben war. Ich weinte, aber ich stopfte mir die Bettdecke in den Mund, und so hörten Granma und Granpa mich nicht.

Die folgenden drei Tage waren wir immer zusammen und versuchten, nicht daran zu denken. Granma ging überall mit, wohin Granpa und ich gingen – das Tal hinauf, zum hängenden Felsen und zum Wasserfall. Wir nahmen auch Blue Boy und die anderen Hunde mit. Einmal gingen wir frühmorgens den Hochpfad hinauf. Wir setzten uns auf den Berggipfel und schauten, wie die Sonne über den Hügeln aufging. Ich zeigte Granpa und Granma meinen »geheimen Platz«.

Granma kochte lauter gute Sachen, und dabei rutschte ihr immer die Zuckerdose aus. Granpa und ich aßen uns richtig satt an den süßen Eichelmus-Pfannkuchen.

Einen Tag, bevor ich von zu Hause fort mußte, lief ich die Abkürzung über den Hügel zum Kaufladen in der Siedlung hinunter. Mr. Jenkins sagte, daß die rotgrüne Schachtel schon alt war, darum ließ er sie mir für fünfundsechzig Cents, und ich zählte ihm das Geld in die Hand. Ich kaufte auch eine Schachtel rote Zuckerlutscher für Granpa, die mich fünfundzwanzig Cents kostete. So behielt ich nur einen Zehner von dem Dollar, den Mr. Chunk mir gegeben hatte.

Am Abend schnitt Granpa mir die Haare. Das war nötig, erklärte er, weil ich lauter Schwierigkeiten haben würde, wenn ich wie ein Indianer aussah. Das war mir ganz egal, sagte ich zu Granpa. Am liebsten, sagte ich, wollte ich aussehen wie Willow-John.

Ich durfte auch meine Mokassins nicht mehr anziehen. Granpa holte meine alten Schuhe hervor und dehnte sie. Er steckte ein Eisen in die Schuhe und klopfte mit dem Hammer das Oberleder, damit es sich über die Sohlen ausdehnte. Denn meine Füße waren gewachsen.

Ich sagte zu Granma, daß sie meine Mokassins unter meinem Bett stehen lassen sollte, denn ich würde bald wieder da sein, und dann brauchte ich sie nicht lange zu suchen. Ich legte auch mein Hemd aus Hirschleder auf das Bett. Da sollte es liegen und auf mich warten, so sagte ich zu Granma. Denn bis ich wiederkommen würde, sollte niemand in meinem Bett schlafen.

Die grünrote Schachtel versteckte ich in Granmas Mehlbüchse, da würde sie sie in ein paar Tagen finden. Die Schachtel mit den Zuckerlutschern steckte ich in die Tasche von Granpas Anzug. Da würde er sie am Sonntag finden. Ich hatte mir nur einen einzigen Lutscher genommen, zum Probieren. Er war gut. Zum Abschied wollte Granma nicht in die Siedlung mitgehen. Granpa wartete am Rand der Lichtung auf mich, und Granma kniete sich auf der Veranda vor mich hin und umarmte mich, wie sie Willow-John umarmt hatte. Ich umarmte sie auch und hielt sie ganz fest. Ich gab mir Mühe, nicht zu weinen, aber ich mußte doch weinen – nur ein bißchen. Ich hatte meine alten Schuhe an, die nicht mal wehtaten, wenn ich die Zehen ausstreckte. Ich hatte meine besten Bluejeans an und mein weißes Hemd. Und ich hatte die gelbe Jacke an. In meinem Rucksack hatte Granma noch zwei Hemden und meine anderen Jeans und meine Socken gepackt. Sonst wollte ich nichts mitnehmen, weil ich ja wußte, daß ich bald wiederkommen würde. Ganz bestimmt, das versprach ich Granma.

Granma, die auf der Veranda vor mir kniete, sagte: »Erinnerst du dich an den Hundsstern, Little Tree? Den hellen Stern, der in der Abenddämmerung funkelt?«

Ja, sagte ich, ich erinnerte mich.

Und Granma sagte: »Wo immer du bist – ob nah oder fern – in der Abenddämmerung mußt du zum Hundsstern hinaufblicken. Granpa und ich werden auch hinaufblicken. Und dann werden wir uns erinnern.«

Auch ich würde mich erinnern, das versprach ich. Ich bat Granma, sie sollte Willow-John sagen, daß auch er zum Hundsstern hinaufblicken sollte. Das versprach sie mir.

Granma hielt mich an den Schultern fest und schaute mich an. Sie sagte: »Die Cherokee haben deinen Pa und deine Ma verheiratet. Das darfst du nie vergessen, Little Tree. Ganz egal, was die Leute sagen . . . vergiß es nie!«

Das versprach ich ihr. Dann ließ Granma mich los. Ich hob meinen Rucksack auf und folgte Granpa über die Lichtung. Auf der Brücke drehte ich mich um. Granma stand auf der Veranda und schaute mir nach. Sie hob die Hand, preßte sie auf ihr Herz und winkte mir. Ich wußte, was das bedeutete.

Granpa hatte seinen schwarzen Anzug angezogen. Er hatte auch seine Schuhe an, und so stolperten wir mühsam den Weg entlang. Drunten im Tal griffen niedrig hängende Tannenzweige nach mir und wollten mich festhalten. Eine alte Eiche griff mit ihren knorrigen Astfingern nach meinem Rucksack und zog ihn mir von der Schulter. Ein Persimonbusch umklammerte mein Bein. Der Bach sprudelte schneller und rauschte lauter und sprang aufgeregt über die Steine, und eine Krähe flatterte vor uns auf und krächzte . . . und landete auf einem Baumwipfel und krächzte und krächzte. Sie alle riefen und sangen und sagten: »Geh nicht fort, Little Tree . . . geh nicht fort, Little Tree.«

Ich wußte, daß sie das sagten. Meine Augen waren voller Tränen, und ich stolperte blind hinter Granpa her. Der Wind brauste auf und stöhnte und zerrte am Saum meiner gelben Jacke. Uralte Wurzeln reckten sich über den Weg und wollten meine Füße packen. Eine Trauertaube rief aus der Ferne – lang und traurig –, und als keine Antwort kam, wußte ich, daß sie mich rief.

Granpa und ich hatten Mühe, den Weg aus dem Tal zu finden.

An der Busstation mußten wir warten. Granpa setzte sich auf eine Bank. Ich hielt meinen Rucksack auf den Knien. Wir warteten auf das Gesetz.

Ich sagte zu Granpa, daß ich mir Sorgen machte, wie es mit dem Whisky-Handwerk weitergehen sollte, jetzt, wo ich ihm nicht mehr helfen konnte. Ja, sagte Granpa, es würde eine schwere Zeit sein. In Zukunft, so sagte er, müsse er glatt für zwei Mann arbeiten. Ich sagte zu Granpa, daß ich ja bald zurück sein würde, und darum brauchte er nicht so lange für zwei Mann zu arbeiten. Danach sagten wir nicht mehr viel.

An der Wand tickte eine Uhr. Da ich die Uhr lesen konnte, sagte ich Granpa, wie spät es war. Außer uns waren nicht viele Menschen in der Busstation. Nur ein Mann und eine Frau. Es waren harte Zeiten, sagte Granpa, da hatten die Leute kein Geld für weite Reisen. Nein, das hatten sie nicht.

Ich fragte Granpa, ob es dort, wo das Waisenhaus war, auch Berge gab. Granpa sagte, daß er es nicht wußte. Denn er war nie dort gewesen. Wir warteten weiter.

Jetzt kam die Frau herein. Ich erkannte sie gleich. Es war die Frau im grauen Kleid. Sie kam zu Granpa und mir herüber, und als Granpa aufstand, reichte sie ihm ein paar Papiere. Granpa steckte die Papiere in die Tasche. Die Frau sagte, daß der Bus auf uns wartete. Sie sagte: »Rasch jetzt, kein Gezeter und keine Tränen. Machen wir, daß wir's hinter uns bringen. Was sein muß, muß sein. So ist's am besten für alle Beteiligten.«

Ich wußte nicht, von welchen Beteiligten sie redete, und überhaupt. Granpa wußte es auch nicht. Die Frau war ganz kalt und amtlich. Sie zog eine Schnur aus ihrer Handtasche und band sie mir um den Hals. An der Schnur hing ein Schildchen, so ähnlich wie Mr. Wines' Schildchen. Auf dem Schildchen stand etwas geschrieben. Granpa und ich folgten ihr durch die Hintertür der Busstation und gingen zum Bus.

Ich hatte meinen Rucksack auf der Schulter. Granpa kniete sich vor der offenen Bustür auf den Boden und umarmte mich, wie er Willow-John umarmt hatte. Er hielt mich lange fest, und dabei kniete er mit beiden Knien auf der Erde.

Ich flüsterte Granpa ins Ohr: »Ich bin ganz bestimmt bald wieder daheim«, sagte ich. Granpa drückte mich – als Zeichen, daß er verstanden hatte.

Die Frau sagte: »Vorwärts, geh schon.«

Ich wußte nicht, ob sie zu mir oder zu Granpa sprach. Granpa stand auf. Er drehte sich um und ging fort. Er schaute sich nicht mehr um.

Die Frau hob mich auf und trug mich in den Bus. Ich hätte es auch ganz gut allein geschafft. Sie sagte dem Busfahrer, er sollte das Schildchen lesen, das an meinem Hals hing. So stand ich vor ihm, und er las das Schildchen.

Ich sagte zu dem Busfahrer, daß ich keine Fahrkarte hatte und auch nicht wußte, ob ich überhaupt mitfahren durfte, weil ich kein Geld hatte. Er lachte und sagte, daß die Frau ihm meinen Fahrschein gegeben hatte. Außer mir waren nur noch drei Leute im Bus. Ich ging nach hinten und setzte mich ans Rückfenster. Vielleicht, so hoffte ich, konnte ich noch einmal Granpa sehen.

Der Bus fuhr los. Ich sah die Frau in dem grauen Kleid, sie blickte dem Bus nach. Wir fuhren die Straße hinauf, aber ich konnte Granpa nirgends sehen. Dann – sah ich ihn. Er stand an der Straßenecke hinter der Busstation. Er hatte den Hut tief ins Gesicht gezogen, und seine Arme hingen schlaff herab.

Als wir an ihm vorbeifuhren, versuchte ich das Fenster runterzukurbeln, aber ich wußte nicht wie. Ich winkte, aber er sah mich nicht.

Der Bus fuhr weiter, und ich preßte mein Gesicht gegen das hintere Fenster. Granpa stand immer noch dort und schaute dem Bus nach. Ich winkte und schrie: »Good-bye, Granpa. Ich bin ganz bestimmt bald wieder daheim!« Er sah mich nicht. Ich schrie noch einmal: »Ganz bestimmt bin ich bald wieder daheim, Granpa!«

Aber er stand nur einsam dort an der Straßenecke und wurde in der Abendsonne immer kleiner. Seine Schultern hingen herab. Granpa sah alt aus.

Der Hundsstern

Wenn du nicht weißt, wohin die Reise führt, dann ist's eine lange Reise. Niemand hatte es mir gesagt. Ich glaube, Granpa wußte es auch nicht.

Da ich zu klein war, um über die Rücklehnen der Sitze vor mir zu spähen, schaute ich seitlich zum Fenster raus. Häuser und Bäume flitzten vorbei und dann nur noch

Bäume. Es wurde dunkel, und ich konnte nichts mehr sehen.

Ich spähte zwischen den Sitzreihen nach vorn, und da sah ich die endlose Straße im Licht der Scheinwerfer. Sonst nichts.

Irgendwann machte der Bus in einer fremden Stadt halt und blieb lange stehen. Aber ich rührte mich nicht von meinem Sitz fort. Hier, so dachte ich, war ich sicherer.

Dann ließen wir auch diese Stadt hinter uns, und nun gab es nichts mehr zu sehen. Ich hielt meinen Rucksack auf den Knien und preßte mein Gesicht dagegen. Er erinnerte mich an Granpa und Granma. Und er roch irgendwie nach Blue Boy. Ich schlief ein.

Der Busfahrer weckte mich. Draußen war ein grauer Morgen, und Regen klatschte gegen die Fenster. Der Bus hielt vor dem Waisenhaus, und als ich ausstieg, wartete schon eine Dame mit weißem Häubchen unter einem Regenschirm auf mich.

Sie hatte ein schwarzes Kleid an, das bis auf den Boden reichte. Sonst sah sie aus wie die Frau im grauen Kleid, aber sie war es nicht. Sie sagte kein Wort. Sie bückte sich, packte mein Schildchen und las es. Sie nickte dem Busfahrer zu, und dieser schlug die Tür zu und fuhr los. Die Dame richtete sich auf, runzelte die Stirn und seufzte. »Komm mit mir«, sagte sie und ging mit langsamen Schritten voraus – durch ein eisernes Tor. Ich warf den Rucksack über die Schulter und folgte ihr.

Wir gingen durch das Tor und unter mächtigen Ulmen hindurch, in deren Ästen der Wind rauschte. Die Dame merkte gar nichts, aber ich merkte es gleich. Die Bäume wußten, daß ich kam.

Über einen weiten Hof erreichten wir ein paar Gebäude. Ich konnte leicht mit der Dame Schritt halten. Als wir beim ersten Haus anlangten, blieb sie stehen. »Zuerst mußt du den Herrn Pfarrer begrüßen«, sagte sie. »Halt den Mund, weine nicht und sei respektvoll. Du darfst reden, aber *nur*, wenn er dich etwas fragt. Hast du verstanden?«

Ja, sagte ich, ich hatte verstanden.

Ich folgte ihr über einen dunklen Flur, und dann traten wir in ein Zimmer. Der Herr Pfarrer saß am Schreibtisch. Er blickte gar nicht auf. Die Dame setzte mich auf einen Stuhl vor seinem Schreibtisch. Der Herr Pfarrer hatte eine totale Glatze. Nur hinter den Ohren konnte ich ein paar Härchen entdecken.

An der Wand hing eine Uhr, und ich sagte zu mir selbst, wie spät es war. Ich sagte es ganz leise. Hinter dem Rücken des Herrn Pfarrer klatschte der Regen gegen das Fenster. Der Hochwürdige Herr blickte auf.

»Baumele nicht mit den Beinen!« sagte er. Das sagte er mit strenger Stimme. Ich gehorchte sofort.

Er vertiefte sich wieder in seine Papiere. Dann legte er die Papiere weg und nahm einen Bleistift in die Hand, den er dauernd hin und her drehte. Er stützte die Ellbogen auf die Tischplatte und beugte sich weit vor, als ob ich so klein wäre, daß er mich nicht sehen konnte.

»Dies sind sehr schwere Zeiten«, sagte er. Er runzelte die Stirn, und man konnte sehen, wie sehr er unter den schweren Zeiten zu leiden hatte. »Der Staat hat nicht genug Geld für solche Dinge. Darum hat unsere wohltätige Stiftung beschlossen, sich deiner anzunehmen. Vielleicht war es ein Fehler, aber wir haben es nun mal beschlossen.«

Mir tat die arme wohltätige Stiftung richtig leid, die sich in diesen schweren Zeiten auch noch um mich kümmern mußte. Ich sagte aber nichts, weil er mich nicht gefragt hatte.

Der Herr Pfarrer drehte den Bleistift hin und her. Der Bleistift war nicht auf die sparsame Art angespitzt. Die Spitze war zu dünn. Mir kam der Verdacht, daß der Herr Pfarrer vielleicht doch leichtsinniger war, als er behauptete.

Er sprach weiter: »Wir haben eine Schule, die du besuchen kannst. Und dann werden wir dir kleinere Arbeiten zuteilen. Jeder hier macht irgendwelche Arbeiten, jeder hat seine Pflichten. Das bist du wahrscheinlich nicht gewöhnt. Aber du mußt den Regeln gehorchen. Wenn du die Regeln übertrittst, wirst du bestraft.« Er hüstelte. »Außerdem haben wir hier keine Indianer, weder Halbblut noch sonst welche. Und außerdem waren deine Mutter und dein Vater nicht verheiratet. Du bist also der erste und einzige Bastard, den wir je aufgenommen haben.«

Ich sagte ihm, was Granma mir gesagt hatte: daß mein Pa und meine Ma nach den Gesetzen der Cherokee richtig verheiratet waren.

Die Cherokee, sagte er, hatten mit der ganzen Sache gar nichts zu tun. Und außerdem hatte ich gesprochen, ohne daß er mich danach gefragt hatte. Nein, das hatte er wirklich nicht.

Und dann legte er erst richtig los und fing an, sich aufzuregen. Er sprang auf und sagte, daß seine wohltätige Stiftung leider dem Grundsatz gehorchen mußte, zu allen lebenden Wesen freundlich zu sein. Auch zu Tieren und allerlei Kroppzeug.

Er sagte, daß ich nicht in die Kirche und auch nicht zur Abendandacht zu gehen brauchte; denn die Bibel sagt, daß die Seele eines Bastards nicht gerettet werden kann. Aber *ausnahmsweise* erlaubte er mir, mich als Zuhörer in die hinterste Kirchenbank zu setzen – falls ich mich leise verhielt und keinerlei Schwierigkeiten machte.

Aber das war mir ziemlich egal, denn Granpa und ich hatten es schon lange aufgegeben, uns um die technischen Schliche und Tricks, wie man in den Himmel kommt, zu kümmern.

Der Hochwürdige Herr zeigte auf die Papiere auf seinem Tisch und sagte: »In diesen Papieren steht geschrieben, daß dein Großvater nicht die moralische Qualifikation hat, ein

Kind zu erziehen. Er war im Gefängnis! Und du hast wahrscheinlich noch nie Disziplin kennengelernt!«

Nein, sagte ich, jemand mit so einem Namen hatte ich noch nie kennengelernt. Aber einmal, sagte ich, wäre ich beinah aufgehängt worden. Der Bleistift des Herrn Pfarrer blieb starr in der Luft stehen, und sein Mund stand sperrangelweit offen.

»Was???« brüllte er.

Da erzählte ich ihm, wie ich einmal beinah aufgehängt worden wäre. Und wie ich im letzten Augenblick dem Gesetz entwischt war. Hätten die Hunde mir nicht geholfen, so sagte ich, dann hätten sie mich bestimmt aufgehängt. Aber ich erzählte ihm nichts von der Destille im Wald. Denn sonst hätten Granpa und ich uns vielleicht ein anderes Handwerk suchen müssen.

Der Herr Pfarrer setzte sich wieder an seinen Schreibtisch und vergrub sein Gesicht zwischen den Händen, als ob er weinte. Aber er weinte nicht, er schüttelte nur den Kopf. »Ich *wußte* ja, daß es ein Fehler war«, sagte er. Das sagte er zwei- oder dreimal hintereinander. Ich aber wußte nicht recht, welchen Fehler er eigentlich meinte.

Er verbarg noch immer sein Gesicht zwischen den Händen und schüttelte dauernd den Kopf. Da glaubte ich doch, daß er weinte. Ich bekam richtige Schuldgefühle, und es tat mir leid, daß ich die Sache mit dem Aufhängen überhaupt erzählt hatte. So saßen wir eine ganze Weile und schwiegen.

Ich sagte zu ihm, er sollte nicht weinen. Die Sache mit dem Aufhängen, so sagte ich ihm, war gar nicht so schlimm gewesen, und ich hatte nicht mal Angst gehabt. Nur daß Old Ringer gestorben war, durch meine Schuld.

Der Herr Pfarrer hob den Kopf und sagte: »Halt's Maul! Ich habe dich nicht gefragt!« Nein, das hatte er wirklich nicht. Er vertiefte sich wieder in seine Papiere. »Wir werden sehen . . . wir werden es versuchen, mit Gottes Hilfe.

Möglicherweise stecken wir dich in eine Besserungsanstalt«, sagte er.

Er läutete eine Glocke, die auf seinem Schreibtisch stand, und die Dame kam mit flatterndem Rock ins Zimmer gelaufen. Anscheinend hatte sie die ganze Zeit hinter der Tür gewartet, so dachte ich mir.

Sie sagte, ich sollte mit ihr kommen. Ich hob meinen Rucksack auf, hängte ihn mir über die Schulter und sagte: »Vielen Dank.« Aber ich sagte nicht »Herr Hochwürden«. Auch wenn ich ein Bastard war und in der Hölle schmoren mußte, brauchte ich mir keine extra Mühe zu geben, wo ich nicht mal wußte, ob man in solchen Fällen »Herr Hochwürden« oder »Mister« sagen mußte. Ich beherzigte lieber, was Granpa immer gesagt hatte, daß man nämlich kein unnötiges Risiko eingehen soll.

Als wir hinausgingen, rüttelte ein heftiger Windstoß am Fenster. Die Dame blieb stehen und schaute sich um. Auch der Herr Pfarrer drehte sich um und guckte zum Fenster. Aber ich wußte, das war eine Botschaft für mich – aus den Bergen.

Mein Bett stand in der Ecke. Es war von allen anderen getrennt – bis auf eines, das ganz nah neben meinem stand. Es war ein großes Zimmer, in dem an die zwanzig bis dreißig Jungen schliefen. Die meisten waren älter als ich.

Meine Aufgabe war, jeden Morgen und jeden Abend das ganze Zimmer sauberzufegen. Das war nicht schwer. Aber wenn ich nicht unter den Betten gründlich fegte, befahl die Dame mir, noch einmal von vorn anzufangen. Und das passierte ziemlich oft.

In dem Bett neben meinem schlief Wilburn. Wilburn war viel älter als ich, vielleicht elf Jahre. Aber er sagte, er sei zwölf. Er war groß und mager und hatte viele Pickel im Gesicht. Er sagte, weil er so häßlich war, würde niemand ihn adoptieren wollen, und darum müßte er im Waisenhaus bleiben, bis er achtzehn war. Aber das war ihm ganz egal, sagte Wilburn. Er sagte, wenn er eines Tages entlassen würde, wollte er wiederkommen und das Waisenhaus anzünden.

Wilburn hatte einen Klumpfuß. Sein rechter Fuß war furchtbar nach innen gekrümmt, und im Gehen streiften seine Zehen bei jedem Schritt sein linkes Bein. So humpelte er dahin, und seine ganze rechte Seite hüpfte auf und ab.

Wilburn und ich spielten nie mit, wenn die anderen Jungen auf dem Hof Ball spielten. Wilburn konnte nicht laufen, und ich war zu klein, um mitzuspielen. Wilburn sagte, ihm sei es ganz egal. Solche Spiele, sagte er, sind sowieso nur für Babys. Und das ist richtig.

Während die anderen spielten, saßen Wilburn und ich unter einer Eiche am Ende des Hofes. Manchmal flog der Ball in hohem Bogen aus dem Spielfeld und rollte in unsere Ecke des Hofes. Dann rannte ich hin und warf ihn wieder zurück zu den Jungen auf dem Spielfeld. Ich konnte gut werfen.

Ich redete mit der Eiche. Wilburn wußte nichts davon, denn ich redete nicht mit Wörtern. Es war eine alte Eiche. Als der Winter kam, hatte sie die meisten ihrer flüsternden Blätter verloren, aber jetzt redete sie mit ihren nackten Fingern, die sie in den Wind reckte.

Sie sagte, daß sie müde war und schlafen wollte. Aber sie wollte wegen mir noch eine Weile wach bleiben und den Bäumen in den Bergen eine Botschaft schicken, daß ich hier war. Sie sagte, sie würde die Botschaft mit dem Wind schicken. Ich bat sie, auch Willow-John eine Botschaft zu schicken. Das versprach sie mir.

Zwischen den Wurzeln der Eiche fand ich eine blaue Glasmurmel. Sie war durchsichtig, und wenn ich sie vor mein Auge hielt, sah ich die ganze Welt blau.

Wilburn sagte mir, daß es eine Murmel war, denn ich hatte noch nie vorher eine Murmel gesehen.

Murmeln, sagte er, sind nicht zum Durchgucken da, sondern zum Werfen. Aber ich sollte meine Murmel lieber nicht werfen, sagte er, denn irgend jemand würde sie mir wegnehmen, weil irgend jemand sie wahrscheinlich verloren hatte.

»Was zum Teufel«, sagte Wilburn, »lachender Finder – weinender Verlierer.« Ich steckte die Murmel in meine Hosentasche.

Ab und zu mußten alle Jungen sich in der großen Halle aufstellen, und dann kamen fremde Damen und Herren und guckten die Jungen neugierig an. Sie suchten sich einen zum Adoptieren aus. Die Dame mit dem weißen Häubchen sagte, ich sollte mich nicht in die Reihe stellen. Das tat ich auch nicht.

Aber ich stand bei der Tür und schaute zu. Man konnte schon im voraus sagen, wen sie aussuchen würden und wen nicht. Vor dem Jungen, den sie haben wollten, blieben sie stehen und redeten mit ihm. Dann gingen sie mit ihm ins Büro des Herrn Pfarrers. Bei Wilburn blieb nie jemand stehen.

Wilburn sagte, daß es ihm ganz egal sei, aber er sagte nicht die Wahrheit. Immer wenn die Jungen sich in Reih und Glied aufstellen mußten, zog Wilburn ein sauberes Hemd und frische Bluejeans an. Ich stand an der Tür und beobachtete Wilburn.

Wilburn stand in der Reihe und grinste die Leute freundlich an und versteckte seinen Klumpfuß hinter seinem gesunden Fuß. Aber niemand wollte mit ihm reden. Und jeden Abend, nachdem die Jungen sich in Reih und Glied aufgestellt hatten, pißte Wilburn ins Bett. Er sagte, daß er das mit Absicht machte. Er machte es, sagte er, um ihnen zu zeigen, was er von der Scheiß-Adoption hielt.

Immer wenn Wilburn ins Bett gepißt hatte, kam die Dame mit dem weißen Häubchen und befahl ihm, seine Matratze und sein Laken in die Sonne zu legen. Wilburn sagte, das sei ihm ganz egal. Er sagte, wenn sie ihn nicht in Ruhe ließen, würde er jede Nacht absichtlich ins Bett pissen.

Wilburn fragte mich, was ich machen wollte, wenn ich einmal erwachsen sein würde. Ich sagte, ich wollte ein Indianer sein wie Granpa und Willow-John und in den Bergen leben. Wilburn sagte, daß er Banken ausrauben und Waisenhäuser anzünden wollte. Am liebsten, sagte er, würde er auch Kirchen ausrauben, wenn er nur wüßte, wo sie das Geld aufbewahrten. Wahrscheinlich würde er alle Leute umbringen, die Banken oder Waisenhäuser besaßen, aber mich würde er nicht umbringen, sagte er.

In der Nacht weinte Wilburn. Ich ließ ihn nie merken, daß ich es wußte, denn er stopfte sich immer die Bettdecke in den Mund. Ich glaube, er wollte nicht, daß jemand es wußte. Ich sagte zu Wilburn, er könnte sich doch seinen Klumpfuß operieren lassen, wenn er mal aus dem Waisenhaus entlassen würde. Ich schenkte ihm meine blaue Murmel.

Jeden Abend, kurz vor dem Essen, wurde in der Kapelle eine Andacht gehalten. Ich ging nicht hin, und das Abendessen schwänzte ich auch. So hatte ich Gelegenheit, am Himmel den Hundsstern zu suchen. In unserem Schlafsaal gab es schräg gegenüber meinem Bett ein Fenster, und von dort konnte ich den Hundsstern ganz deutlich sehen. Glitzernd schimmerte er durch die Dämmerung, und je dunkler es wurde, desto heller strahlte er.

Ich wußte, daß auch Granpa und Granma zu ihm hinaufblickten, und auch Willow-John. Jeden Abend stand ich eine Stunde am Fenster und blickte zum Hundsstern hinauf. Ich sagte zu Wilburn, er sollte auch mal das Abendessen schwänzen, dann könnte er mit mir zum Hundsstern hinaufblicken. Aber er mußte jeden Abend zur Andacht in die Kapelle gehen, und auf das Abendessen wollte er nicht verzichten. So hat er den Hundsstern leider nie gesehen.

Am Anfang überlegte ich mir immer tagsüber, an was ich am Abend, wenn ich zum Hundsstern hinaufblickte, denken wollte. Aber bald fand ich, daß das nicht nötig war.

Ich brauchte nur einfach hinaufzuschauen. Granpa schickte mir aus der Ferne Erinnerungen. Wie wir zusammen auf dem Berggipfel saßen und zuschauten, wie die Sonne aufging, wie der neue Tag geboren wurde, wie das Eis unter den Sonnenstrahlen funkelte und knisterte. Und ich hörte wieder seine Stimme, ganz nah: »Mon-o-lah wird lebendig!« Und ich stand am Fenster und sagte: »Ja, Sir, sie wird lebendig!«

Einmal, als Granpa und ich zum Hundsstern hinaufblickten, erinnerten wir uns an eine Fuchsjagd, bei der Blue Boy und Little Red und Old Rippitt und Maud in wilden Kreisen den schlauen Fuchs im Gebirge verfolgten. Wir lachten über Old Rippitts faule Tricks, bis wir uns den Bauch halten mußten.

Granma schickte mir Erinnerungen an das Wurzeln- und Beerensammeln im Wald und wie ihr beim Pfannkuchenbacken die Zuckerdose ausgerutscht war. Und an den Tag, als sie Granpa und mich auf dem Maisfeld erwischte, wie wir auf Knien und Ellbogen lagen und wie Maultiere das Maultier Old Sam anwieherten.

Sie schickte mir auch ein Bild von meinem »geheimen Platz«. Die Blätter waren allesamt von den Bäumen gefallen und lagen braun und rostrot und gelb am Boden. Wilder Efeu umrankte den Platz mit seinen roten Blättern – wie ein Feuerkreis, der niemanden hineinließ, außer mir.

Willow-John schickte mir Bilder von den Hirschen, die sich hoch in die Berge verzogen hatten. Willow-John und ich lachten zusammen, als wir uns erinnerten, wie ich ihm einmal den Ochsenfrosch in die Manteltasche gesteckt hatte. Aber die Bilder, die Willow-John schickte, waren verschwommen, denn sein Gefühl brannte stark. Willow-John war traurig.

Jeden Tag beobachtete ich die Wolken und die Sonne am Himmel. Wenn Wolken da waren, dann konnte ich abends nicht den Hundsstern sehen. Dann stand ich am Fenster und horchte auf den Wind.
In der Schule hatten sie mich in die erste Klasse gesteckt. Wir lernten Rechnen – was ich schon konnte; denn Mr. Wine hatte es mich gelehrt. Eine große dicke Dame stand vorne an der Tafel und hielt Unterricht. Sie war streng und duldete keine Dummheiten.

Einmal hielt sie ein Bild in die Höhe, darauf waren Hirsche zu sehen, die gerade ein Bachufer hinaufsprangen. Sie sprangen einer über den andern, als ob sie schnell vom Wasser fort wollten und drängelten. Sie fragte die ganze Klasse, ob vielleicht jemand wußte, was die Hirsche da machten.

Ein Junge sagte, sie liefen vor etwas davon, wahrscheinlich vor einem Jäger. Ein anderer Junge sagte, sie hatten Angst vor dem Wasser und wollten möglichst schnell durch den Bach springen.

»Richtig«, sagte die dicke Frau.

Ich hob den Finger. Ich sagte, ist doch klar, sie paaren sich. Denn da war ein Hirsch, der auf eine Hirschkuh sprang; außerdem erkannte ich am Laub der Büsche und Bäume, daß es die Jahreszeit war, wo die Hirsche sich paaren.

Die fette Dame war ganz verdattert. Sie riß den Mund auf, aber sie brachte kein Wort heraus. Irgend jemand lachte. Die Dame schlug sich die Hand vor die Stirn und verdrehte die Augen und ließ das Bild fallen. Mir war klar, daß sie gleich in Ohnmacht fallen würde.

Sie taumelte ein paar Schritte rückwärts, bevor sie wieder zur Besinnung kam. Dann gab sie sich einen Ruck und kam zu mir hergerannt. Alle verstummten. Sie packte mich am Kragen und schüttelte mich. Ihr Gesicht lief rot an, und sie schrie: »Ich hab's ja gewußt – wir alle hätten es wissen sollen . . . Dreck . . . Dreck kommt aus deinem Mund, du dreckiger kleiner *Bastard!*«

Ich konnte mir überhaupt nicht vorstellen, warum sie sich so aufregte und brüllte, und ich wollte schon den Mund aufmachen, um sie zu fragen. Aber sie schüttelte mich immer ärger, dann packte sie mich mit beiden Händen am Kragen und stieß mich durch die Tür hinaus.

Wir gingen den Flur entlang, zum Büro des Herrn Pfarrer. Sie ließ mich draußen warten und schlug die Tür hinter sich zu. Ich hörte, wie sie miteinander redeten, aber ich verstand nicht, was sie sagten.

Nach einer Weile kam sie aus dem Büro des Herrn Pfarrer und verschwand über den Flur, ohne mich anzusehen. In der Tür stand der Herr Pfarrer. Er sagte mit ganz ruhiger Stimme: »Komm rein!« Ich ging hinein.

Ich mußte meine Hosenträger abstreifen, und als ich mein Hemd auszog, mußte ich meine Hosen mit beiden Händen festhalten. Der Herr Pfarrer griff unter seinen Schreibtisch und holte einen langen Stock hervor.

Er sagte: »Du bist von Geburt an böse, und ich weiß, du kennst keine Reue. Aber bei Gott, ich will dich lehren, andere fromme Christen nicht mit deiner Bosheit anzustekken. Wenn du schon nicht bereuen kannst . . . sollst du wenigstens brüllen!«

Er holte aus und ließ den langen Stock auf meinen Rücken sausen. Der erste Hieb tat noch weh: aber ich weinte nicht. Granma hatte es mich gelehrt. Einmal, als ich mir einen Zehennagel abgerissen hatte, da lehrte sie mich, wie ein Indianer Schmerzen erträgt. Er läßt seine Körperseele schlafen, während seine Geistseele den Körper verläßt und den Schmerz *sieht* – statt ihn zu *fühlen*.

Die Körperseele spürt nur *körperlichen* Schmerz. Die Geistseele spürt nur geistigen Schmerz. Ich ließ meine Körperseele einschlafen.

Immer wieder klatschte der Stecken auf meinen Rücken.

Nach einer Weile zerbrach er. Der Herr Pfarrer holte einen neuen Stock hervor. Er keuchte und schwitzte. »Das Böse ist hartnäckig«, sagte er keuchend. »Aber bei Gott, das Recht wird siegen!«

So schlug er mit dem neuen Stecken drauflos, bis ich hinfiel. Mir war schwindlig, aber ich stand wieder auf. Solange du auf deinen eigenen Füßen stehen kannst, so hatte Granpa immer gesagt, ist alles in Ordnung.

Der Fußboden schwankte ein bißchen unter mir, aber mir war klar, daß ich es schaffen würde. Der Herr Pfarrer war außer Atem. Er befahl mir, mein Hemd wieder anzuziehen. Und das tat ich.

Das Hemd saugte einen Teil des Blutes auf. Der größere Teil aber sickerte durch meine Hosen und in meine Schuhe, denn ich hatte keine Unterwäsche an, die es hätte auffangen können. Meine Füße fühlten sich klebrig an.

Der Herr Pfarrer sagte, daß ich in den Schlafsaal gehen sollte und daß ich eine Woche lang kein Abendessen kriegen würde. Wo ich doch sowieso das Abendessen immer schwänzte. Er sagte, daß ich auch eine Woche lang nicht in die Schule gehen durfte und daß ich die ganze Zeit im Schlafsaal bleiben mußte.

Ich fand es besser, keine Hosenträger anzuziehen, darum stand ich in der Abenddämmerung am Fenster und blickte zum Hundsstern hinauf und hielt meine Hosen mit den Händen fest.

Ich erzählte Granpa und Granma und Willow-John, was passiert war. Ich sagte ihnen, daß ich mir nicht vorstellen konnte, was ich Schlimmes getan hatte, damit die Dame beinah in Ohnmacht fiel; oder was plötzlich in den Herrn Pfarrer gefahren war. Ich sagte ihnen, daß ich es gern bereuen würde, aber der Herr Pfarrer hatte gesagt, daß ich von Geburt an böse und darum unfähig war zu bereuen.

Ich sagte zu Granpa, daß ich es hier nicht mehr aushielt und daß ich nach Hause kommen wollte.

Es war das erstemal, daß ich einschlief, während ich zum Hundsstern hinaufblickte. Wilburn weckte mich auf, als er vom Abendessen zurückkam. Er sagte, daß er extra früher vom Abendessen weggegangen war, um nach mir zu sehen. In dieser Nacht schlief ich auf dem Bauch.

Wilburn sagte, daß er, wenn er später mal aus dem Waisenhaus entlassen sein würde, um Banken zu überfallen und so, den Herrn Pfarrer als ersten umbringen würde. Es war ihm auch ganz egal, so sagte er, ob er dafür in die Hölle kam. Wo ich sowieso schon in die Hölle mußte.

Von nun an erzählte ich Granpa und Granma und Willow-John an jedem Abend, wenn ich zum Hundsstern hinaufblickte, daß ich nach Hause wollte. Ich konnte nicht mehr die Bilder sehen, die sie mir schickten. Ich konnte auch nicht horchen, was sie sagten. Ich sagte ihnen, daß ich nach Hause kommen wollte. Der Hundsstern wurde rot, dann verblaßte er, und dann wurde er wieder rot.

Drei Abende später blieb der Hundsstern hinter dicken schwarzen Wolken versteckt. Der Wind rüttelte an einem Laternenmast, bis er umfiel, und dann lag das Waisenhaus in Finsternis. Da wußte ich, sie hatten mich gehört.

Von da an wartete ich. Inzwischen kam der Winter. Der Wind pfiff schneidend und heulte in der Nacht ums Haus. Manche Jungen hatten Angst, aber ich nicht.

Wenn wir draußen auf dem Hof waren, verbrachte ich die ganze Zeit unter der alten Eiche. Eigentlich sollte sie schlafen, aber sie schlief nicht – wegen mir. Sie sprach zu mir, ganz langsam – und leise.

Eines Abends, kurz bevor wir wieder ins Haus mußten, glaubte ich, Granpa zu sehen. Da war ein großer Mann mit einem breiten schwarzen Hut. Er ging die Straße entlang, fort von mir. Ich rannte zum eisernen Gitterzaun und schrie: »Granpa! Ich bin's, Little Tree!« Aber er hörte mich nicht, und weg war er.

Die Dame mit dem weißen Häubchen sagte, Weihnachten steht vor der Tür. Alle sollten fröhlich sein und singen, sagte sie. Wilburn erzählte mir, daß sie jetzt in der Kapelle dauernd Lieder sangen. Er sagte, die Jungen mußten die Lieder auswendig lernen, und die Lieblinge des Herrn Pfarrer standen, in weiße Bettlaken gehüllt, im Kreis und brüllten die Lieder. Ich konnte sie hören.

Die Dame mit dem weißen Häubchen sagte, daß der Weihnachtsmann kommt.

Was ein Scheißdreck, sagte Wilburn.

Zwei Männer brachten einen Tannenbaum. Sie hatten Anzüge an wie Politiker. Sie lachten und grinsten und sagten: »Schaschaschaut mal, Jungs, was wir euch mitgebracht haben. Ist das nicht hübsch? He, ist das nicht hübsch? Jetzt habt ihr sogar einen eigenen Weihnachtsbaum!«

Die Dame mit dem weißen Häubchen sagte, daß es wirklich hübsch sei, und sie sagte, wir alle sollten den Politikern sagen, daß es hübsch war, und ihnen danke sagen. Und das taten alle.

Nur ich nicht. Ich fand es ungerecht und grausam, einen lebendigen Baum abzuhacken. Es war eine männliche Tanne, und sie starb langsam und qualvoll dort in der Halle.

Die beiden Politiker schauten auf die Uhr und sagten, daß sie keine Zeit hatten. Aber sie wünschten, daß wir alle glücklich sein sollten. Sie sagten, wir sollten rote Papierfetzen nehmen und an die Zweige der Tanne hängen. Das taten alle. Nur Wilburn und ich nicht.

Dann gingen die Politiker weg, und als sie durch die Tür gingen, brüllten sie: »Fröhliche Weihnachten!« Wir alle standen im Kreis um den Baum und schauten ihn an.

Die Dame mit dem weißen Häubchen sagte: »Morgen ist Weihnachtsabend, und zu Mittag kommt der Weihnachtsmann und bringt euch allen Geschenke mit.«

Wilburn sagte: »Komische Zeiteinteilung, wenn der Weihnachtsmann am heiligen Mittag statt am heiligen Abend kommt.«

Die Dame mit dem weißen Häubchen funkelte Wilburn mit bösen Augen an. Sie sagte: »Mein lieber Wilburn, das sagst du jedes Jahr. Du weißt doch ganz genau, daß der Weihnachtsmann nicht nur zu euch, sondern zu vielen anderen Kindern kommt. Und du weißt auch, daß er und seine Gehilfen ein Recht haben, den Weihnachtsabend zu Hause bei ihren Familien zu verbringen. Du solltest dankbar sein, daß sie sich die Zeit nehmen – daß sie sich überhaupt die Zeit nehmen, herzukommen und euch ein fröhliches Weihnachtsfest zu bereiten.«

»Scheißdreck«, sagte Wilburn.

Am nächsten Tag fuhren vier oder fünf Autos an der Pforte zum Waisenhaus vor. Heraus sprangen Damen und Herren, die große und kleine Pakete unter dem Arm trugen. Sie hatten spaßige bunte Papierhüte auf, und einige hatten Glöckchen in der Hand. Sie klingelten mit den Glöckchen und schrien: »Fröhliche Weihnachten!« Das schrien sie immer wieder. Und sie sagten, daß sie die Gehilfen des Weihnachtsmannes waren. Der Weihnachtsmann kam als letzter.

Er hatte einen roten Mantel an, und sein Bauch war mit Kissen ausgestopft. Sein Bart war nicht echt wie der von Mr. Wine. Er war nur angebunden und hing ihm schlaff unter dem Kinn. Er bewegte sich nicht mal, wenn er sprach. Er brüllte: »Ho! Ho! Ho!« Das brüllte er immer wieder.

Die Dame mit dem weißen Häubchen sagte, wir sollten alle fröhlich sein und für den Weihnachtsmann »Fröhliche Weihnachten« brüllen. Und so brüllten wir alle: »Fröhliche Weihnachten!«

Eine Dame schenkte mir eine Orange, und ich sagte danke. Aber sie blieb vor mir stehen, beugte sich herab und sagte: »Willst du deine schöne Orange denn nicht aufessen?« Also aß ich die Orange auf, während die Dame mir zuschaute. Sie schmeckte gut. Ich sagte noch einmal danke. Die Dame fragte, ob ich noch eine wollte. Ja, sagte ich, gerne. Wilburn bekam einen Apfel. Der war nicht so groß wie die Äpfel, die Mr. Wine immer in seiner Manteltasche vergaß.

Am liebsten hätte ich ein Stück von der Orange aufgespart, um es gegen ein Stück von Wilburns Apfel einzutauschen. Das hätte ich auch getan, wenn die Dame mir nicht beim Essen zugeschaut hätte. Äpfel waren mir lieber.

Alle Damen klingelten mit den Glöckchen und schrien: »Der Weihnachtsmann wird jetzt die Geschenke verteilen! Alle stellen sich im Kreis auf! Der Weihnachtsmann hat für jeden etwas!« Also stellten wir uns im Kreis auf.

Wenn der Weihnachtsmann deinen Namen aufrief, dann mußtest du vortreten und zu ihm hingehen, und dann gab er dir ein Geschenk. Dann mußtest du noch einen Moment vor ihm stehen bleiben, und er strich dir mit der Hand über das Haar und tätschelte dir den Kopf. Dann durftest du danke für das Geschenk sagen.

Dann lauerte schon wieder eine Dame auf dich und schrie: »Mach doch dein Geschenk auf! Willst du denn nicht dein schönes Geschenk aufmachen?« So machten sie es bei jedem, und es war ein ziemliches Durcheinander, weil die Damen sich auf jeden der Jungen stürzten und ihm nachliefen und schrien: »Mach doch dein schönes Geschenk auf!«

Und dann kriegte ich mein Geschenk und sagte dem Weihnachtsmann danke. Er tätschelte mir den Kopf und sagte: »Ho! Ho! Ho! « Eine Dame stand da und schrie mich an, ich sollte mein Geschenk aufmachen. Ich versuchte es, und endlich gelang es mir, das Päckchen aufzuschnüren.

Es war eine Pappschachtel, wo ein Bild von einem Tier aufgedruckt war. Wilburn sagte, daß das Bild einen Löwen zeigte. In der Schachtel war ein Loch. »Da mußt du eine Schnur durchziehen, und wenn du an der Schnur zupfst, dann brummt es wie ein Löwe«, sagte Wilburn.

Die Schnur war gerissen, aber ich knotete sie wieder

zusammen, das ging ganz leicht. Der Knoten paßte nicht durch das Loch, darum brummte der Löwe nur ganz leise. Es klang mir mehr wie ein Froschquaken, sagte ich zu Wilburn.

Wilburn kriegte eine Wasserpistole; aber sie war nicht ganz dicht. Er versuchte damit zu schießen, aber das Wasser tröpfelte nur in einem müden Strahl heraus. Wilburn sagte, daß er viel weiter pissen konnte. Ich sagte, wir könnten die Wasserpistole vielleicht mit Ahornharz reparieren. Aber ich wußte nicht, wo es hier in der Gegend Ahornbäume gab.

Dann kam eine Dame und schenkte jedem Jungen einen Zuckerlutscher. Auch ich kriegte einen. Zufällig lief ich ihr noch einmal über den Weg, und da kriegte ich noch einen. Ich teilte ihn mit Wilburn.

Der Weihnachtsmann schrie: »Good bye, ihr alle! Bis nächstes Jahr! Fröhliche Weihnachten allerseits!« Und die Damen und Herren brüllten mit und klingelten mit ihren Glöckchen.

Sie marschierten durch die Pforte und setzten sich in ihre Autos und fuhren weg. Danach war es ganz still im Waisenhaus. Wilburn und ich hockten uns neben unsere Betten auf den Boden.

Wilburn erzählte, daß die Damen und Herren einem vornehmen Klub in der Stadt angehörten. Sie kamen jedes Jahr, sagte er, und besuchten die Waisenkinder, damit sie ein gutes Gewissen hatten, wenn sie sich anschließend mit Sekt betranken. Wilburn sagte, daß ihm die ganze Sache zum Hals raus hing. Wenn er erst mal aus dem Waisenhaus entlassen war, so sagte er, würde er auf Weihnachten und den ganzen Klimbim pfeifen.

Als die Dämmerung anbrach, mußten alle in die Kapelle gehen und Weihnachtslieder singen.

Ich ging nicht mit.

Ich stand am Fenster. Die Luft war klar und kalt, und der Wind schwieg. Es wurde dunkel, und ich hörte die anderen Jungen singen. Sie sangen ein Lied von einem Stern, aber es war nicht der Hundsstern, denn ich horchte gut hin. Ich sah den Hundsstern aufleuchten, strahlend und hell.

Die anderen blieben lange in der Kapelle und sangen. So hatte ich Zeit und blickte zum Hundsstern hinauf, bis er hoch am Himmel stand. Ich erzählte Granma und Granpa und Willow-John, daß ich nach Hause kommen wollte.

Am Weihnachtstag gab es ein großartiges Essen. Jeder von uns kriegte ein Hühnerbein und einen Hühnerhals – oder Hühnermagen. Wilburn sagte, das gab es jedes Jahr. Anscheinend züchteten sie extra für uns Hühner, die nichts als Beine und Hälse und Mägen hatten. Mir schmeckte es, und ich aß alles auf.

Nach dem Essen durften wir tun, was uns gefiel. Draußen war es kalt, und alle außer mir blieben im Haus. Ich aber lief über den Hof – meine Pappschachtel mit dem Löwen unter den Arm geklemmt – und setzte mich unter die alte Eiche. Dort saß ich lange Zeit.

Es war bald Abend, und es war Zeit, ins Haus zu gehen. Ich stand auf. Aber was sah ich?

Da war Granpa! Er kam aus dem Büro des Herrn Pfarrer und kam direkt zu mir. Ich warf meine Pappschachtel weg und rannte ihm entgegen, so schnell ich konnte. Granpa kniete sich hin, und wir umarmten uns und konnten kein Wort sagen.

Es war schon dunkel, und ich konnte Granpas Gesicht unter seinem breiten Hut nicht mehr sehen. Er sagte, daß er gekommen war, um mich zu besuchen, und daß er bald wieder wegfahren mußte. Granma konnte nicht kommen, sagte er.

Ich wollte mit ihm gehen – nach Hause. Mehr denn je wollte ich es, aber ich fürchtete, Granpa könnte wegen mir Schwierigkeiten bekommen. Darum sagte ich nichts davon, daß ich nach Hause wollte. Ich ging mit ihm bis zur Pforte. Wir umarmten uns noch einmal, und dann ging Granpa weg. Er ging ganz langsam.

Ich stand eine lange Minute da und schaute ihm nach, wie er in der Dunkelheit verschwand. Auf einmal kam mir der Gedanke, daß Granpa vielleicht die Busstation nicht finden konnte. Ich lief ihm nach, um ihm zu helfen – obwohl ich auch nicht wußte, wo die Busstation war.

Wir gingen die Landstraße entlang, ich ein paar Schritte hinter Granpa, und dann durch ein paar enge Straßen. Ich sah von weitem, wie Granpa eine Kreuzung überquerte – und da war die Busstation. Granpa stand unter einer Laterne, und ich versteckte mich hinter einer Hausecke.

Es war sehr still. Es war Weihnachten, und es war fast kein Mensch auf der Straße. Ich wartete eine Weile, dann schrie ich: »Granpa, soll ich dir helfen, die Richtungsschilder der Busse zu lesen?« Granpa war überhaupt nicht erstaunt. Er drehte sich um und winkte mich zu sich. Ich rannte los. Wir standen vor der Busstation, aber ich konnte die Richtungsschilder nicht lesen.

Nach einer Weile sagte ein Lautsprecher, in welchen Bus Granpa einsteigen sollte. Ich begleitete ihn zu seinem Bus. Die Tür war offen, und wir blieben lange davor stehen. Granpa blickte irgendwo in die Ferne. Ich zupfte ihn am Hosenbein. Ich klammerte mich nicht an seinem Bein fest, wie ich es bei Mas Begräbnis getan hatte, aber ich zerrte und zupfte. Granpa blickte zu mir herab.

Ich sagte: »Granpa, ich will nach Hause.«

Granpa schaute mich lange an. Dann bückte er sich, nahm mich auf den Arm und setzte mich mit einem Schwung in den Bus. Dann stieg er selbst die Stufen hinauf und holte seinen Geldbeutel hervor. »Zwei Fahrkarten bitte, für mich und meinen Kleinen«, sagte er. Er sagte es mit ernster, fester Stimme, und der Busfahrer lachte nicht.

Granpa und ich setzten uns auf die hintere Bank. Ich hoffte, daß der Busfahrer rasch die Tür schließen sollte. Endlich tat er es, und wir fuhren los. Hinter uns blieb die Busstation zurück.

Granpa legte seinen Arm um mich und hob mich auf seinen Schoß. Ich legte meinen Kopf an seine Brust, aber ich schlief nicht. Ich schaute durchs Fenster hinaus. Es war mit Eisblumen überzogen. Die hinteren Sitze des Busses waren nicht geheizt. Granpa und mir machte das nichts aus.

Granpa und ich fuhren nach Hause.

Heimkehr

Stundenlang fuhren wir durch die Nacht, Granpa und ich. Mein Kopf lag an seiner Brust; wir sprachen nicht, aber wir schliefen auch nicht. Der Bus hielt ein paarmal an Busstationen, aber Granpa und ich blieben sitzen. Vielleicht fürchteten wir, daß etwas passieren könnte, was uns aufhielt.

Früh am Morgen, es war noch dunkel, stiegen Granpa und ich aus dem Bus und standen am Straßenrand. Es war kalt, und auf der Straße war Eis.

Wir gingen die Landstraße entlang, und nach einer Weile bogen wir in den Fahrweg ein. Und dann sah ich die Berge. Sie türmten sich hoch auf und waren dunkler als die Dunkelheit um uns her. Am liebsten wäre ich losgerannt.

Als wir den Fahrweg verließen und in den Hohlweg einbogen, wich die Dunkelheit einer grauen Dämmerung. Aber irgendwas stimmte nicht, sagte ich zu Granpa.

Er blieb stehen. »Was ist es denn, Little Tree?«

Ich setzte mich auf den Boden und zog meine Schuhe aus. »Weißt du, Granpa, ich kann die Erde nicht fühlen«, sagte ich. Die Erde fühlte sich warm an, und ihre Wärme rieselte durch meine Beine und durch meinen ganzen Körper. Granpa lachte. Er setzte sich hin und zog auch seine Schuhe aus und stopfte die Socken hinein. Dann stand er auf und warf die Schuhe in hohem Bogen zur Straße hinunter.

»Diese Latschen könnt ihr behalten!« brüllte Granpa. Auch ich warf meine Schuhe zur Straße hinunter und brüllte dieselben Worte. Granpa und ich fingen an zu lachen. Wir lachten und lachten, bis ich auf den Rücken fiel und Granpa sich beinah am Boden wälzte. Tränen liefen ihm über die Wangen.

Wir wußten eigentlich gar nicht, worüber wir lachten, aber es war lustig, und so sehr hatten wir noch nie gelacht. Wie gut, sagte ich zu Granpa, daß uns niemand sehen konnte. Die Leute würden glauben, daß wir randvoll mit Whisky waren. Und irgendwie waren wir auch – betrunken.

Als wir nicht mehr weit von der Lichtung waren, wo unsere Hütte stand, streifte das erste Morgenrot die Berggipfel. Die Luft war weich. Fichtenzweige schaukelten über dem Pfad und streichelten mein Gesicht und tasteten mich ab. Granpa sagte, sie wollten sich vergewissern, ob ich wirklich gekommen war.

Und dann hörte ich den Bach. Er summte und murmelte. Ich rannte los, warf mich am Ufer auf den Bauch und tauchte mein Gesicht ins Wasser, während Granpa auf mich wartete. Der Bach gab mir einen leichten Klaps, seine Wellen sprangen mir ins Gesicht und streichelten mich – und er sang laut und immer lauter.

Es war schon ganz hell, als wir die Brücke sahen. Der Wind fing an zu wehen. »Er seufzt nicht, und er stöhnt nicht«, sagte Granpa, »er singt in den Ästen der Fichten und sagt allen Wesen der Berge, daß du wieder daheim bist.«

Old Maud fing an zu bellen.

»Sei still, Old Maud«, rief Granpa. Und dann kamen die Hunde über die Brücke gesprungen.

Sie fielen alle gleichzeitig über mich her und rissen mich zu Boden. Sie leckten mein Gesicht, und immer wenn ich aufstehen wollte, sprang einer von ihnen auf meinen Rücken und – bums – lag ich wieder auf der Nase.

Little Red zeigte seine Kunststückchen und sprang mit allen vieren in die Luft und machte mitten im Sprung komische Verrenkungen. Sie bellte und jaulte. Old Maud machte es nach, und Old Rippitt versuchte es auch nachzumachen, aber er stolperte und purzelte in den Bach.

Granpa und ich lachten und brüllten und klopften den Hunden den Rücken. So tappten wir über die Brücke. Ich schaute zur Veranda hinauf, aber Granma war nicht da.

Mitten auf der Brücke bekam ich Angst, weil ich Granma nicht sehen konnte. Irgendwas befahl mir, mich umzudrehen. Und da stand sie.

Es war kalt, aber sie hatte ihr Kleid aus Hirschleder an, und ihre Haare glänzten im ersten Sonnenlicht. Sie stand am Fuß des Berges, unter den nackten Ästen einer weißen Eiche. Sie spähte zu uns her. Anscheinend wollte sie Granpa und mich beobachten, ohne selbst gesehen zu werden.

»Granma!« schrie ich – und fiel von der Brücke in den Bach. Es tat gar nicht weh. Ich plantschte im Wasser herum, und gegen die Morgenfrische kam es mir direkt warm vor.

Granpa sprang hoch in die Luft und spreizte die Beine. »Juuuuuu-Heeeeeeh!« brüllte er und fiel – patsch – ins Wasser. Granma kam den Hang herabgelaufen. Sie sprang ins Wasser und packte mich und tauchte mit mir unter, und wir kugelten im Bach herum und plantschten und spritzten und schrien und weinten – ein bißchen, wenigstens.

Granpa hockte mitten im Bach und warf hohe Wasserfontänen in die Luft. Die Hunde standen droben auf der Brücke und schauten uns zu und wunderten sich. Sie dachten wahrscheinlich, daß wir verrückt waren, sagte Granpa. Auf einmal sprangen sie auch ins Wasser.

Eine Krähe fing an zu krächzen, hoch auf dem Wipfel einer Fichte. Dann zog sie in der Luft über uns ihre Kreise und krächzte und schwebte mit schweren Flügelschlägen davon. Sie brachte allen Wesen des Waldes die Botschaft, daß ich wieder daheim war, sagte Granma.

Granma hängte meine gelbe Jacke zum Trocknen vor den Kamin. Ich hatte sie zufällig angehabt, als Granpa mich im Waisenhaus besuchte. Ich ging in mein Zimmer und zog mein Hemd und meine Hosen aus Hirschleder an und meine Mokassins.

Ich sprang aus der Hütte und rannte den Hohlweg hinauf. Als ich mich umdrehte, sah ich Granpa und Granma, die auf der Veranda standen und mir nachschauten. Granpa war noch immer barfuß, und er hatte seinen Arm um Granmas Schulter gelegt. Ich lief weiter.

Old Sam schnaubte, als ich an seinem Stall vorbeirannte, und trabte hinter mir her. Und ich lief weiter, den Pfad hinauf, zum Wasserfall und zum hängenden Felsen. Ich konnte gar nicht mehr aufhören zu rennen. Über mir sang der Wind sein Lied, und Eichhörnchen und Elstern und andere Vögel äugten neugierig von den höchsten Ästen der Bäume herab und riefen mir nach, als ich unter ihnen vorbeilief. Es war ein strahlender Wintermorgen.

Langsam ging ich den ganzen Weg zurück, und dann fand ich meinen »geheimen Platz«. Er sah genauso aus wie auf dem Bild, das Granma mir geschickt hatte. Am Boden, unter den nackten Ästen der Bäume lag eine dicke Schicht rostbrauner Blätter, und das rote Laub des wilden Efeus rankte sich dicht, so daß niemand hineinsehen konnte. Ich legte mich auf die weichen Blätter am Boden und redete mit den schläfrigen Bäumen und lauschte auf das Lied des Windes.

Die Fichten flüsterten leise, und der Wind sagte es weiter, und dann fingen sie an zu singen: »Little Tree ist wieder daheim . . . Little Tree ist wieder daheim! Hört unser Lied! Little Tree ist wieder da! Little Tree ist wieder da!« Sie summten das Lied mit tiefer Stimme und jubelten es in heller Freude, und der Bach murmelte fröhlich mit. Die

Hunde merkten etwas, denn sie senkten den Kopf und spitzten die Ohren und lauschten. Ja, die Hunde wußten es, denn sie kamen und legten sich hin und schmiegten sich eng an mich und spürten es – das Gefühl.

Diesen ganzen kurzen Wintertag lag ich an meinem »geheimen Platz«. Meine Seele spürte keinen Schmerz mehr. Sie war getröstet und reingewaschen vom Lied des Windes und der Bäume und der Wellen im Bach und der Vögel.

Sie alle verstanden nichts von der Körperseele der Menschen und kümmerten sich nicht darum – genau wie die Menschen mit ihren Körperseelen sich nicht um sie, die Wesen der Berge, kümmerten. Darum erzählten sie mir nichts von der Hölle, und sie nannten mich nicht einen Bastard und versuchten nicht, mir mit dem Bösen Angst zu machen. Sie kannten diese Wörter und ihre Bedeutung nicht. Und nach einer Weile hatte auch ich sie vergessen.

Als die Sonne hinter den Hügelkuppen untergegangen war und ihre letzten Strahlen den hängenden Felsen rot färbten, wanderte ich mit den Hunden durch den Hohlweg nach Hause.

Bläulicher Nebel stieg aus dem Tal auf, und da sah ich Granma und Granpa auf der Veranda sitzen. Sie schauten ins Tal hinunter und warteten auf mich, und als ich die Veranda erreichte, knieten sie sich hin, und wir hielten uns ganz fest. Wir brauchten keine Worte, darum sagten wir kein Wort. Wir wußten es. Ich war daheim.

Als ich am Abend mein Hemd auszog, sah Granma die Striemen auf meinem Rücken und fragte mich. So erzählte ich es Granma und Granpa, aber ich sagte, daß es nicht weh getan hatte.

Granpa sagte, er würde die Sache mit den Striemen dem Sheriff erzählen, und dann würde niemand mehr kommen, um mich zu holen. Ich wußte: Wenn Granpa etwas beschlossen hatte, dann tat er es auch – und ich wußte: sie würden nicht mehr kommen, um mich zu holen. Granpa sagte, ich sollte Willow-John lieber nichts von den Striemen erzählen. Das versprach ich ihm.

Abends, vor dem Kamin, erzählte Granpa. Er erzählte, wie sie sich Sorgen gemacht hatten, wenn sie zum Hundsstern hinaufblickten, und wie eines Abends Willow-John vor der Tür gestanden hatte.

Er war den ganzen Weg durch die Berge zur Hütte gekommen. Er sagte kein Wort, aber er aß im Licht des Herdfeuers sein Abendbrot mit ihnen. Sie zündeten keine Lampe an, und Willow-John nahm seinen Hut nicht ab. In der Nacht schlief er in meinem Bett, aber als sie am Morgen aufstanden, war Willow-John fort.

Als Granma und Granpa am Sonntag zur Kirche gingen, war Willow-John nicht da. An einem Ast der großen Ulme, wo wir uns immer trafen, hing eine Knotenschnur mit einer Nachricht. Sie sagte, daß alles in Ordnung war und daß Willow-John bald wiederkommen würde. Am nächsten Sonntag hing die Knotenschnur immer noch dort; aber am Sonntag danach war Willow-John wieder da und wartete auf sie. Er sagte nicht, wo er gewesen war, und darum fragte Granpa ihn nicht.

Granpa sagte, der Sheriff hatte ihm eine Nachricht geschickt: Er sollte ins Waisenhaus kommen. So fuhr er hin. Er erzählte, daß der Herr Pfarrer ganz krank ausgeschaut hatte und daß er dann meine Entlassungspapiere unterschrieben hatte. Zwei Tage lang, so erzählte der Herr Pfarrer, hatte ein wilder Indianer ihn verfolgt, und dann war er schließlich in seinem Büro gestanden und hatte gesagt: »Little Tree muß heim in die Berge kommen!«

Mehr sagte der wilde Indianer nicht, und dann ging er fort. Der Herr Pfarrer sagte, er wollte nichts mit wilden Indianern und Heiden zu tun haben.

Da wußte ich, wer es gewesen war, den ich damals die Landstraße entlanggehen sah. Als ich dachte, es sei Granpa.

Granpa sagte, als er aus dem Büro des Herrn Pfarrer kam, wußte er schon, daß ich aus dem Waisenhaus entlassen werden würde. Aber er wußte nicht, ob es mir nicht inzwischen gefiel . . . mit all den anderen Jungen. Darum ließ er mich selbst entscheiden.

Ich sagte zu Granpa, daß ich immer gewußt hatte, was ich wollte – schon gleich am ersten Tag, als ich ins Waisenhaus kam.

Und dann erzählte ich Granma und Granpa von Wilburn. Ich hatte meine Pappschachtel mit dem Löwen unter der Eiche liegen lassen, und ich wußte, daß Wilburn sie inzwischen gefunden hatte. Granma sagte, daß sie Wilburn ein Hemd aus Hirschleder schicken wollte.

Granpa sagte, daß er ihm ein langes Messer schicken wollte. Aber ich sagte, er sollte es lieber nicht tun, weil Wilburn womöglich gleich den Herrn Pfarrer erstechen würde. Also schickte Granpa ihm kein Messer. Wir hörten nie wieder etwas von Wilburn.

Als wir am Sonntag zur Kirche gingen, rannte ich quer über die Lichtung voraus. Granma und Granpa blieben weit zurück. Und da stand Willow-John zwischen den Bäumen, wo er immer stand; er hatte seinen alten, breitkrempigen Hut auf dem Kopf. Ich rannte so schnell ich konnte und umklammerte Willow-Johns Beine und preßte mich an ihn.

Ich sagte: »Vielen Dank, Willow-John.«

Er sagte nichts, aber er bückte sich und legte mir die Hand auf die Schulter. Als ich zu ihm aufblickte, zwinkerte er mit den Augen. Sie strahlten tiefschwarz.

Abschiedslied

Wir kamen gut über den Winter. Obwohl Granpa und ich uns anstrengen mußten, um genug Holz für den Kamin zu hacken. Granpa sagte, wenn ich nicht gekommen wäre, um ihm zu helfen, dann hätten sie in diesem Winter frieren müssen. Ja, das glaube ich auch.

Es war ein kalter Winter mit eisigem Frost. Wenn wir unseren Whisky machten, mußten wir uns ein Feuer anzünden und unsere Destille auftauen.

Ab und zu ist ein harter Winter notwendig, sagte Granpa. Auf diese Weise reinigt die Natur sich und sorgt dafür, daß im nächsten Frühjahr alles besser wächst und gedeiht. Das Eis bricht die morschen Äste von den Bäumen, es läßt die schlechten Eicheln und Bucheckern und Walnüsse und Hickorynüsse absterben, damit es nächstes Jahr in den Bergen eine bessere Ernte gibt.

Und dann kam der Frühling, die Zeit der neuen Aussaat. Wir vergrößerten das Maisfeld, weil wir die Hoffnung hatten, im Herbst mehr Whisky zu verkaufen.

Es waren schlechte Zeiten, und Mr. Jenkins sagte, mit allen Geschäften ging es abwärts, nur mit dem Whisky-Geschäft ging es aufwärts. Wahrscheinlich, so sagte er, mußten die Leute mehr trinken, um zu vergessen, wie schlecht es ihnen ging.

In diesem Sommer wurde ich sieben Jahre alt. Granma gab mir den Hochzeitsstab von Pa und Ma. Er hatte nicht viele Kerben, denn mein Pa und meine Ma waren nicht viele Jahre verheiratet gewesen. Ich hängte den Stab an der Wand über meinem Bett auf.

Der Sommer verging, und der Herbst brach an. Und eines Sonntags kam Willow-John nicht mehr zur Kirche. Als wir auf die Lichtung kamen, stand er nicht an seinem Platz unter der hohen Ulme. Ich rannte tiefer in den Wald und schrie: »Willow-John!« Er war nicht da. Wir kehrten um und gingen diesmal nicht in die Kirche. Wir gingen nach Hause.

Granpa und Granma machten sich Sorgen. Ich auch. Er hatte kein Zeichen für uns dagelassen, denn wir hatten extra nachgeschaut. Da stimmt etwas nicht, sagte Granpa. Granpa und ich faßten den Entschluß, Willow-John zu suchen.

Montag früh, noch in der Dunkelheit, brachen wir auf. Als es dämmerte, kamen wir am Kaufladen und an der Kirche vorbei. Von da an ging der Weg immer bergauf.

Es war der höchste Berg, auf den ich bisher gestiegen war. Granpa mußte langsam gehen, damit ich Schritt halten konnte. Es war ein alter, zugewachsener Pfad, und wir konnten ihn kaum sehen. Er führte über eine Bergkuppe und weiter, einen noch höheren Berg hinauf. Der Pfad führte schräg über einen Hang, immer weiter bergauf.

Die Bäume hier oben waren kleiner und stärker verwittert. Droben am Gipfel des Berges war eine kleine Mulde. Sie war nicht tief genug, als daß man sie ein Tal hätte nennen können. Sie war ringsum von Fichten gesäumt, und Fichtennadeln bildeten einen dicken Teppich am Boden. Dort stand Willow-Johns Hütte.

Sie war nicht aus dicken Baumstämmen gebaut, wie unsere Hütte, sondern aus dünneren Balken, aber sie lag geschützt an der Böschung der Mulde.

Wir hatten Blue Boy und Little Red mitgenommen. Als die Hunde die Hütte sahen, hoben sie die Nasen in die Luft und fingen an zu winseln. Das war kein gutes Zeichen. Granpa trat als erster ein. Er mußte sich in der Tür bücken, so niedrig war sie. Ich folgte ihm. Die ganze Hütte bestand aus nur einem Raum. Willow-John lag auf einem Bett aus Hirschfellen, die über Latschenzweige ausgebreitet waren. Er war nackt. Sein langer, kupferbrauner Körper war verwittert und runzlig wie ein alter Baum. Eine Hand hing schlaff am Boden.

»Willow-John!« flüsterte Granpa.

Willow-John öffnete die Augen. Er blickte irgendwo in die Ferne, aber er grinste. »Ich wußte, daß ihr kommen würdet«, sagte er. »Ich habe auf euch gewartet.«

Granpa fand einen eisernen Kessel und schickte mich Wasser holen. Ich fand die Quelle, die hinter der Hütte über die Felsen plätscherte. Gleich neben der Tür gab es eine Feuerstelle, und Granpa schichtete Holz auf und machte ein Feuer und hängte den Kessel darüber auf. Er tat getrocknetes Fleisch ins Wasser. Als es eine Weile gekocht hatte, schob Granpa seinen Arm unter Willow-Johns Kopf und gab ihm mit dem Löffel Brühe zu trinken.

In der Ecke fand ich ein paar Decken, und wir deckten Willow-John zu. Seine Augen waren geschlossen. Inzwischen brach die Nacht herein. Granpa und ich legten Holz nach, damit das Feuer nicht ausging. Der Wind pfiff über den Berggipfel und heulte um die Ecken der Hütte.

Granpa hockte mit gekreuzten Beinen vor der Feuerstelle, und der Widerschein der Flammen zuckte über sein Gesicht, das älter und immer älter wurde . . . Die Haut unter seinen Wangenknochen sah aus wie schrundiger, zerklüfteter Fels, und zuletzt sah ich nur noch seine Augen im Schein des Feuers; sie glühten schwarz, nicht wie Flammen, sondern wie verlöschte Kohlen. Ich rollte mich vor der Feuerstelle zusammen und schlief ein.

Als ich aufwachte, war heller Morgen. Das flackernde Feuer verscheuchte die Nebelschwaden, die durch die offene Tür leckten. Granpa hockte noch immer vor der Feuerstelle, als ob er sich überhaupt nicht bewegt hätte. Aber ich wußte, er hatte Holz nachgelegt und das Feuer genährt.

Willow-John rührte sich. Granpa und ich beugten uns über ihn. Seine Augen waren offen. Er hob die Hand und zeigte zur Tür. »Bringt mich hinaus«, sagte er.

»Es ist kalt«, sagte Granpa.

»Ich weiß«, flüsterte Willow-John.

Granpa hatte alle Mühe, Willow-John auf den Armen zu tragen, denn sein Körper war ganz schlaff.

Ich versuchte zu helfen.

Granpa trug ihn durch die Tür, und ich schleppte das Bett aus Latschenzweigen hinterher. Granpa kletterte die Böschung der Mulde hinauf, zu einem erhöhten Vorsprung, wo wir Willow-John auf die Latschenzweige betteten. Wir wickelten ihn in Decken und zogen ihm seine Mokassins an. Granpa rollte ein Hirschfell zusammen und schob es ihm unter den Kopf.

Hinter uns brach die Sonne durch die Wolken und scheuchte die Nebelschwaden tiefer ins Tal. Willow-John blickte nach Westen, er blickte über die wild gezackten Berge und über die tiefen Täler – so weit das Auge reichte. Weit fort, wo das Heimatland lag.

Granpa kehrte zur Hütte zurück und kam mit Willow-Johns langem Messer wieder. Er gab es Willow-John in die Hand. Willow-John hob das Messer und deutete auf eine alte Kiefer, die ganz krumm und verwachsen war. Er sagte: »Wenn ich gegangen bin, begrabt meinen Körper dort, ganz nah bei ihr. Sie hat viele Kinder geboren, kräftige Bäume, deren Stämme mir Wärme und Obdach gaben. Ich will ihr danken. Mein Körper soll Nahrung für sie sein und ihr Kraft geben, um noch ein paar Jahre zu überstehen.«

»Das werden wir tun«, sagte Granpa.

»Und sag Bonnie Bee«, flüsterte Willow-John, »das nächste Leben wird besser sein.«

»Das werde ich tun«, sagte Granpa.

Er hockte sich neben Willow-John auf die Erde und nahm seine Hand. Ich hockte mich auf die andere Seite und nahm seine andere Hand.

»Ich werde auf euch warten«, sagte Willow-John zu Granpa.

»Wir werden kommen«, sagte Granpa.

Ich sagte zu Willow-John, daß er wahrscheinlich nur die Grippe hatte. Granma hatte gesagt, daß die Grippe fast überall grassierte. Ich sagte zu ihm, daß ich ganz sicher war, wir könnten ihm helfen, aufzustehen und durch die Berge bis zu unserer Hütte zu gehen. Dann könnte er bei uns bleiben, bis er wieder gesund wäre. Ich sagte ihm, er sollte nur versuchen aufzustehen, dann würde er es schon schaffen.

Er grinste und drückte meine Hand. »Du hast ein gutes Herz, Little Tree«, sagte er. »Aber ich will nicht bleiben. Ich will gehen. Und ich werde auf euch warten.«

Ich weinte. Ich sagte zu Willow-John, er sollte doch nur noch eine kleine Weile bleiben, vielleicht bis zum nächsten Sommer, wenn es wärmer wäre. Ich erzählte ihm, wie gut die Hickorynüsse diesen Winter herauskamen. Er sollte nur sehen, sagte ich ihm, wie fett die Hirsche sein würden.

Er grinste, aber er antwortete nicht.

Er blickte in die Ferne, über die Berge, nach Westen; als ob Granpa und ich nicht mehr da wären. Und dann fing er an, sein Abschiedslied zu singen, das Lied vom Sterben. Er erzählte den Geistern, daß er kam.

Zuerst kam es tief aus seiner Brust, dann schwang es sich höher und wurde immer leiser.

Irgendwann wußte ich nicht mehr, ob es der Wind war oder Willow-Johns Lied, was ich hörte. Seine Augen wurden trüb, und die Muskeln an seinem Hals bewegten sich immer schwächer.

Granpa und ich sahen, wie sein Geist aus seinen Augen verschwand, und wir spürten, wie er aus seinem Körper schlüpfte. Und dann war er gegangen.

Ein starker Windstoß fuhr über unsere Köpfe hinweg und beugte die alte Kiefer. Das war Willow-Johns Geist, sagte Granpa, und er hatte einen starken Geist. Wir schauten ihm nach, wie er die Wipfel der Bäume auf den Bergkuppen zauste und über die Hänge ins Tal fuhr und einen Schwarm Krähen hoch in die Lüfte scheuchte. Sie krächzten und krächzten, und dann schwebten sie mit Willow-Johns Geist über die Gipfel davon.

Granpa und ich saßen still da und blickten ihm nach, wie er über Grate und Gipfel und Buckel der Berge verschwand. Lange saßen wir und schwiegen.

Dann nahmen Granpa und ich unsere Messer und gruben das Grab; wir gruben es ganz nah bei den Wurzeln der alten Kiefer. Und wir gruben es tief. Granpa wickelte noch eine Decke um Willow-Johns Körper, und wir legten ihn in das Grab. Granpa legte auch Willow-Johns Hut in das Grab, und er ließ ihm sein langes Messer in der Hand. Er hielt es fest umklammert.

Wir schichteten große schwere Steine auf Willow-Johns Grab, damit die Geier ihn nicht erwischen konnten, denn Willow-John hatte beschlossen, daß sein Körper Nahrung für die alte Kiefer sein sollte.

Während ich hinter Granpa ins Tal stolperte, ging im Westen die Sonne unter. Die Hütte ließen wir so, wie wir sie gefunden hatten. Granpa hatte nur ein Hirschlederhemd von Willow-John mitgenommen, um es Granma zu geben.

Weit nach Mitternacht langten wir unten im Tal an. In der Ferne hörte ich eine Trauertaube rufen. Ihr Ruf wurde nicht beantwortet. Da wußte ich, sie rief nach Willow-John.

Als wir zu Hause waren, zündete Granma die Lampe an. Granpa legte Willow-Johns Hemd auf den Tisch und sagte nichts. Da wußte Granma es.

Von da an gingen wir nicht mehr in die Kirche. Ich wollte auch nicht mehr – denn Willow-John war nicht mehr da.

Danach lebten wir noch zwei Jahre zusammen: Granma, Granpa und ich. Vielleicht ahnten wir, daß die Zeit nahe war, aber wir sprachen nicht darüber. Granma begleitete Granpa und mich überall, wohin wir auch gingen. Wir lebten diese Zeit voll und ganz. Wir zeigten einander die rötesten Blätter im Herbst, die blauesten Veilchen im Frühling, um ganz sicher zu sein, daß auch die anderen es sahen, daß auch sie es fühlten.

Granpas Schritte wurden langsamer. Seine Mokassins schlurften über die Erde, wenn er ging. Ich steckte mehr Whiskyflaschen in meinen Rucksack, und ich nahm ihm die schwereren Arbeiten ab. Wir sprachen nie darüber.

Granpa zeigte mir, wie man die Axt richtig schwingt, damit sie schnell und leicht durch das Holz fährt. Ich erntete mehr Mais als er, und ich ließ nur die Kolben für ihn übrig, die er leicht erreichen konnte, ohne sich zu bücken. Aber wir sprachen nie darüber. Ich erinnerte mich daran, was Granpa über Old Ringer gesagt hatte – und über sein Gefühl, noch etwas wert zu sein. In diesem letzten Herbst starb Old Sam.

Ich sagte zu Granpa, wir sollten uns nach einem neuen Maultier umsehen, aber er sagte, es sei noch lange hin bis zum nächsten Frühjahr, und wir sollten abwarten und sehen.

Wir gingen jetzt öfter den Hochpfad hinauf; Granpa und Granma und ich. Wir gingen langsamer als früher, aber wir waren glücklich, wenn wir am Gipfel saßen und über die Berge in die Ferne blickten.

Auf dem Hochpfad geschah es auch, daß Granpa ausrutschte und stürzte. Er konnte nicht mehr aufstehen. Granma und ich stützten ihn von beiden Seiten und schleppten ihn hinunter zur Hütte, und er sagte dauernd: »Ich bin gleich wieder in Ordnung.« Aber das war er nicht. Wir legten ihn ins Bett.

Pine-Billy kam zu Besuch. Er blieb bei uns und saß die meiste Zeit an Granpas Bett. Granpa wollte seine Fiedel hören, und Pine-Billy spielte für ihn. Da stand Pine-Billy im Schein der Lampe, mit seiner schlecht gestutzten Mähne, die ihm in Büscheln über die Ohren hing, den Kopf schief über die Fiedel geneigt, und spielte. Tränen flossen ihm über die Wangen, über die Fiedel, auf seine Arbeitshosen.

»Hör auf zu weinen, Pine-Billy!« sagte Granpa. »Du machst die ganze Musik kaputt. Ich will deine Fiedel hören!«

Pine-Billy schnupfte und sagte: »Ich weine doch gar nicht. Ich habe nur eine Er-käch-käch-kältung.« Dann warf er die Fiedel weg und stürzte neben Granpas Bett auf die Knie und vergrub sein Gesicht in den Bettlaken. Seine Schultern zuckten, und er weinte. Pine-Billy konnte niemals seine Gefühle verbergen.

Granpa hob den Kopf und schimpfte – mit schwacher Stimme: »Du verdammter Idiot. Du machst mir das ganze Bett voll Red-Eagle-Schnupftabak.« Das tat er wirklich.

Ich weinte auch, aber ich paßte auf, daß Granpa es nicht sah.

Granpas Körperseele wurde müde und schlief ein. Jetzt war nur noch seine Geistseele wach. Er redete viel mit Willow-John. Granma hielt seinen Kopf im Arm und flüsterte ihm ins Ohr.

Noch einmal kehrte Granpas Körperseele zurück. Er wollte seinen Hut haben, und ich holte ihn. Er setzte ihn auf. Ich hielt seine Hand, und er grinste. »Das Leben war gut, Little Tree. Das nächste wird noch besser sein. Wir sehen uns wieder.« Und sein Geist flog davon, wie der von Willow-John.

Ich wußte, was geschah, aber ich wollte es nicht glauben. Granma legte sich zu Granpa aufs Bett und hielt ihn fest. Pine-Billy kniete am Fußende des Bettes und heulte.

Ich schlich mich aus der Hütte. Die Hunde bellten und winselten, denn sie wußten es. Ich lief den Hohlweg hinunter und nahm dann die Abkürzung über die Hügel. Diesmal ging kein Granpa vor mir, und da wußte ich, daß meine Kindheit zu Ende war.

Die Tränen blendeten mich, und ich fiel hin und stand auf

und ging weiter und fiel wieder hin; ich weiß nicht wie viele Male. Endlich kam ich zum Kaufladen und sagte zu Mr. Jenkins, daß Granpa tot war.

Mr. Jenkins war zu alt und konnte nicht mehr gehen. Darum schickte er seinen Sohn, einen großen starken Mann, der mit mir ging. Er führte mich wie ein kleines Kind an der Hand, denn ich sah weder den Weg, noch wohin wir gingen.

Mr. Jenkins Sohn und Pine-Billy nagelten die Kiste zusammen. Ich wollte mithelfen. Ich erinnerte mich, was Granpa gesagt hatte: Wenn Fremde dir helfen, mußt du fest anpacken; aber ich war keine große Hilfe. Pine-Billy weinte so sehr, daß er auch keine große Hilfe war. Er haute sich mit dem Hammer auf den Daumen.

Sie trugen Granpa den Hochpfad hinauf. Granma ging voraus, Pine-Billy und Mr. Jenkins Sohn folgten mit der Kiste. Ich lief mit den Hunden hinterher. Pine-Billy weinte herzzerreißend, darum fiel es mir doppelt schwer, meine Tränen zurückzuhalten, denn ich wollte es Granma nicht noch schwerer machen. Die Hunde winselten.

Ich wußte, wohin Granma Granpa brachte: Zu seinem »geheimen Platz«, hoch droben am Berg, wo er immer die Geburt des neuen Tages beobachtet hatte und sich nicht satt sehen konnte und ein um das andere Mal ausrief: »Jetzt wird sie lebendig!« Und jedesmal war es für ihn wie das allererstemal. Vielleicht war es das. Vielleicht ist jede Geburt eines neuen Tages anders, und Granpa sah es und wußte es.

Es war der Platz, zu dem Granpa mich am ersten Tag mitgenommen hatte – und da wußte ich, daß er mich lieb gehabt hatte.

Granma schaute nicht hin, als wir Granpa in die Grube legten. Sie blickte zu den fernen Bergen hin, und sie weinte nicht.

Ein heftiger Wind wehte vom Gipfel herab, er packte

Granmas Zöpfe und machte, daß sie in der Luft schwebten. Pine-Billy und Mr. Jenkins Sohn gingen bald weg, runter ins Tal. Die Hunde und ich blieben sitzen und schauten Granma an, dann stahlen wir uns leise fort.

Auf halbem Weg setzten wir uns unter einen Baum, um auf Granma zu warten. Als sie kam, war die Dämmerung schon angebrochen.

Ich gab mir Mühe, jetzt auch Granpas Arbeit zu übernehmen. Ich heizte unsere Destille, aber der Whisky war lange nicht so gut wie früher.

Granma holte alle Rechenbücher hervor, die wir von Mr. Wine geerbt hatten, und drängte mich, schneller zu lernen. Ich ging jetzt immer allein in die Siedlung und brachte Bücher aus der Bibliothek mit. Wenn wir vor dem Kamin saßen, las ich vor, und Granma hörte zu und beobachtete das Feuer. Sie sagte, daß ich inzwischen viel gelernt hatte.

Dann starb Old Rippitt, und später, im Winter, Old Maud.

Bald war der Frühling da. Ich kam den Hohlweg herab. Von weitem sah ich Granma auf der hinteren Veranda sitzen. Sie hatte ihren Schaukelstuhl nach draußen geholt.

Sie schaute nicht zu mir her, als ich vom Tal heraufstieg. Sie blickte hinauf, zum Hochpfad.

Da wußte ich, sie war gegangen.

Sie hatte ihr schönes Kleid mit den orange und grünen und roten und goldnen Farben angezogen, das Granpa so gut gefiel. Auf ihrem Schoß, mit einer Nadel festgesteckt, lag ein Zettel in Druckbuchstaben:

Little Tree, ich muß gehen. Wenn du die Bäume spürst und auf den Wind horchst, wirst du uns fühlen. Wir warten auf dich. Das nächstemal wird es besser. Jetzt ist alles gut. Granma.

Ich trug ihren zerbrechlichen Körper in die Hütte und legte sie aufs Bett und blieb den ganzen Tag bei ihr sitzen. Blue Boy und Little Red saßen auch dabei.

Am Abend ging ich Pine-Billy suchen. Pine-Billy saß die ganze Nacht mit mir und Granma zusammen. Er weinte und spielte auf seiner Fiedel. Er spielte das Lied vom Wind . . . und vom Hundsstern . . . und von den Berggipfeln . . . und von der Geburt des neuen Tages . . . und vom Sterben. Pine-Billy und ich, wir beide wußten, daß Granma und Granpa zuhörten.

Am nächsten Morgen zimmerten wir die Kiste und trugen sie den Hochpfad hinauf und begruben sie neben Granpa. Ich holte ihren alten Hochzeitsstab und befestigte seine Enden in den Steinhaufen, die Pine-Billy über den Gräbern aufgeschichtet hatte.

Ich sah die Kerben, die sie für mich eingeschnitzt hatten, ganz außen am Ende des Stabes. Es waren tiefe, glückliche Kerben.

Den Winter hindurch schaffte ich es allein, das heißt zusammen mit Blue Boy und Little Red. Und dann kam der Frühling. Ich ging zum hängenden Felsen und begrub den Kupferkessel und die Schlange der Destille. Ich war kein guter Whiskymacher, ich hatte das Handwerk nicht so gut gelernt, wie ich eigentlich sollte. Und ich wußte, Granpa wollte nicht, daß jemand mit seiner Destille schlechte Ware machte.

Ich nahm unser beim Whiskyhandel verdientes Geld, das Granma für mich gespart hatte, und beschloß, nach Westen zu ziehen, ins Heimatland der Cherokee. Blue Boy und Little Red kamen mit. Eines Morgens zogen wir einfach die Hüttentür hinter uns zu und gingen fort.

Auf den Farmen am Weg fragte ich um Arbeit, aber wenn der Farmer mir nicht erlaubte, Blue Boy und Little Red zu behalten, zog ich weiter. Das ist ein Mann seinen Hunden schuldig, hatte Granpa gesagt. Und es ist richtig.

Little Red brach auf dem dünnen Eis eines Flusses ein. Das geschah in Arkansas, und so starb er, wie ein Hund sterben sollte, nämlich draußen in den Bergen. Blue Boy und ich schafften den ganzen Weg bis zum Heimatland, aber wir sahen: da war kein Heimatland.

So zogen wir weiter nach Westen und arbeiteten auf den Farmen, später auf den Obstplantagen.

Eines Abends, es war schon spät, kam Blue Boy neben mein Pferd gelaufen und legte sich auf die Erde. Er konnte nicht mehr aufstehen und nicht mehr laufen. Ich hob ihn auf, legte ihn vor mich auf den Sattel, und wir drehten der blutrot untergehenden Sonne von Cimarron den Rücken zu. Wir ritten nach Osten.

Natürlich war mein Job verloren, weil ich einfach fortritt, aber das war mir egal. Ich hatte das Pferd und den Sattel für fünfzehn Dollar gekauft, und sie gehörten mir.

Blue Boy und ich suchten was anderes – einen Berg.

Vor Tagesanbruch fanden wir einen. Es war eigentlich gar kein Berg, nur ein kleiner Hügel, aber Blue Boy winselte, als er ihn sah. Ich trug ihn zum Gipfel hinauf, während im Osten die Sonne aufging. Ich schaufelte ihm sein Grab, und er lag da und schaute zu.

Er konnte nicht mehr den Kopf heben, aber er ließ mich wissen, daß er es wußte; denn er spitzte ein Ohr und wandte seine Augen nicht von mir ab. Dann saß ich auf der Erde und hielt Blue Boys Kopf auf dem Schoß. Er leckte meine Hand – solange er konnte.

Nach einiger Zeit machte er einen Schnaufer, und sein Kopf hing über meinen Arm. Ich begrub ihn tief in der Erde und wälzte schwere Steine auf sein Grab. Damit er Ruhe hatte.

Mit seiner scharfen Nase, so dachte ich, hatte Blue Boy bestimmt schon den Weg in die Berge gefunden.

Und schnell wie er war, würde er Granpa mühelos einholen.